中共文成县委宣传部

浙江大学管理学院刘基战略思想研究中心

刘基战略思想研究

（2023）

论文集

主　编◎徐永明
副主编◎邬爱其

浙江大学出版社
ZHEJIANG UNIVERSITY PRESS

·杭州

图书在版编目（CIP）数据

刘基战略思想研究论文集.2023 / 徐永明主编. —
杭州:浙江大学出版社，2024.5
ISBN 978-7-308-24929-4

Ⅰ．①刘… Ⅱ．①徐… Ⅲ．①刘基(1311－1375)－
思想评论－文集 Ⅳ．①K827＝48

中国国家版本馆 CIP 数据核字（2024）第 093089 号

刘基战略思想研究论文集(2023)

徐永明　主编

责任编辑	杨　茜
责任校对	许艺涛
封面设计	雷建军
出版发行	浙江大学出版社
	（杭州市天目山路 148 号　邮政编码 310007）
	（网址：http://www.zjupress.com）
排　　版	浙江大千时代文化传媒有限公司
印　　刷	杭州钱江彩色印务有限公司
开　　本	710mm×1000mm　1/16
印　　张	15
字　　数	216 千
版 印 次	2024 年 5 月第 1 版　2024 年 5 月第 1 次印刷
书　　号	ISBN 978-7-308-24929-4
定　　价	78.00 元

目　录

刘基研究二题

周松芳

摘　要：刘基是明朝的开国军师，是个能呼风唤雨、神秘莫测的诸葛亮式的人物，是可以预测后世五百年的百世军师。同时，他也是元末明初最重要的思想家和文学家之一，后世对他的社会政治思想、文学思想和文学创作，都曾给予极高的评价。本文研究了两个问题：一是刘基的家族世系追溯；二是其诗歌特点中的"鬼气"及其所表达的心境。

关键词：刘基；世系；诗歌；鬼气

一、拟附先人与自我作古——刘伯温的世系问题

刘基，字伯温。几百年来，在老百姓中间，许多人只知道有个"刘伯温"，知道他是明朝的开国军师，是个能呼风唤雨、神秘莫测的诸葛亮式的人物，是《烧饼歌》的作者①，是可以预测后世五百年的百世军师。可是，直到现在，还有不少人不知道刘伯温就是刘基，"伯温"是他的字，"基"才是其名；更不知道他还是元末明初最重要的思想家和文学家之一，后世对他的社会政治思想、文学思想和文学创作，都曾给予极高的评价。在哲学思想上，侯外庐说他和宋濂是理学史上承前启后的、具有突出地位的大家，并在《宋明理学史》中为其立专章加以论述；②在政治思想上，萧公权

---

① 《烧饼歌》的作者问题，陈学霖先生的《关于刘伯温传说的研究》已辨其伪，载《北京社会科学》1998 年第 4 期。

② 侯外庐.宋明理学史(下)[M].北京：人民出版社，1983：55.

在《中国政治思想史》中把他与黄宗羲相提并论:一复先秦古学,一开近世风气,其间诸辈,难望项背。① 文学上则评者更夥,如沈德潜说他的诗"允为明代之冠"②,胡应麟说明初各派争流,"越诗派昉于刘基"③。赵尊岳说,明词除刘基、高启外,其他无足观。④ 刘基自己也在"文"的方面极度自负,他说当今天下,除了宋濂以外,不遑多让,而且"往往以此语诸人,自以为确论"⑤;今人钱仲联主编的《明清八大家散文选》,也旗帜鲜明地把刘基置于明代诗坛的首席地位。⑥ 在很长一段时间里,我们可以把军师刘伯温归于传说的畛域,而把思想家与文学家刘基归于历史的范畴,"刘伯温"是在一定程度上覆盖了"刘基"的。现在是时候"拨乱反正""去蔽发覆"了,不妨从刘基的家族开始研究。

1311年(元至大四年)6月15日子时,刘基生于浙江省青田县南田山一偏远山村武阳村(今属文成县)。据传刘基先祖本以武功立世,"代有显者"。南京大学周群教授在《刘基评传》中,根据温州、丽水等地的刘氏族谱资料,并结合历史文献,将只开列到刘基八世祖刘延庆的族谱,上推至十一世祖刘怀忠,并附其仕履简历,详情如下:

> 十一世祖:刘怀忠,内殿崇班、阁门祇侯、保安安北番官巡检。
>
> 十世祖:刘绍能,皇城使、简州团练使、鄜延兵马都监。
>
> 九世祖:刘永年,官阶不详,系一武将。
>
> 八世祖:刘延庆,相州观察使、龙神卫都指挥使、鄜延路总管、泰宁军节度观察留后、保信军节度使、马军副都指挥使。
>
> 七世祖:刘光世,太尉、徇营副使、江东、淮西宣抚使、御前巡卫

---

① 萧公权.中国政治思想史[M].北京:商务印书馆,2011:507.

② 沈德潜.明诗别裁[M].长沙:岳麓书社,1998:1.

③ 胡应麟.诗薮续编(卷一)[M].上海:上海古籍出版社,1999:342.

④ 赵尊岳.惜阴堂汇刻明词记略(下册)[M].上海:上海古籍出版社,1992.

⑤ 宋濂在《跋〈张孟兼文稿序〉后》中说:"濂之友御史中丞刘基伯温,负气甚豪,恒不可一世士,常以倔强书生自命。一日侍上于谨身殿,偶以文学之臣为问,伯温对曰:'当今文章第一,舆论所属,实在翰林学士臣濂,华夷无间言者。次即臣基,不敢他有所让。又次即太常丞臣孟兼。孟兼才甚俊而奇气烨然。'既退,往往以此语诸人,自以为确论。"参见:宋濂.宋濂全集[M].杭州:浙江古籍出版社,1999:1161.

⑥ 钱仲联.明清八大家散文选·序[J].苏州大学学报,2001(3).

军、左护军都统制、护国、镇安、保静军三镇节度使、太保、三京招抚处置使,历封荣国公、杨国公、赠太师,谥武僖,追封安城郡王、鄜王。

　　六世祖:刘尧仁,右文殿修撰、知池州。

　　五世祖:刘集,处士。

　　曾祖:刘濠,翰林掌书。

　　祖父:刘庭槐,太学上舍。

　　父:刘熵,遂昌教谕。①

　　揆诸史实,颇有可议者。首先,族谱追宗刘基先世从八世祖刘延庆开始,所据应该是明隆庆元年张时彻所撰《诚意伯刘公神道碑铭》:"文成刘公,其先丰沛人也,后徙鄜延,名延庆者,宋宣抚都统少保……"从刘延庆上追"丰沛",显然意欲攀附汉高祖刘邦。这是魏晋之后,门阀渐衰,特别是唐亡之后,世族大家陵替,谱世流于紊乱,后世拟谱系者虚张声势的惯用手法,不能尽信。其实上宗刘延庆,今人也宜谨慎考量。因为明初洪武年间黄伯生受刘基嫡长孙刘廌之请托撰《诚意伯刘公行状》,就未述刘基世系,仅及其父祖;其父祖朝廷均有封赠,固是绝无疑义。再则,刘基本人在诗文中也从未谈其先世情形。须知,刘延庆特别是其子刘光世,可是鼎鼎有名的南宋开国名将,父子俱入《宋史》列传,且去元未远,大可称道。其实,不仅刘基本人,他的儿子刘琏与刘璟都有名于世,留有文集,也都未曾追溯其世系;刘璟《易斋集》却附录了一篇翰林学士刘三吾于洪武二十八年(1395)写的《跋刘氏家谱》,其中还说到"予观括苍青田刘氏族谱,与吾茶陵刘氏实通谱牒",并提到其兄、至顺元年进士刘存吾在元时曾与当时任江浙儒学副提举的刘基议论过两家的谱系。② 而与刘基同时代的友人王祎在《翰林学士刘三吾传》言及刘三吾家世,俱称"系出宋楚国公之裔,世为茶陵人"③,这便与后来青田刘氏的谱系相左了。

　　真正开始追溯世系,当始于刘基的孙辈。大约在永乐年间,刘璟之子

① 周群.刘基评传[M].南京:南京大学出版社,1995:21-23.
② 转引自杨讷.刘基事迹考[M].上海:上海古籍出版社,2017:1.
③ 王祎.翰林学士刘三吾传[M]//焦竑.国朝献征录(卷二十).明万历四十四年徐象枟曼山馆刻本;蒋一葵.刘三吾传[M]//尧山堂外纪(卷七十九).文渊阁四库全书本.

刘貊根据旧谱重编了一部家谱,由他的堂兄刘琏之子刘廌写序,序文称:

> 吾刘氏本丰沛人也。有讳光世者,仕宋,扈从高宗南被,始为江南人,今之所存高宗御宝手敕是也。后有乐山水之胜者,因居括苍丽水之竹洲。廌九世祖六五府君又自竹洲徙居青田之武阳。竹洲既有详谱而吾武阳为未备。廌少时亦尝以旧谱略加订定,犹未如法。今堂弟貊重加考索,参用苏、范谱式,附以世系、事实、墓铭、行状等文,莫不渊然源本而粲然昭穆也,使后世观者如指诸掌,可谓知礼义之本者矣。书成,请廌志之,故略纪其实,尚俟暇日质之当世文衡之士,请序表之可也。①

很显然,刘貊的追溯,是参用了丽水竹洲刘氏之谱。然而为什么不再上溯一世及于刘延庆呢?须知刘延庆、刘光世父子俱是斯世名将,《宋史》皆为其立传。如此熟视无睹,也是令人疑惑。后来张时彻作《神道碑铭》,虽不再熟视无睹,虚叙自"丰沛",实叙则自刘延庆始了,然并不足以解前惑。至于其叙说刘氏"五传而至濠,宋翰林掌书⋯⋯濠生庭槐,博洽坟籍,为太学上舍;槐生爚,通经述,元遂昌教谕:是为公祖、公父,后皆以公贵,封永嘉郡公。祖母梁氏、母富氏,皆封永嘉郡夫人",也有可议之处。因为据《元统元年进士录》:"曾祖濠。祖庭槐,宋太学生。父爚,儒学教谕。"如果刘濠有官职,当不会避而不书;刘庭槐也只说是太学生,而非"太学上舍"。如此,当有虚饰的嫌疑了。

再则,到了刘貊这一辈,刘基早已声名显赫,再无异议,刘家的谱系,也应该成为各处刘姓攀附的对象,奈何还要求诸丽水竹洲刘氏,以追攀世事?又,打从刘基受封始,其父母、祖父母及夫人俱受诰封,即便刘基不立即重修谱牒以光宗耀祖,两个儿子也应事不宜迟去操办呀!凡此种种,皆有不近人情之处。

而从刘廌的另一篇《南田富氏家谱序》中我们发现,他可能并非娴于谱录者:"富氏世为余乡右族,与余刘氏为世姻戚。其先盖出自宋贤相河南富韩公之后。南渡之前,有仕青田为县令者,任满,因家焉。是为致政

---

① 刘廌.盘谷集(卷七)[M].北京:北京图书馆出版社,2000:85.惜谱不传。

府君。三子,长十七府君,次廿二府君,季廿三府君,别为三房,即所居以东西南为号。俱以儒业传其家,积德行善,独廿三府君子孙为最隆盛,后复别为三房,以孟仲季为号……"即是说,从北宋富致政县令开始,就一直居住于此了。这与其叔叔刘璟的《跋富氏族谱》大相抵牾。这篇跋说富弼的先人唐刺史富韬唐末即隐居于此,后归河南,至富弼的两位孙子才再度回迁此地:"南田富氏,皆韩公(富弼)自出,谱系至今为昭灼。其先有为工部郎中某州刺史讳韬者,唐季隐居南田,卒葬南华山今无为观之东峙,因名其山曰刺史山。此韩公之高大父也。其子讳处谦,为内黄令,后赠太师,封邓国公,居河南,遂为河南人。逮韩公之孙、承务郎、金枢密院事讳直亮,宣德郎直清者,爱南田山水之佳,复归泉谷。其子姓蕃衍,因遍择幽胜之地为别墅,今居泉谷浯溪之胄皆是也。"①不管孰是孰非,至少刘璟说得有名有姓、有板有眼,不像乃侄的含糊其词。再说,刘鹰的序说富氏"当其盛时,正初会拜,少长至二千指,产业至二万余亩,宋元间擢科第者不可胜数"②,也显系夸大其词——南田虽是福地,笔者也曾几度前往参访,但其地理形势,是无法提供如许之多的良田、养育如此之众的人口的,毕竟除富氏之外,还有刘氏也是世代右族,而除富氏、刘氏之外,就别无右族了?

家谱、族谱编纂在追溯世系方面,简直可以说愈后愈乱;刘氏族谱也多少存在这方面的问题。世居南田的刘基第二十世裔孙、一代宿儒刘耀东(1877—1951)先生,师从经学大师孙诒让,又曾东渡日本与陈叔通、胡汉民、汪精卫、沈钧儒等同学于日本法政大学,且担任留日浙籍学生总干事,后相继加入光复会和同盟会,入民国后担任过松阳、鄞县、宜兴等县知事及《浙江通志稿》副总编辑,他于1927年农历二月十七日拜谒浚登公刘濠墓时,发现"袭伯公、瑾公附类于次,翁仲石兽规制隆盛,惟公瑾公墓碑书曰'明开国文臣刘公墓',浚登公墓碑书曰'宋翰林掌书掌阁刘公墓'",认为"殊不解当时何以疏忽若此"。其又说:"先文成公之考墓,乾隆旧谱云为武阳天葬坟,祖墓则云葬八都夹上。今谱载天葬坟为文成祖墓,夹上

---

① 刘璟.易斋集(卷二)[M].杭州:浙江古籍出版社,2014:1187.
② 刘鹰.盘谷集(卷七)[M].北京:北京图书馆出版社,2000:85.

为文成考墓。究不知何所据而更改也。"①碑刻文物尚且如此,谱录文献之乖讹更可想见了。

当然,我们质疑刘基先世谱系,并不是简单地为了要推翻重建,而是指出事实上存在的问题,这丝毫不减损刘基的事迹和光辉。试想,即便功勋之大如刘延庆、刘光世,其后世声光也无法跟刘基相提并论,从历史文化角度,刘基也有"自我作古"的地位,为何其后人不自信而勉力追攀世系呢? 更重要的是,如刘耀东《南田先生祠堂碑记》所言:"集公自丽水徙南田,自是而后,宋元明清,代有达人,昭著史乘,七百余岁,祠墓世守。"②几人能及? 及于今日,更是祠墓皆为全国重点文物保护单位,民间更是早已封神,几无人能及! 如此,与其拟附先世,何如自我作古!

二、"鬼话"连篇若为谁?

刘基的诗歌有一个很重要也很有意味,同时又聚讼纷纭的特征,就是在数量与风格上的前后异致,最先揭橥这一点的是钱谦益。钱谦益在《列朝诗集》里说:

> 公自编其诗文曰《覆瓿集》者,元季作也;曰《犁眉公集》者,国初作也。公负命世之才,丁胡元之季,沉沦下僚,筹策龃龉,哀时愤世,几欲野草自屏。
>
> 遭逢圣祖,佐命帷幄,列爵五等,蔚为宗臣,斯可谓得行大志矣。乃其为诗,悲穷叹老,咨嗟幽忧,昔年飞扬踔厉之气,渐然无有存者。③

其实,刘基诗歌主题与风格的前后异致,从某种意义上也可看作一致基础上的异致,即从总体上讲,他保持了对身世感触的叙写,只不过身世感触变了,写法也得做相应调整,或许以前可以用直笔,现在得用曲笔了。

以刘基与宋濂的唱和为例,他们都深怀用世之心,理应互相砥砺,可

---

① 刘耀东.疢瘝日记(第三册)[A].文成文史资料,2016,31(1):180.
② 刘耀东.南田先生祠堂碑记[A]//疢瘝日记(第二册).文成文史资料,2016,31(1):138.
③ 钱谦益.列朝诗集小传(甲前集)[M].上海:上海古籍出版社,2008:13.

是我们看不到这一点。这是因为他们相知太深,在明初险恶的环境中,他们彼此需要的反而是出世的安慰。他们的唱和有时候是有意为文,将所咏对象虚拟化与概括化,刻意作奇。《二鬼》就是很好的例子。

从来文章评说《二鬼》,都说其反映了刘基与宋濂在朱元璋的牢笼之下,郁闷不展的情怀,徐朔方先生还作专文钩沉索隐。[①] 但是,诗中描述的那种天下动荡、神州疮痍的景象,可能是朱元璋治下的状况吗?只可能是元代的社会现实。结邻与郁仪"相约讨药与天帝医",这天帝,也应当是求治的元顺帝而非革除元命的朱元璋。后来天帝捉住两鬼,"养在银丝铁栅内……莫教突出笼络外,踏折地轴倾天维",这个天帝,则非朱元璋莫属了。在元顺帝眼里,刘、宋不过无名之辈,即便是朱元璋,也要等到刘、宋后期,有了相当的功绩与地位,他才会有这种担心。结尾引向"依旧天上作伴同游戏"这样一种退隐的姿态,一方面是想功成身退,另一方面是欲脱身远祸。

问题是,诗中的这个上帝一会儿像是元顺帝,一会儿像是朱元璋,而且似乎还有其他人的影子,怎么才能自圆其说?坐实了想,就是刘基一方面想表现他与宋濂在朱元璋的控制之下,大志难伸的情怀;另一方面又不敢说得太直接,故借天帝以言之,而且这天帝的特征也不能比附得太真切。这种手法,也是历代诗人所惯用的。比如说,唐人经常借汉时故事以言当下之事。这是一种叙述上的便利。同样,他对一些事件的举例,也说得不像当世之事。当然,儒者以道事君,也不排除这里的上帝就是道统的人格化。

再者,在写作过程中,刘基感怀身世,也不可能把"郁仪""结邻"简单地比作他与宋濂,而是更为复杂的抽象复合体。之所以这样说,是因为刘基在其他诗篇中,多次塑造了"郁仪""结邻"或者相似的形象:在《步虚词五首》中有"郁华开赤殿,结邻炫黄文"之句,在《次韵和石抹公七月十五日夜蚀诗》中有"黄文、结邻上诉帝,赐以小戎骖牡騩"之句。这些诗篇有一个共同特点,就是刘基在为他的理想而奋斗的过程中,他希望有一个共同

---

① 徐朔方.刘基对宋濂的友谊及其《二鬼》诗索隐[J].中国书目季刊,1996,30(3).

奋斗的伙伴;在现实中找寻不到出路时,他们就寄希望于"上帝"。因此,我们可以把《二鬼》里的"郁仪""结邻"看作这些形象的一个自然发展,在这个发展脉络中,"郁仪"自然不是一时一地的刘基,"结邻"也并非纯粹是宋濂的形象。这样,整首诗有虚有实、有具体描写又有抽象概括,既积极入世又做出世之想,兼之刘基又刻意作奇,从而散发出阵阵奇幻的光辉。后世贤哲,比如梁启超等,对此都惊叹不已,就在于它既昭示了刘基作为志士的宏大理想与抱负,也充分体现了刘基作为文人的过人才华。①

　　刘基后期的许多诗歌,都像《二鬼》一样,想说,又不敢直说。像《青萝山歌寄宋景濂》《寄宋景濂四首》《潜溪图歌为宋景濂赋》等,完全是写他们在山间生活的情景,而入明之后,他们哪有过这种机会?刘基是在以想象对抗现实。知人论世,我们必须重新评价刘基后期诗歌的意义。此时,刘基已非志士,有意歌诗是他后期创作的一个突出特点;而作为一个志士诗人,这些诗歌显然没有呈现出太突出的特色来,也难以有太高的成就。

　　由此我们看到,刘基的诗歌固然是前后异致,但并没有出现前后断裂的情形,它们都如实反映了刘基在不同时期的心境和形象。虽然他在前后两个时期都有过人之作,但成就高下是显然的。刘基虽本质上是文人,但他的追求是事功的,诗歌则是这种求而不得的表现和补偿。前期求而不得,刘基尽可以"长言之",从诗歌这里得到表现和补偿;后期处于似得非得之间,而环境又容不得他尽情地表现和求偿于诗,只能"言短",他的诗歌,就像明灭闪烁之火,无法再亮丽耀眼了。

　　最后还要进一步说说刘基诗文的"鬼气"问题。如果我们用市井俗语"这个人很鬼"来理解刘基的诗文之"鬼",庶几近之——刘基诗文在不同时期大写其"鬼",皆有其不同的隐衷需要抒发或表达;而且写"鬼",往往会写到宋濂,实可视为《二鬼》的前传或续篇。比如《愁鬼言》写龙门子为岑峰先生击愁鬼,这里的龙门子和岑峰先生当然是指宋濂和刘基自己:

　　　　岁次玄枵,律中林钟,北山起云,南溟来风。土润溽暑,蒸礎礎而

---

① 梁启超在《饮冰室诗话》中写道:"往读明诗,见《刘诚意集》中一篇,一千三百余言,构思之奇,遣语之险,亦可为吾诗界中放一异彩。"引自《清末民初文献丛刊(影印)》,朝华出版社 2017 年版,第 18 页。

为虹。岑峰先生独处不怿，筋懒肉缓，体倦志瓶，形神枯瘁，精气消铄，颓乎岸塌，渚尔冰泐，口不能言，心意迷惑，盰盰泯泯，若有求而不得。龙门子使贾生诊之，贾生曰："异哉乎先生之疾病也。若阳非阳，若阴非阴，没没淫淫，倏浮忽沉。其来无踪，其去无迹。吐之不出，下之不泄，汗之不液。针不能刺，艾不能灼。其在丹元之宫，爽灵之室乎？"龙门子怪而伺于其寝。

是夕也，玄云往来，月色黯曛，凄风吹衣，阴气肃穆，飒飒率率，恍若有物，入自壁隙，闪闪魍魉，唏唏唊唊，肨肨歔歔，若灭而没，如有形质。龙门子使保儿招而问之曰："女何祥也？昊苍赋形，至灵维人。游魂为变，归鬼伸神。女其神耶，将德是凭，庙貌血食，福善祸淫，正直聪明，享于克诚。胡不召而日至，蹈秽襄而爽德馨？其鬼也耶，形气殊途，幽显异致，女身安属？女神曷寄？冥乎漠乎，非我族类，胡为来哉？吁！可畏乎憎于人也。"

于是其物蜿蜿而前，跙跙而却，睢盱舔舕，载踖载踧，咿喑嗟嘈，而致词曰："我愁鬼也。生于昧瞵之野，而长于郁厄之乡。其出无朋，其动无常，其去无方，饥无以为食，渴无以为浆。风雨飒洒，无以为居庐；霜云凌冽，无以为衣裳。恒瞳瞳以儚儚，忳愪愪其如伤。或乃噫气成城，嘘忧为阵，当之者蒙蒙，中之者晕晕。巫阳见而哀之，为我请于上帝。上帝恻然，乃诏咎繇审厥愆，申命巫阳赐我六穷之符，使游人间。"帝命若曰："惟鬼无依，将人是依。王公大人，积德为基，运亨福宏，女不可窥。猗顿陶朱，大屋高垣，徐仪守门，女不可干。达人大观，知命不忧，与女异志，女不可投。赳赳武夫，无所畏惧，大胆如瓜，见女必怒，痌瘝痞痞，载柔载纤，猗旎沾黏，则不女嫌。低首下气，如膏如腻，喑呜涕泗，则不女忌。女往自择，无有差迕。既得女所，顺与之处。我乃再拜稽首，受命以还。聿求同志，以为依归，久矣未能得也。间尝乘子之虚，入子之庐，历相群公，下逮仆夫，莫不笑语嬉嬉，步履舒舒，喜色着于眉宇，精神蒲于身躯。谛所尚之凿枘，知不可以与俱。于是逡巡却立，曳足欲逝。微微入耳，忽闻謦咳，委霍呷喵，叹缓愈带，迫而视之，得一人焉。华发半秃，发言迟滞，举趾局促；颓乎若将覆之墙,瘝乎若不食之鹄;面黱熏瓠,肤凋槁木,忧容不霁,瘩气可掬。伺而知其岑峰先生也,于是因彭娇以见先生于宵寐。先生果怜而收我,舍我于灵府之中,食我以丹田之琼糜,饮我以华池之芳泉。方期与我出处,以终其天年。"

龙门子大惊,亟呼左右,挺剑击之,其鬼黝然而消。乃命贾生发囊倾瓢,作大齐以投之。岑峰先生汕然汗出,妼然而知。诘旦,魂返魄定,归神聚气,筋骨植立,不知沉疴之去体也。①

至于愁鬼为何? 文章开头说"岁次玄枵,律中林钟",其中玄枵为子年。在至正八年戊子(1348)、至正二十年庚子(1360)、洪武五年壬子(1372)这三个子年中,至正八年,刘基任浙江儒学副提举,宋濂则应试乡闱落第,而且他们之间尚未见交往之迹。至正二十年六月(林钟对应之月),则是两人刚一道应聘至南京不久,颇受朱元璋礼遇,不当有此之作。比较而言,最切合本文实际的当为洪武五年壬子。此时,刘基致仕家居,宋濂则先由安选知县召回为礼部主事,后加太子赞善大夫;文中说岑峰先生"华发半秃,发言迟滞,举趾局促;颓乎若将覆之墙,瘝乎若不食之鹄;面黱熏瓠,肤凋槁木,忧容不霁,瘩气可掬",也颇合刘基的年龄、身体和处境。明史本传说:"还隐山中,惟饮酒弈棋,口不言功。邑令求见不得,微服为野人谒基。基方濯足,令从子引入辰舍,炊黍饭令。令告曰:'某青田知县也。'基惊起称民,谢去,终去不复见。其韬迹如此。"这种强作韬隐的外在表现,恰恰反映了刘基内心的惊恐不安,当然还有种种不甘。如此焉能不愁? 愁而不能对人言,只能寄怀远在京城的挚友宋濂;而宋濂处境刚刚好转,也能担当驱此"愁鬼"之任。

刘基又有《送穷文》,与此堪称姐妹之篇:

余梦有物,龙首人身,蓬头鼠目,其音若呻。跳踉睒冶兮,若远而亲。歘往焘来兮,忽笑以颦。觉而异之,乃具糗芳,洁豆觞,过老郭而问之曰:"是何祥也?"郭子褒然启椟拂著,密汤而筮之,遇《困》之《兑》,其繇曰:"困于瑜,穴中有孤,举趾蹢胡,毁踵及颅,其泣婴如,恣

① 刘基.刘伯温集[M].杭州:浙江古籍出版社,2016:199-200.

睢膗朕,孔隙以窥,如垢如脂,彳亍追随,求速得迟。"郭子释策而笑
曰:"是穷鬼也。其为物也,入山山空,入泽泽荒,人而遭之,穷不可
当。载柸载禳,遣之他方,可以无殃。"余曰:"苟然矣,遣之何居?"郭
子曰:"子第为之所,我请为子逐之。"余曰:"唯唯。"乃致词曰:

嗟尔穷鬼,无处我庐!八窗洞朗廓以虚,阤厘兔颖有图书,斋菹
粝食菽与蔬,守分自足不求余,汝不可留阻步趋。左有郁垒右有荼,
苇索缚汝饲老乌。嗟尔穷鬼兮无泊我市!九衢四达平若砥,高楼大
屋郁云起。冠裳济济集俊士,谋谟折冲格遐迩,汝不可往耗储偫,山
川灵神歆穆祀,孟涂司刑伐尔死。嗟尔穷鬼兮无依我城!垣墉睥睨
高不可陵,沟湟深浚椊以荆,重门击柝钟鼓訇。斥堠谨肃列旗旌,汝
不可往构妖狞。健儿披甲眼若星,长戈劲箭穿尔形。嗟尔穷鬼兮无
适我野!田畴井井治而不苴,禾麻豆麦梧梓楟,莘莘蔚蓊被窪野。岁
时禋祀达方社,汝不可往原隰赭。朱衣赤郭骑驳马,执汝脔肉燔其
裸。嗟尔穷鬼兮无上天!高明行健覆八埏,转旋日月照幽玄。温凉
嘘吹寒暑煎,陶冶万物成岁年。汝不可往乱星躔,黔嬴凭怒施椎鞭,
破骸碎骨丧尔元。嗟尔穷鬼兮无下地!博厚载物生育庶类。江河顺
流山岳峙,融结蓄泄百宝出。洪纤蠢顽各奠位,汝不可往坤轴黇。黄
示土伯咸震恚,艾殄尔种灰厥魅。嗟尔穷鬼兮无潜于山!岩嶅石核
立键关,丘林陵麓产植蕃。阂隔风气限夷蛮,颔云腹雨濡旱干。汝不
可往鼓神奸,涉蛊泰逢毛虎斑,噬肤嚼肉流血殷。殷嗟尔穷鬼兮无入
于水!大瀛包纳川渎委,疏烦泄秽通脉理。鱼盐蟹虾奏鲜旨,蛟鼍龟
鼋藏谲诡。汝不可往陵谷圮,天吴九头插九尾。磨牙吮血糜烂尔已,
大泊荡荡无涯垠。青冥杳茫不见人,瞢瞢漠漠混昏晨。泻之不虚壅
之不埋,不甘不苦淡以淳,汝往居之寂无邻。乘骑光景入细缊,保全
尔躯绝诟嗔。汝不窜兮灭为尘,急急如律令。①

这里"穷鬼"当然不是指刘基物质财富之穷,也不是指精神文化之穷,只可
能是仕途志意之穷。而在开篇刘基把这穷鬼形容成"龙首人身,蓬头鼠

① 刘基.刘伯温集[M].杭州:浙江古籍出版社,2016:208.

目",十分耐人寻味;以龙设喻,通常需要小心一点。如此把龙写成穷鬼,在刘基这里,或许正是穷鬼把他逼上了"穷途末路",不得已归隐乡间,著《郁离子》以托其志。

刘基的《病眼作》也写到了鬼:

> 君不见昔日方相氏,黄金为四目。精光倏立夺长庚,导者趋风观者肃。一朝竣事归有司,委弃埃尘同朽木。我生两眼粗能视,要探天根窥地轴。论价未止连城璧,传声共推天下独。宁知用誉贵含章,鬼物由来阚高屋?三彭上诉三庐闻,乘时作蛑何其速!吴回烧炭煎赤汗,灌注清扬发炎燠。赫如巨鳟出渊沦,䌹若锦衣蒙绮縠。泪渍红桃浥露开,眵昏庆雀披烟宿。鹧鸪呼雨荔支垂,布谷啼山蓬蔂熟。雪深太白眯碧鸡,雾若瑶台落黄鹄。自分衰年已无几,膂力卒单筋力缩。春荣秋翠两茫茫,柳绿花红非所逐。天公若复可怜生,乞与寸光分粟菽。无劳指点某在斯,不用南阳潭上菊。①

刘基在这里借"病眼"见鬼以抒怀,直抒不遇之怀;诗句"要探天根窥地轴"后来被其子刘璟写入为乃父抱屈《敬赞先考诚意伯像》中:"虬髯电目,探天根兮斡地轴。扶龙兴云,四方以肃。征休戚为忧喜,以大道晦明为荣辱。武功既成,而文治未尽其用者,盖天耶?抑人耶?"②这充分说明了这一点。

此外,刘基有很多游仙诗或类游仙诗,其仙,可以说是这鬼的另一面相。尤其是其晚年,不困于乡,即困于京,无论乡居京寓,均是有志不获聘,故借游仙以抒怀。最突出的,当如向来被认为作于洪武元年被迫致仕回乡途中所作的《旅兴》五十首。但从这组诗中,我们又分明看到,不少诗篇并非作于旅途之中,而明显属于困居的悬想,如"疏庸厌人事,疲病畏交游。得闲愿已惬,敢有分外求?开门对钟山,山翠盈我眸。日中市声远,

---

① 刘基.刘伯温集[M].杭州:浙江古籍出版社,2016:385-386.

② 引自:刘璟.易斋集(卷二)[M].杭州:浙江古籍出版社,2014:1186.有意思的是,宋濂死后,方孝孺作诗为乃师抱屈:"公之量可以包天下,而天下不能容公之一身;公之识可以鉴一世,而举世未能知公之为人。道可以陶冶造化而不获终于正寝,德可以涵濡万类而不获盖其后昆。"(《逊志斋集》卷二〇《祭太史公七首》之四,宁波出版社2000年版,第651页)大抵刘宋二人,均是有天纵之才而无可施设。

草绿空庭幽。登临观万象,玄理足可搜。谁能走逐逐,自使生悔尤"。这显然是作于南京寓所。这些游仙诗中的佳作,皆属于宋濂联翩共游之什,比如《寄宋景濂四首》《青罗山房歌寄宋景濂》等,无不上天下地,雄奇瑰丽。

刘基写给宋濂的有关游仙诗,也触动了他心底最柔软之处,故每有相和,特别是《和刘伯温和怀韵》,刘基所作才八首,宋濂一和即二十首,而且一改其相对平和质朴的风格,而大类刘基沉郁顿挫、一唱三叹的风格,真是惺惺相惜。比如"昨见晴温旭,今已凉风至。代谢有恒理,顺时乃吾事。畴能辨贤愚,亦复混醒醉。身晦始全真,名高反为累。举头睇空青,魂逐云间翅",置之刘基集中,几不能辨。如果再比较考察宋濂所作的与刘基有关的诗歌,比如《忆与刘伯温章三益叶景渊三君子同上江表五六年间人事离合不齐而景渊已作土中人矣慨然有赋》,以及更早的同赴南京途经泾县时所作的《次刘经历韵》及《游泾川水西寺简叶八宣慰刘七都事章卞二元帅》,我们可以说,宋濂平生所作最优秀的诗篇,便是这些了。足可见他们之间情感的相契、遭遇的共情,以及诗情的和鸣。从某种意义上说,这些相和篇什,都可以看作《二鬼》的前后传或正续篇,都可以说,"鬼"话连篇,都为他刘基和宋濂!

[作者简介]

周松芳,中山大学中国古文献所研究员,文学博士、文史学者、专栏作家。出版学术专著《自负一代文宗:刘基研究》和《汤显祖的岭南行:及其如何影响了〈牡丹亭〉》,发表学术论文数十篇,曾获第三十一届田汉戏剧研究奖二等奖。另出版学术随笔《岭南饕餮:广东饮膳九章》《民国味道:岭南饮食的黄金时代》等十几种。

刘基战略思想初探

杨　桦

摘　要：刘基作为我国历史上著名的思想家、政治家、军事家，是智慧的化身、谋略的象征。他是元末明初重要的历史人物，其卓越的战略思想对明朝的创建和明初的政治、军事、经济政策的制定发挥了巨大影响。如今对其思想遗产的研究热度日增，渐成"显学"。但随着刘基思想研究的时代化、大众化、国际化，其战略思想研究至今仍付之阙如。本文从历史的视域，对刘基战略思想的成因和地位进行了分析，客观评价了其曾发挥的积极作用。刘基思想深邃、博大精深，而其战略思想更是值得我们深入发掘、研究与继承。

关键词：刘基；战略思想；研究与继承

一、引言

"战略"一词起源于军事科学，它是与"战役""战术"相对的概念。其义有二：一是指军事战略，意为筹划与指导战争全局的方略；二是泛指对全局性、高层次的重大问题的筹划与指导。据研究，战略这个概念最早出现在我国西晋初年，但战略思想、战略筹划、决策行动远在晋代之前早就有了；如孙子所说的"庙算"即是战略层次的筹划和决策。此外，古人所说的"庙略""大略""远略""宏谋""远算"等词语的含义也与"战略"之义相近。毛泽东指出:"战略问题是研究战争全局的规律的东西。"①后来,"战略"一词逐渐应用于政治、经济、科技、社会等领域,随着应用领域的扩展,其含义也变得越来越广泛了。一般而言,"战略"泛指重大的、带全局性的、规律性的或决定全局的谋划。

战略思想与战略是两个密切联系的不同概念。两者的相同之处是在谋划和指导方面都具有全局、高层、长远"三性"的特点,缺一不可;而相异之处则是:战略是"方略",属指导艺术,更贴近于实践,与常说的政策、策略、方法、行为等一样,它们虽是受思想支配的,但较思想更加具体、形象,是思想的结果和体现,更具个案性。战略思想研究的是指导制定和实施个案、对策性"方略"的理性认识和思想方法。它是从众多的战略个案中提炼出来的更为抽象、更具普遍指导意义的理论。两者的关系为:战略中包含、体现战略思想,战略思想则指导战略的制定和实施,两者不能截然分开。

领导工作,就广义而言,应该包括战略、规划、政策、管理。也就是说,战略研究、规划制订、政策选择、组织管理这四大环节,构成了现代领导工作的全部。由此可见,当代领导首先应该重视战略研究,并将战略决策作为全部工作的核心问题。研究战略应一切从实际出发,为实践服务。从战略研究的层次来看,可分为国际级的战略研究、国家级的战略研究、区域级的战略研究、部门级的战略研究、企业级的战略研究等。

中国战略文化源远流长,诚如李际均所指出的:"中国的战略文化起源很早,从夏商周到春秋战国时代,'国之大事,在祀与戎'。当时的华夏文明,培育了《孙子兵法》《吴起兵法》《六韬》等战略思想和理论,同时在《周易》《老子》《尚书》《论语》《孟子》中也包含着若干大战略的观念,它们都为先秦文化的重要组成部分。"②美国当代军事理论家约翰·柯林斯就认为,孙子是古代第一个形成战略思想的伟大人物。

所谓战略思维,是指在社会、政治、经济、军事等舞台上,历代先贤们的文韬武略。在五千年历史演进中所形成的丰富的战略思想,是中国传

---

① 毛泽东.毛泽东选集:第1卷[M].北京:人民出版社,1967:159.
② 李际均.军事战略思维[M].北京:中信出版社,2017:48.

统文化智慧的结晶,其中的精华更是中华优秀传统文化的有机组成部分。它丰富了中国古代社会、政治、经济、军事和国家治理的思想,有着重要的现实意义。刘基一生经纬天下的战略思想,倾注了他研究社会政治、经济、兵法谋略的心血,集中了他智慧的精华,贯穿着他独特的阴阳五行学说,对于今人的处世、经商、从政都有着深刻的启迪意义。鉴古知今,本文拟从时代更迭中发现政治格局重构过程中刘基战略思想的历史作用。

翻开中国的历史画卷,每一个王朝开创的背后,都有一位或数位运筹帷幄、规划奠基大计的战略家。刘基曾为明朝筹谋一统大业、规划建国大计、安邦定国,可谓是战略家之上上者。刘基是对元明鼎革发挥了重要作用并对明清思想文化产生了重要影响的历史人物,而现有的中国古代战略思想史论著,均很少述及或割裂了其平生投身社会变革的实践。为了客观评价其在历史上发挥的积极作用,本文拟就刘基战略思想产生的历史背景、内涵及其在政治、军事、经济方面对元末明初的历史贡献做初步探讨,并祈教于史学界方家。

二、刘基战略思想形成的社会背景

刘基是中国历史上的传奇人物,他与姜太公、诸葛亮并称为历史上的"三大军师",有"三分天下诸葛亮,一统江山刘伯温"的说法。刘基作为朱元璋的主要谋士,朱对其信任备至,言听计从,前后仅用了 8 年时间,便助朱元璋平定了陈友谅、张士诚等各大军阀势力,最后推翻元朝,统一了全国。诚如朱元璋在《御赐归老青田诏书》所言:"谒朕陈情,百无不当。至如用征四方,摧坚抚顺,尔亦助焉。不数年间,天下一统。"①诚如明代王景所记:"太祖敬而信之,用其宏谋。西平江汉,东定吴会,天下大势,固已定矣,于是席卷中原,群雄归命,混一四海,大抵皆先生之策也。"②正德九年(1514),明武宗在追封刘基为太师的谥词中表彰他:"慷慨有志,刚毅多谋,学为帝师,才称王佐;占事考祥,明有征验,开国文臣第一;运筹画计,动中机宜,渡江策士无双。"蔡元培为南田刘基庙撰题的楹联也称赞他:

---

① 俞美玉.刘基研究资料汇编[M].北京:人民出版社,2011:262.
② 王景.翊运录[M]//诚意伯刘先生文集.北京:中国文史出版社,2011:序2.

"时势造英雄,帷幄奇谋,功冠有明一代;庙堂馨俎豆,枌榆故里,群瞻遗像千秋。"刘基一生的事功主要体现在巩固根本、平定江南、北伐灭元三个阶段。

刘基(1311—1375),字伯温,号犁眉,封诚意伯,谥文成,浙江温州文成南田武阳(旧属处州府青田县)人。他自幼聪明过人,12岁中秀才,23岁中进士。他博览群书,精通诸子百家,对天文地理、兵法谋略、奇门遁甲、阴阳八卦、风水占卜等都有精深的研究,是元末明初杰出的政治家、思想家、哲学家、文学家、军事谋略家。元至正二十年(1360),在朱元璋再三邀请之下,刘基成为其智囊团中的核心人物,很快表现出卓越的才能。他运筹帷幄、经纬天下,协助朱元璋灭陈友谅、执张士诚、降方国珍,逐鹿中原,剪灭群雄,完成帝业,为明王朝的建立立下了不世之功。朱元璋曾感慨,刘基是他创立江山的第一等功臣,并将他比作汉代谋臣张良。刘基的主要著作有《郁离子》《覆瓿集》《犁眉公集》《写情集》《春秋明经》等,均收录于《太师诚意伯刘文成公集》。

刘基被世人称为立德、立功、立言的"三不朽"伟人,是中国传统知识分子修身、齐家、治国、平天下的典型代表之一。刘基因其所经历的历史时代,属于元、明之交的人物;他战略思想大都形成于元末,而其建功立业的社会实践却集中于元末和明初。因此,笔者将其放在特定的时期,从思想成因和社会变革实践等方面进行考量。

(一)刘基的杰出历史贡献

刘基被时人推崇为江南人物之首,"诸葛孔明之俦"①。他投效朱元璋后,朱也一再说他是"吾子房也"②,赞其"学贯天人,资兼文武;其气刚正,其才宏博。……慷慨见予,首陈远略:经邦纲目,用兵后先。……凡所建明,悉有成效。……以至谳狱审刑罚之中,议礼新国朝之制,运筹决胜,功实茂焉"③。刘基的《时务十八策》是朱元璋称帝建国的理论根据和战略蓝图。在为朱元璋削平群雄、灭元建明的大业筹策中,他也确实表现出

---

① 张廷玉,等.刘基传[M]//明史.北京:中华书局,1974:16.
② 张廷玉,等.刘基传[M]//明史.北京:中华书局,1974:17.
③ 朱元璋.诰诏祭文[M]//俞美玉.刘基研究资料汇编.北京:人民出版社,2011:260.

了堪与张良、诸葛亮相匹敌的智略。他为朱元璋制定了一系列战略决策：先灭陈友谅，后取张士诚，然后北伐中原，直捣幽燕，推翻元政权，建立明统一王朝。纵观刘基仕明之历程，他拒绝高薪，也拒绝相位，只相继任太史令、御史中丞、弘文馆学士，并首任考试官，怀"救时之政"的抱负，为明朝制定了一系列典章制度，勘定建设明皇城，制定《戊申大统历》，草创《大明律》，奏立《军卫法》以加强军队制度建设，复兴科举以辅弼明朝人才培养和选拔，制定礼制、朝服制度等，为明代近三百年历史打下坚实基础。如果没有良好的运作框架，明朝就不可能长治久安。可见，刘基是为明朝确定立国大计、奠定基业的关键人物，是明朝名副其实的总设计师。

(二)刘基战略思想形成的深刻历史背景

元朝的衰乱和义军的纷起是刘基战略思想形成的历史背景，它突出表现在以下方面。

元朝统治日益腐朽，对社会经济造成破坏。元代的统治极为残酷，实行把国人分为蒙古人、色目人、汉人、南人四个等级的歧视政策，土地兼并的情况超过前代，使广大人民陷入阶级和民族双重压迫之中。元代赋税和徭役十分繁重，政治腐朽和军队衰败也到了顶点。此外，水利常年失修，黄河泛滥成灾，疫疾流行，两岸人民流离失所，饥民达500余万人。加上其他地区由于土地兼并、赋税苛重等原因被迫离开农村的流民共800多万人，阶级矛盾空前激化，农民起义此起彼伏。面对这种状况，揭露元末经济凋敝和民生困苦的状况，并且探讨救治之策，自然成为题中应有之义。

早在元朝末年，帝国行将倾覆之际，社会上的有识之士就已经开始对元朝衰败的原因进行思考。如，广泛流行于元末的一首小令《醉太平》："堂堂大元，奸佞专权，开河变钞祸根源，惹红巾千万。官法滥，刑法重，黎民怨。人吃人，钞买钞，何曾见。贼做官，官做贼，混贤愚，哀哉可怜。"这首小令不知为何人所撰，据元朝陶宗仪所言："今此数语，切中时病，故录之。"①小令形象地刻画了元末社会在政治、经济、法律、道德等方面的乱

---

① 陶宗仪.南村辍耕录：第23卷[M].沈阳：辽宁教育出版社，1998：274.

象。忽必烈时期已因战争及对贵族的大量赐予而使财政困难局面的不断加剧；在元朝统治的几十年间，造成了"贫极江南，富夸塞北"的局面。[①]根据元代《草木子》记载，元朝自入境以来，"大抵皆内北国而外中国，内北人而外南人。以至深闭固拒"[②]；其推行的"内北国而外中国""内北人而外南人""四等人制"等政策，本源就是元朝统治者拥有着根深蒂固的草原政治思想，所以不可能平等对待元朝境内其他的民族。特别是到了元末，政治腐败已成积习，"将家之子，累世承袭，骄奢淫逸，自奉而已"[③]，各级官员"贿赂之情，循习已著，日就月将，熏染成性"[④]，最终导致"廉耻道丧，贪浊成风"[⑤]。元政府的财政困窘和对百姓掠夺的加重，是元末变革思想反映的又一重要内容。

政局动乱、天下纷争，为社会变革者提供了大量案例和实践机会。受历史条件限制，历代农民战争很少给后人留下关于其战略、战术方面的著述，使人难以窥见他们当时进行激烈的军事斗争时筹划战争的详情。但认真爬梳史籍上的零星记载，仍可以看出，大多数农民军领导者并非毫无目的地带领军队流动作战、引众就食，而是相当重视从战略高度去谋划战争，注意总结以往农民战争的历史经验，再根据自己的斗争实际进行认真的归纳，客观上已形成了一整套具有中国农民战争特色的、不断发展的战略思想。

（三）刘基在社会嬗变中的战略思考

刘基是元末明初的著名思想家，他亲历两朝，投身社会变革，为朱元璋谋划制定了一系列大政、方针、制度、措施，对明太祖及其继位者们所继承和发展，对确立明朝的统治格局和规模起了十分重要的作用。他的战略思想比较集中地反映在《郁离子》一书中。全书共 188 篇，内容涉及政治、经济、文化、军事、民生各个方面。刘基也谈到了自己当时隐居著书的

① 吴晗.明史简述[M].北京:人民出版社,2019:5.
② 叶子奇.草木子[M].北京:中华书局,1959:55.
③ 叶子奇.草木子[M].北京:中华书局,1959:48.
④ 拜住,等.科举[M]//通制条格:第5卷.北京:中华书局,1959:78.
⑤ 吴澄.临川县尉司职田记[M]//吴文正公集:第19卷.北京:中华书局,1959:62.

动机:"稽考先王之典,商度救时之政,明法度,肆礼乐,以待王者之兴。"①
这说明他在对元政权失望之时,仍时时期盼着能出现一个中兴元王朝或
建立新王朝的"王者",并为此著书立说,作为此一"王者"兴邦立国的理论
基础。刘基的战略思想,主要体现在政治、军事、经济三个维度。

三、战略思想

(一)政治上:高瞻远瞩,功德彪炳

众所周知,一个政治家,必须同时拥有"在其位,谋其政"的责任感及
与之相匹配的才智和能力,才有可能成为真正的政治家。刘基身为杰出
的政治家,既要有建国大谋、安邦方略,又要有对敌策略与计谋,还要在风
云变幻的政治舞台上善于权谋,或为君主,或为自保,或为扫除政敌。这
一切都是政治家战略思想的重要组成部分。

刘基对明代及以后的封建社会政治制度建设的贡献和影响是巨大而
深远的。刘基不仅留下了反映其主要治国理政思想的《郁离子》的有关篇
章,他的政治战略思想更大量体现在他建议朱元璋所推行的政令和所制
定的政策、制度中。"(刘基)节次随朕征行,每于闲暇,数以孔子之言开导
我心,故颇知古意。……后老甚而归,朕何时而忘也?"②概括而言,有明
一代所施行的各项法令所体现的战略思想,都是明确和始终一贯的。

1. 朱元璋政治目的及其策略的形成

据研究,在 14 世纪中叶,大致是从 1348 年到 1368 年的 20 年间,我
国发生了大规模的农民起义、农民战争,其范围之广、规模之大,几乎遍及
全国,从东北到西南,从西北到中南,到处都有农民战争发生。在 20 年的
战争中,反对元朝的军事力量大致可以分为两个体系:一个是红巾军,另
一个是非红巾军。③ 红巾军是白莲教组织的起义军,主要有东系和西系
两支。东系红巾军以徐州、颍州为根据地,由刘福通、芝麻李领导;西系红

---

① 刘基.诚意伯刘先生文集[M].北京:中国文史出版社,2011:66.
② 朱元璋.洪武元年三月日弘文馆学士诰[M]//俞美玉.刘基研究资料汇编.北京:人民出版
社,2011:260.
③ 吴晗.明史简述[M].北京:人民出版社,2019:2-4.

巾军主要在长江中游,由彭莹玉、徐寿辉等领导。① 非红巾军系统,在浙江有方国珍,其反元起兵最早;在江苏有张士诚;在福建有陈友定;等等。

朱元璋参加起义军的原因,他在与刘基论兴亡之道时坦率自白:"盗贼蜂起,群雄角逐,窃据州郡,朕不得已从戎,欲图自全。"②"欲图自全"就是他投军的动机。但当时有元军、地主军、起义军,又有其他割据武装,他投入起义军,也含有反元的因素。而他图谋天下,建立新的封建王朝的政治目标,则是随着他力量的发展壮大而逐步形成的。对此,朱元璋说:"予当时不能自宁于乡里,岂有意于天下乎?及群雄无所成,而予之兵力,日以强盛,势不容己,故有今日。"③朱元璋何时有了图天下的政治目的? 据史载,是在略取定远,冯国用、冯国胜兄弟来归之后。先是元至正十三年(1353),他还归故里,募兵700人,徐达、汤和来归,朱元璋算是有了自己的队伍。次年,朱元璋与徐达、汤和等24人南略定远,用计降了驴牌寨民兵3000人,又袭击横涧山"义军"缪大亨部,得其兵2万人。这时,定远人冯国用、冯国胜兄弟率众来附。朱元璋认为自己具备了一定实力,遂开始有了图谋天下的政治目的。他曾问冯国用:"顾定天下,计将安出?"④鉴于实力弱小,在此后相当长一段时期,朱元璋一直打着"红巾军"旗号,郭子兴死后,他接受大宋政权左副元帅的任命,军中一律用大宋龙凤年号。元至正十八年(宋龙凤四年,1358),朱元璋打下婺州(今浙江金华),在那里设中书浙东行省时,还在省门外竖两面旗帜,写着"山河奄有中华地,日月重开大宋天",表示继续尊奉大宋政权,⑤但已不用红巾军的红旗而改黄旗,公然表明朱元璋这支军队是独树一帜的,与红巾军有所区别。元至正二十六年(1366),朱元璋在红巾军与元军两败俱伤,而自己成为全国较强的武装集团时,杀韩林儿于瓜步(今江苏南京六合区),最后抛弃了红巾军这块招牌,公开图谋建立封建政权了。

朱元璋夺占皖南时,采纳了儒生朱升的"高筑墙,广积粮,缓称王"的

---

① 韩儒林.元史讲座[M].北京:人民出版社,2020:78.
② 方觉慧.明太祖革命武功记[M].海口:文海出版社,1970:121.
③ 张廷玉,等.明太祖实录:第52卷[M].北京:中华书局,2016:32.
④ 谷应泰.太祖起兵[M]//明史纪事本末:第1卷.北京:中华书局,1977:27.
⑤ 钱谦益.国初群雄事略:第1卷[M].北京:中华书局,2021:132.

著名建议。① 在当时的形势下,高筑墙,即先巩固自身实力,使自己立于不败之地;广积粮,即在根据地内搞好政治、经济措施,积聚人力、物力,以支持长期战争;缓称王,即在强手逐鹿中,不冒尖,少树敌。这个建议归纳起来就是:积蓄力量,后发制人。它经刘基雄才大略的战略架构、布局、实施,成为朱元璋政治上总的指导思想。朱元璋在后续的实践中,正是因为贯彻了这一指导思想,才取得了最终的胜利。

2. 刘基在奠定明代治国理政基础方面具有不可磨灭的历史功勋

刘基对明朝的贡献主要有:营建新都、制定律历、复兴科举、首倡军卫、纠劾百司、整肃纪纲、敷陈王道等。② 回顾刘基的一生,明太祖及其后人,还是感念他为明朝所做的丰功伟绩的明朝的历代皇帝对刘基的功绩始终抱持感念之心。这一切皆佐证了刘基有功于明朝。

3. 刘基的政治理念和实施成效

刘基在《官箴》中明确提出自己以民为本、关注民生、为民请命的从政理念,这体现了他施仁心、行仁政的德治理念。关注民生乃是施政的基本出发点。刘基在阐述养民、育民、爱民之道时,格外要求施政者提升自身的道德修养水平,时刻以百姓的根本利益为施政之道的根本出发点。对于治国之道,他说:"治乱,政也;纪纲,脉也;道德、政刑,方与法也;人才,药也。"③刘基提出了国家治乱的四大要素:纪纲、道德、政刑、人才。这也是刘基等儒臣在明朝创建伊始进谏以儒治国的同时,草创《大明律》的法理依据。在他看来,治理国家的"行法之道"就在于"本之于德政,辅之以威刑"④。

明朝是我国历史上继汉、唐之后的第三个鼎盛时期,在农业、手工业生产和科学文化等方面都取得了辉煌的成就。朱元璋崇尚俭朴,国用简约,史称他"立法多右贫抑富"⑤,"晚岁忧民益切"⑥。随着经济的恢复、国

---

① 张廷玉,等.朱升传[M]//明史.北京:中华书局,1974:26.
② 周群.刘基评传[M].南京:南京大学出版社,1995:84-91.
③ 刘基.千里马[M]//诚意伯刘先生文集.北京:中国文史出版社,2011:29.
④ 刘基.羹藿[M]//诚意伯刘先生文集.北京:中国文史出版社,2011:63.
⑤ 张廷玉,等.食货一[M]//明史.北京:中华书局,1974:72.
⑥ 张廷玉,等.太祖本纪[M]//明史.北京:中华书局,1974:121.

库的充实,朱元璋几乎年年都会颁发减免租税的诏令。明中期以后,商品经济在全国范围内有了较快的发展,尤其是江南地区市镇经济更为兴盛,市民力量不断壮大,在一些手工业行业,也稀疏地出现了资本主义萌芽。富足的农业生产,撑起了明朝近三个世纪的辉煌,这一切皆兆基于洪武之制。

4. 构建了完善的封建体制和机制

14世纪中叶,朱元璋在组建明朝政权的过程中,利用革胡俗、"复汉官之威仪"的机会,曾笼络了大批的名士大儒为其出谋划策,建立各种制度,制定各项政策,完全按照自然经济的模式,建立了一个非常典型的封建专制主义政权。皇帝至高无上,使封建的政治制度达到了十分完备的程度。可以说,凡是我国古代有利于统治阶级的制度和统治手段,朱元璋都予以博取利用。总之,这套制度,是刘基等谋臣总结了历代封建统治的经验制定出来的,在我国政治制度史上,占有非常重要的地位。而且,朱元璋又给他的后裔立了一条死规矩:"后世有言更祖制者,以奸臣论。"因此,明朝的后继者,谁也不敢更改这套制度,只是不断增添新内容。所以,在明朝后期,有人认为本朝的统治严密到了骇人的程度,以至于任何力量都不足以动摇君权的威势。客观而言,这个政权在元末农民起义后,对于国家的统一及封建社会经济的恢复等方面,都起到了一定的积极作用。但也毋庸讳言,从历史发展的层面考量,这套制度对以后的社会也产生了很大的负面影响。

(二)军事上:运筹帷幄,一统江山

战争是政治的继续,古今皆然。刘基仕元曾分别任浙东元帅府、江浙行省"都事",从事武职,在平定吴成七、自募组织地方武装的军事实践中表现得卓尔不凡。研究表明,其军事战略思想主要体现在以下几点:一是依据《时务十八策》的总体战略思想,制定并实施了"先南后北"、各个击破,北上灭元、统一全国的军事战略,取得了平定长江中下游,然后北上统一成就帝业的历史功绩;二是阵前筹谋,出奇制胜;三是倡立军卫法,建立国防体系,巩固大明政权;等等。

1. 刘基军事战略思想的核心是以德取胜,其兵法充满辩证思维

刘基认为:"以杀止杀,圣人不得已。"①又说:"善战者省敌,不善战者益敌。省敌者昌,益敌者亡。"②曾自谓:"吾尝读《孙子十三篇》,而知古人制敌之术。"③由此可见其军事战略思想的造诣。刘基一生著述甚多,他在临终前,将许多秘籍交给儿子,但都被朱元璋收入宫中,至于这些秘籍后来的命运如何,后人就无从得知了。笔者采信研究者刘泗的观点,刘基所作的《百战奇略》这部书,很可能是建文帝逊位时,由于大内失火而流入民间的。④ 这书应成书于刘基隐居青田石门洞的时候,当时他正在苦读兵书、研习兵法谋略,于是就把读书心得记了下来,经整理之后,就形成了这部兵书。该书特点鲜明,刘基在给战法分类的时候,一直将《易经》阴阳理论贯穿其间,两者对立,相辅相成,形成了一个完整的体系。他认为只要兵家能够完全洞悉阴阳的玄机,并把阴阳理论上升为作战的指导原则,就可以出神入化,战无不胜。刘基精选了从先秦到五代1600多年间中国历史上的重要军事战例,根据作战双方军事、政治、经济、自然环境等条件,区分出两两相对的 100 个计谋,运用《孙子兵法》《司马法》《六韬》等古代兵书上的精辟观点加以论证,并在此基础上进行了独到的阐释和发挥,是一部珍贵的兵法谋略秘籍。其军事思想对明清两代乃至我国近现代社会都产生了深远的影响。

2. 刘基以先南后北、各个击破的战略思想组织实施战役

元至正十六年(1356),朱元璋攻占集庆路(今江苏南京),将其改名为应天府。至正二十年(1360)以后,在刘基的精心经略下,朱元璋以建康(今江苏南京)为政治中心,以江南为根据地,派兵四面开拓土地,陆续占领今苏南东部、两浙及皖南广大地区,建立起以应天为中心的较为巩固的根据地。此外,为了准备兵员,增强实力,在江南建立根据地后,即实行屯田制度,要求"宜督军士,及时开垦,以收地利";并设民兵万户府,简选丁

---

① 刘基.诚意伯刘先生文集[M].北京:中国文史出版社,2011:219.
② 刘基.诚意伯刘先生文集[M].北京:中国文史出版社,2011:47.
③ 刘基.诚意伯刘先生文集[M].北京:中国文史出版社,2011:223.
④ 刘泗.刘伯温兵法[M].北京:中国档案出版社,2005:3.

壮,编为"民兵",实行军事化管理,且耕且战,使"民无坐食之弊,国无不练之兵",因而能及时补充兵员及军粮,保障了战争的供给。经过数年经营,朱氏势力物资丰富、军力增强、民心安定、生活改善,有了开展统一事业的条件,为夺取天下做好了经济、政治、军事准备。这时,朱元璋不仅把割据势力和元军作为进攻目标,甚至也把红巾军当作敌手看待。但若同时用兵,势必军力分散,不可能取胜。于是先打谁,就成了首先要考虑的问题。

(1)风起云涌,天下纷争定于谋

元至正十九年(1359)前后,当时全国的形势是:北方红巾军三路北伐均被元军打败,义军处于不利地位,但元廷内部为争夺帝位而矛盾重重。南方红巾军陈友谅杀义军首领徐寿辉,自立为帝,立国号汉,成为江南强大的势力。明玉珍在重庆自立为陇蜀王,后称帝,立国号夏。张士诚占据今淮东、苏南、浙东一带,自称吴王。方国珍据浙东南一带。另外,还有陈友定据福建,何真据广州,把匝剌瓦尔密据云南等。数敌比较,对朱元璋威胁最大的是陈友谅军。战略目标决定着战略和策略的制定,规范着政治集团中全体人员的思想和行动。因此,战略目标是否远大,对起事者的成败关系至为重要。所谓战略目标远大,主要是指以统一大业为己任,在任何时候,都不因小利或小败而放弃对这一信念的追求。由此,刘基做出战略决策的依据主要为以下四点:

第一,元统治集团内部矛盾正在激化,无力干预南方,这为统一长江中下游提供了机会。

第二,对朱元璋威胁最大的对手是陈友谅、张士诚,他们在朱元璋的东西两侧,是肘腋之患,如不先统一长江中下游而贸然北伐,陈、张乘其后,就会有全盘失败的危险。

第三,陈友谅、张士诚正在企图合击朱元璋,即便朱不主动解决他们,他们也会向朱发起进攻。

第四,占领整个长江中下游后,朱元璋的地位将更为稳固,人力、物力丰厚,然后乘胜北伐,就更有主动性,胜利就更有把握。

根据以上形势,朱元璋采纳了刘基的战略思想:先平定长江中下游的陈友谅、张士诚两个集团,然后北上灭元以统一全国。而在统一长江中下游的战略中,对两强亦不能同时用兵,也有个先打谁的问题。朱元璋问计于刘基,刘分析形势认为:"士诚自守虏,不足虑。友谅劫主胁下,名号不正,地据上流,其心无日忘我,宜先图之。陈氏灭,张氏势孤,一举可定。然后北向中原,王业可成也。"①

对于刘基先陈后张的战略,有人提出不同意见,主张先打张士诚,理由是距离近,且张实力较弱。但朱元璋同意刘基的意见,他还从敌方将帅的个性上分析陈友谅是"剽而轻",正在扩张势力,骄而喜功;而张士诚是"狡而懦"。若先打张士诚,陈友谅必全力来攻,那就会受到夹击而"疲于二寇"②;如先打陈友谅,张士诚专心守住他自己的地盘,不会认真出兵相助,陈败后再收拾张就较容易了。所以朱元璋最终决定实施先陈后张的战略决策。

(2)江东桥之役,力挽危局,初胜陈军

元至正二十年(1360)闰五月,陈友谅不待朱元璋来攻,率舟师越过朱军所据的池州,攻占太平,夺取采石,直逼应天,并在途中杀徐寿辉,于军中仓促称帝,国号汉。他在江州(今江西九江)稍加整备后,引兵东下,舟师十万,其势甚猛,应天震动。③ 朱元璋的谋士们有的认为只能投降,有的主张弃城守钟山(今南京东郊紫金山)决战,战不利再走。朱认为这些都不是好主意,见刘基稳坐不语,乃引入内室问计,刘基说:"主降及奔者,可斩也!""莫若倾府库,开至诚,以固士心"④,"贼骄矣,待其深入,伏兵邀取之,易耳。天道后举者胜,取威制敌以成王业,在此举矣"⑤。朱元璋采纳了刘基的方略,以逸待劳,设计伏击,大败陈军。朱军乘胜追击,夺回太平、安庆,并取得信(今江西上饶)、袁(今江西宜春)二州。江东桥之战的胜利,不仅歼灭了来犯的陈军,而且鼓舞了朱军士气,震撼了所有对手,为以后的胜利奠定了基础。

---

① 张廷玉,等.刘基传[M]//明史.北京:中华书局,1974:122.

② 谷应泰.太祖平汉[M]//明史纪事本末:第3卷.北京:中华书局,1977:113.

③ 谈迁.国榷:第1卷[M].杭州:浙江古籍出版社,2012:29.

④ 夏燮.前篇[M]//明通鉴:第3卷.北京:中华书局,2023:12.

⑤ 张廷玉,等.刘基传[M]//明史.北京:中华书局,1974:121.

（3）连战皆捷，势如破竹

元至正二十三年（1363），朱元璋在鄱阳湖之战中依计采用火攻战术，击杀陈友谅；次年正月，迫陈友谅子陈理投降，从而消灭了汉政权这一江南地区最大的对手。朱元璋为消灭张士诚，采取了"先取通泰（今江苏南通、泰州）诸郡县，翦其羽翼，然后专取浙西"的方略，于至正二十七年（1367）九月，攻破平江（今江苏苏州），灭张士诚。尔后，朱军征南将军汤和水陆并进，迫降台州方国珍；征南将军胡廷瑞平定福建的陈友定。至此，南方基本平定。由上可以看出，刘基对形势了解全面、分析透彻，因而能做出正确的战略决策。

史实证明，朱元璋统一长江中下游地区的胜利，为统一全国打下了坚实的基础。从军事角度分析这一胜利，首先，在于战略决策适合形势，先陈后张的作战目标选定合宜。刘基对敌情和敌帅个性了解深刻，认为先打陈友谅，张士诚不敢轻动，可以避免两面作战；反之，如先东后西，陈友谅会全力来袭，就难以避免两面作战。其次，两敌相比，威胁较大的是陈友谅，其居上游，且不断进攻朱军边境，是较危险的对手，先打击他，也是势所必然。再次，取胜的另一重要因素，是根据地巩固，可攻可守，人力、物力丰富。最后，朱元璋善于亲自指挥，敢于冒险犯难，军队纪律严明，内部团结，也是统一长江中下游诸役取胜的重要原因。

3. 北上灭元，统一全国

在政治、经济上，朱元璋注意改革元朝弊政，发展生产，积蓄力量，减少人民负担，收揽人心，为北伐做好充分准备。至正二十七年（1367）十月，朱元璋召集诸将商讨灭元之策。刘基对此进行了深入的"庙算"——战略形势分析和战略决策，这也是战争准备阶段的一项极为重要的工作，对战争的胜负有着决定性的影响。他本着以下原则："凡用兵之道，以计为首。未战之时，先料将之贤愚，敌之强弱，兵之众寡，地之险易，粮之虚实。计料已审，然后出兵，无有不胜。"[①]刘基分析当时的形势，判定北上灭元的时机已经成熟，决定采取以一部兵力继续攻打福建、两广，主力立

---

① 刘基.刘伯温兵法［M］.北京:中国档案出版社,2005:3.

即挥师北伐，一举肃清南、北元军以统一全国的战略方针。具体分三步进行：第一步"先取山东，撤其屏蔽"；第二步"旋师河南，断其羽翼；拔潼关而守之，据其户槛。天下形势，入我掌握"；最后一步"进兵元都，则彼势孤援绝，不战可克"。并计划拿下元都后，再"席卷而下"，转兵西向，略取云中、九原以及关、陇等地，使天下大定。朱元璋据此做了以下部署：

以徐达任征虏大将军为主帅，常遇春任征虏将军为副帅，率水陆军25万人，由淮入黄河、运河进行北伐；命邓愈以荆襄之兵北出河南，以分散元军兵力，策应主力作战；命胡廷瑞以江西为根据地，继续进攻福建；周德兴率两湖部队，进攻两广。

此外，他向全国发布檄文，提出"驱除胡虏，恢复中华"和"立纲陈纪，救济斯民"的政治号召，利用民族矛盾和强调纪律来争取中原汉族人民对战争的支持；又揭露各割据势力是"假元号以济私"，是人民的巨害；同时还强调对各民族同等看待，蒙古、色目虽非汉族，"愿为臣民者"都和汉族人民一样看待。

出兵之前，朱元璋一再申明纪律，谕将士军行所至和破城之时，"勿妄杀人，勿夺民财，勿毁民居，勿废农具，勿杀耕牛，勿掠人子女"[①]。

刘基对北伐时机的选择，不仅抓住了战机，其战略方针也是对情况进行深入分析、深思熟虑后提出的，因而切合当时的形势。其具体部署、措施比较细致，特别是发布檄文，既有利于收附人心，也鼓舞了士气。他善于用将，重视教育将士，一再重申纪律，有力地保证了作战的胜利。

北伐明军按预定计划先后迫汴梁守将投降，在塔尔湾（河南偃师境内）击溃元军；迫潼关守将李思齐、张思道等弃关西逃；而后北渡黄河，水陆并进，连战皆捷，于至正二十八年（1368）八月初二攻入元大都，元顺帝逃往漠北。后来朱元璋又派军征漠北，双方互有胜负。鉴于当时北元势力尚强，朱元璋采取了来则御之、去则勿追的方略，国界相对固定下来，从而完成了基本统一的大业。

研究表明，朱元璋取得北伐和统一全国的胜利绝非历史偶然。总括

---

① 谷应泰.北伐中原[M]//明史纪事本末：第8卷.北京：中华书局，1977：213.

而言,除争取到人民的积极支持,立足于先建立巩固的根据地,内部团结、将士用命、士气高昂外,另一个主要原因是战略思想、作战方针及部署的正确。刘基的统一战争的战略思想、作战方针与部署,都建立在充分掌握情况、正确分析形势的基础上,从战略思想到战役指导都积极主动而又稳妥,故能在群雄逐鹿、强手环伺的形势下,始终处于主动地位,走一步成一步,打一个歼一个,按预定战略思想逐次击灭对手,最终完成了统一,建立了大明帝国。历史证明,只有将坚定不移的长远战略和灵活机动的阶段性战略统一起来,才能逐步达成统一全国的最终目标。

"向北进攻",开创了我国战争史上战略进攻与决战的成功奇迹。从先秦至汉唐数千年间(我国封建社会前期),我国历史上政治、经济的发展,主要是围绕东西轴线进行的,大致以黄河为基准。随着我国农业文明的发展,在黄河中上游和中下游分别形成了以华山为中心的西部文明发达区和以泰山为中心的东部文明发达区,进而发展扩大为以华北平原和关中平原为核心的两大产粮区与经济中心区,长期支撑着当时各封建王朝的经济生活。与经济上的东西分布相适应,封建前期的历代王朝大都把国都定在黄河轴线附近。周公东征以后,在洛邑营建东都,以丰镐为西京,这样一个照顾到东西两大经济中心区的国都"两京制"体系一直沿用到唐代。这就决定了历代义军要想推翻封建王朝,夺取全国政权,必须夺占这两大区域。回顾唐以前真正有重大影响、有作为的义军,在战略进攻方向的选择上都有着惊人的一致性——义军在东部起兵,必西进关中;在西部起兵,必东向而行。宋以后,我国的政治、经济形势发生了很大的变化。从中唐时期开始,长江流域的农业生产水平超过了黄河流域,南方成为国家经济命脉所在,经济重心也从原来的东西分布变为南北分布。全国的政治中心由原来在东西轴线上变化改为沿南北方向变化,杭州、南京成为南方国都的首选,汴梁、北京成为北方都城的首选,形成了与以往不同的南北"两京体制"。同时,我国的朝代更迭的战争也呈现出南北纷争的特点。当时全国的政治、经济格局决定了战略力量分布的格局,也决定了图谋夺取全国政权的明军战略进攻的方向。战略进攻的核心在于战略决战,而决战必须把握时机。刘基在统一江南后,适时提出了消灭敌军,稳步向前推进的战略。据研究,历史上天下纷争均须由北向南用兵,才能定鼎中国。① 而刘基却凭借其过人的战略思想,打破了历代争锋向来只能由北向南的定式,谱写了一举挥师从南向北一统江山的史诗。朱元璋在诏书中慨然评价道:"(刘基)发踪指示,三军往无不克。曩者攻皖城,拔九江,抚饶郡,降洪都,取武昌,平处城之内变,尔多辅焉。至于彭蠡之鏖战,……虽鬼神也悲号。自旦日暮,如是者几四。尔亦在舟,岂不同患难也哉?"②

或许有人质疑这是朱元璋为了驭下的溢美之词,但请不要忽略了一个史实:对于杀伐果决的朱元璋,平日除督促将帅注意军队训练外,自己也时常巡阅部队,检查训练情况。他特别注意军纪,严明军令,每次出战都三令五申,凡有违犯者,一律严处,决不姑息。如,徐达属下降人陈保二,因诸将不爱惜士卒,怨叛而去,加上徐达攻常州不力,遂命自徐达以下,皆降一级以资惩罚。朱元璋亲侄朱文正守江西,所为多不法,乃令回建康问罪,本欲杀之,经马后苦劝而止,但杀其辅佐官员,并挑断了为朱文正办坏事的50余亲兵的足筋。凡此可见朱元璋在赏罚上绝不含糊。

(三)经济上:以农为本,让利于民

刘基的经济战略思想注重发展生产、保民富国,主张"生息之道在于宽仁"③。他十分重视发展生产,垦荒屯田,要求各级将帅监督军士,及时开垦土地,收获粮食;又建立营田司,以康茂才为营田使,负责筹划和兴修水利;还建立茶盐课、制钱法,开冶炼,定渔税,以增加财政收入。此外,他还提倡节俭,开源节流,尽量减少财政支出,以积蓄物力。

1. 刘基经济思想的主要内容是他的"盗天"说

刘基认为,"盗天"是人类社会获得财富的唯一途径。社会的贫富、国家的盛衰,关键在于人们是否善于"盗天"。所谓"盗天",是指把自然存在的资源转变为人所占有的财物。人的"盗天",不只是取得现成的自然物,

---

① 于汝波,等.中国历代战略思想教程[M].北京:军事科学出版社,2000:236.
② 朱元璋.御宝诏书[M]//俞美玉.刘基研究资料汇编.北京:人民出版社,2011:258.
③ 茅元仪.暇老斋杂记:第8卷[M].清光绪李文田家抄本.

不只是"发其藏,取其物",更主要的是依据自然条件、利用自然力及其作用,形成归属于自己的财物,即所谓"执其权,用其力,攘其功,而归诸己"。他说的"盗天",实际上就是指物质生产。刘基不仅主张"盗天",而且提倡"知盗""善盗",即具有"盗天"的智慧、擅长"盗天"的技术。他认为善"盗天"是生产增长、百姓富裕的前提。刘基说的"盗天",主要是从富国的角度,从宏观的国民经济意义上提出来的。他把伏羲、神农称作教人"盗天"的圣人,就充分表明了这一点。刘基要求统治者做善于"盗天"的"圣人",要求他们善于引导、鼓励百姓去从事开发、生产活动,并且为此创设条件而不加以妨害。

总之,刘基提出了"人,天地之盗也"的命题。① 他认为,生产发展有着巨大的潜力,只要"善盗",就能"操天地之心以作之君",②成为自然的主人。显然,刘基的"盗天地"就是合理组织和发展生产力,让自然界更多的物质财富为人类服务。刘基使用一个"盗"字,形象而独特地揭示出人与自然的关系,说明人只有付出智慧和劳动才能征服自然。

2. 农业生产是国计民生不可须臾荒废的根本事业

"耕,国之本也,其可废乎!"③刘基劝喻统治者:对待老百姓,应当像菜农种菜那样,及时施肥灌溉,精心管理。他认为只有轻敛薄赋,与民休息,才能国用充裕,长治久安。这是刘基经济思想的核心。

基于这种认识,他以养蜂为喻,进一步引申出"国不自富,民足则富"④的道理。刘基把养蜂者与蜂比拟为国与民,说明"国以民为本"⑤。因此,"国莫大于保民"⑥,统治者应当节欲去奢,"不以欲妨民"⑦,如果"掊克之吏进,则民夷而国伤"⑧。这一思想对明初的社会经济生活曾产生过积极的影响。

---

① 刘基.诚意伯刘先生文集[M].北京:中国文史出版社,2011:45.
② 刘基.诚意伯刘先生文集[M].北京:中国文史出版社,2011:45.
③ 刘基.诚意伯刘先生文集[M].北京:中国文史出版社,2011:35.
④ 刘基.诚意伯刘先生文集[M].北京:中国文史出版社,2011:215.
⑤ 刘基.诚意伯刘先生文集[M].北京:中国文史出版社,2011:377.
⑥ 刘基.诚意伯刘先生文集[M].北京:中国文史出版社,2011:391.
⑦ 刘基.诚意伯刘先生文集[M].北京:中国文史出版社,2011:35.
⑧ 刘基.诚意伯刘先生文集[M].北京:中国文史出版社,2011:215.

3. 对与人民衣食相关的生产事业,主张听民自为,反对国家实行垄断

刘基认为,只有不直接关系到人民衣食的事业,才可由国家垄断。刘基反对国家垄断有关民生的生产事业,却并不主张撒手不管,放任自流。在刘基之前,主张国家对经济事业采取垄断或放任政策者不乏其人。但像刘基那样,把有关民生的生产事业与其他事业区别开来,主张采取不同的政策,对于民生事业,把听民自为与国家必要的管理结合起来,以促进其发展的,却罕见。刘基的这种思想比前人深刻多了,对后世也有一定的启发意义。

4. 要发展生产,既要处理人与自然的关系,也要处理人与人的关系

刘基认为:"遏其人盗,而通其为天地之盗,斯可矣。"①这表明他已经隐约感觉到,只有调整并改变不合理的生产关系,才能推动生产力的发展。虽说他的表述还不够明确贴切,却是前无古人的思想成果,值得珍视。

5. 明初的经济发展,充分反映了刘基经济战略思想导向的正确

纵观历史,从唐末宋元以来,战乱屡作,北方游牧民族多次入侵,尤其是金、元王朝推行了一些野蛮破坏性政策,给农业带来了非常严重的损失。直到明初,其恶果才完全暴露出来,全国出现了大量的荒地。明朝建立后,朱元璋采取放奴为民、抑制僧道、严禁兼并、奖励垦荒、实行屯田、兴修水利、实施移民、永不起科等政策,收到了很好的效果。

刘基主张发展经济要以农业为立国之根本。他把发展农业提高到治国根本这一高度,同时认为农业是人类向大自然获取财富的源头,必须得到高度重视。他提出人们通过农业向大自然获取财富要遵循"天地之盗"原理,让天地人万物之间呈现良性的循环互动。他还提出要轻敛薄赋、重民养民,关乎百姓衣食的农业,应将国家实行必要的管理与听民自为结合起来,这些都是"天地之盗"思想具体而微的体现。中国是传统的农业大国,在漫长的封建统治时期,主要是以发展农业为主导的经济模式。因

---

① 刘基.诚意伯刘先生文集[M].北京:中国文史出版社,2011:45.

此,耕地就成了衡量历朝经济发展的综合性的主要指标。

明朝政府鉴于大量荒地的存在,除了坚持以前颁布的各项奖励垦荒政策,又于洪武二十八年(1395)再次颁布"永不起科"政策,完全免赋,鼓励山东、河南等地的农民大力开垦荒地,收到了很显著的效果。

明朝的耕地面积逐渐增加,呈上升趋势。据《明史》记载统计,洪武朝自然灾害频仍,几乎无年不灾,共发生水灾 15 次、饥荒 13 次、黄河决口 10 次、旱灾 6 次、震灾 2 次、潮灾 2 次、蝗灾 2 次、雨雹 1 次等。针对这些灾害的发生,明政府极为重视免租赈灾措施。在种种不利的情况下,明初一边恢复生产,一边促经济发展。水利是农业的命脉,以明初兴修水利为例,朱元璋命所在官吏陈奏有关水利事宜,并分派官员督修水利。据洪武二十八年(1395)的统计数据,全国各处所开塘堰 40987 处,浚河 4162 处,修建陂渠堤岸 5048 处。明成祖时继续兴修水利,不仅疏通了南北大运河,而且使许多农田获得了灌溉上的便利。从洪武二十四年(1391)至万历三十年(1602),经过 210 年左右的时间,全国耕地净增 7744202.81 顷,耕地面积增长 3 倍多。这样的耕地增长速度,在我国封建社会中绝不多见。史料反映:明朝按田亩征粮,洪武年间法制极严,"额外科一钱、役一夫者,罪流徙"[1]。由于明代的税粮是按田亩征收,而不是按户口摊派,因此,计算税粮征收额的高低,以户口数进行比较是不能说明问题的,而应以垦田(耕地)数进行比较。研究表明,历代的垦田数与户口数的峰值年份大多相同或相近,国家掌握户口最多的时期,也即掌握田亩最多的时期。可见明朝经济发展的特点是洪武时期起点很高,所谓"起点即顶点"是明朝经济——主要是农业经济的特点,与垦田数直接有关的户口数、税粮数,都在洪武时期达到高峰;除工商业是尾随于农业而发展的,其在洪武年间的数据不及后继,其余各项经济数据几乎都以洪武期间为最高。后继的建文、成祖、仁宗、宣宗,虽都重视生产,但其经济情况,除工商业外,都不及洪武时期,其他经济工作几乎也以洪武时期的成绩为最佳。造成明初经济的这一特殊现象,主要原因有二:一是朱元璋及其谋臣们比历

---

① 张廷玉,等.食货三[M]//明史.北京:中华书局,1974:143.

史上任何一个封建王朝的统治者们都更重视发展生产;二是朱元璋及其谋臣们制定了完备的法律、政令机制,对豪强地主枉法兼并的打击,比历史上任何一个封建王朝都严厉。

总之,由于明初既是改朝换代、革故鼎新的时期,也是小农经济的重要恢复期,明政府制定政策和制度的出发点是恢复和重建以小农经济为主体的经济格局,因而考察明初经济的发展更应着重考察该时期恢复经济的各项政策及其背后凸显的政府意图和与前朝的继承关系。洪武时期所取得的丰硕的社会经济发展成果,充分反映出刘基经济战略思想在实践中得到了实证和校验,也为明朝长治久安奠定了执政之基。

综上所述,刘基的战略思想与历史实践,是中国传统文化辩证智慧对世界战略文化宝库的贡献。刘基作为一位历史上杰出的思想家和实践者,积极投身社会变革实践与理论探索,其战略思想深刻反映了他"以德为本,经世致用"的理论品格。当前,随着现代政治、经济、文化、科技的国际化,传承与发扬传统文化、树立民族自信,显得尤为重要和迫切。刘基战略思想的全局性、辩证性、通俗性、实践性特质,为后人运用战略性思维提供了参考坐标,具有一定的"古为今用"的现实应用价值,是值得每一位新时期的管理者学习、借鉴的经典。历史证明:刘基不仅是一位伟大的理论思想家,而且是一位历史变革的亲历者和积极参与者,更是一位划时代的成功的战略思想家。

参考文献

[1]周良霄,顾菊英.元代史[M].上海:上海人民出版社,1999.

[2]有高岩.元代农民之生活[M].黄现璠,译.太原:山西人民出版社,2015.

[3]韩儒林.元史讲座[M].北京:人民出版社,2020.

[4]吴晗.朱元璋传[M].北京:生活·读书·新知三联书店,1965.

[5]吴晗.明史简述[M].北京:人民出版社,2019.

[6]程念祺.明帝国衰亡史[M].北京:人民出版社,2019.

[7]《中国军事史》编写组.中国历代军事思想[M].北京:解放军出版

社,2007.

[8]《中国军事史》编写组.中国历代军事战略[M].北京:解放军出版社,2007.

[9]张宏敏.刘基思想研究[M].杭州:浙江人民出版社,2011.

[10]于泽民,等.孙子战略纵横[M].武汉:长江文艺出版社,2016.

[11]刘泗.刘伯温兵法[M].北京:中国档案出版社,2005.

[12]梁方仲.中国经济史讲稿[M].北京:中华书局,2008.

[13]叶世昌.中国经济思想简史:中册[M].上海:上海人民出版社,1983.

[14]赵靖,等.中国经济思想通史:第3卷[M].修订本.北京:北京大学出版社,2002.

[15]田培栋.明代社会经济史研究[M].2版.北京:燕山出版社,2008.

[16]孙翊刚,等.中国赋税史[M].北京:中国税务出版社,2003.

[17]吴申元.刘基经济思想浅论:浙江学刊[J].杭州:1983(2):49-50.

[18]董楚平.明初垦田数考辨:中国古代史论丛[M].第2辑.福州:福建人民出版社,1981:212-217.

[19]俞美玉.刘伯温用兵之道[J].孙子研究,2021(1):24-33.

[20]杨桦.试论刘基的经济思想[J].浙江工贸职业技术学院学报,2021(4):41-45.

[作者简介]

杨桦(1959—),男,汉族,浙江龙游人,中国建设银行温州分行高级经济师,温州博物馆理事会理事、温州市图书馆理事会理事、温州市图书馆发展基金会理事长。已发表研究文章100多篇,主要著作有《现代商业银行管理》《现代商业银行储蓄理论与实务》《NETS证券投资指南》《银行结算与法律》等。

刘基人才战略思想在明初的践行与影响

——基于刘基元进士身份的一种考察

魏 青

摘 要:明朝洪武初年重开科举,科举制并未因改朝换代而停废,这当中的一个关键人物非刘基莫属。刘基的至人之处,在于他亲身参与了明初科举的决策和制定。作为明朝开国元勋中唯一一位出身进士之人,刘基必然成为明太祖朱元璋筹划科举的不二人选。刘基虽贵为元朝进士,但他长期沉沦下僚,居官不过六品,他对元末人才问题有切身的感受,却只能将自己的看法写进《郁离子》一书中,以期用于后世文明之治。然而,刘基最终弃暗投明,选择辅佐朱元璋,在朱元璋统一天下的过程中,其人才思想成为朱元璋制定和实施思想文化政策的理论依据,具有重要的战略意义。人才关乎国运,刘基本身就是一个明证。

关键词:刘基;元进士;明初选举;人才思想

清代乾隆时期的《儒林外史》是一部真正的讽刺写实小说,作品的中心主题是批判科举考试制度,否定功名富贵思想。作为"櫽栝全书"的第一回,从大明建国之初礼部议定八股文取士之法起笔,借当代名流王冕之口一语道破主旨:"这个法却定得不好,将来读书人既有此一条荣身之路,把那文行出处都看得轻了。"①全书借助小说独特的创作思维方法,多层面地对科举制度进行反思和讽刺,既不同于史学家的据实直录,也不同于

---

① 吴敬梓.儒林外史[M].北京:中华书局,2009:7.

哲学家的纯理论思考,却因此更具批判力量,更加深入人心。

以往人们通常认为作者吴敬梓假托的故事发生在明代,实际上反映的是他所生活的清代中期的社会实况。不过,夏志清在《中国古典小说》一书中的看法略有不同,他认为"吴敬梓把他的小说设置在明朝,不只是为了写作的方便,他对明代的历史一直有积极的兴趣,也对这一朝代的历史有独到的批评",特别是指出作者吴敬梓"虽然他对明太祖的总体评价相当正面,但也强烈谴责当时实施的简单化的科举考试制度,因为这种制度主要评估的是考生们以八股文的形式阐释《四书五经》中某些简短引文的能力"。我们并不否认"作者似乎是在认真地提出他对明朝历史的看法"①,文学世界可以与现实生活相互映照,但两者不可完全等同而论。明朝洪武初年重开科举,并未因改朝换代而停废,几近与元朝的科举无缝对接,其产生的历史作用究竟如何,还是要从对历史资料进行抽丝剥茧的还原中,才能做出恰当、合理、有效的评判,而这当中的一个关键人物——刘基,无论如何都不能绕开。

一

洪武三年(1370)五月,朱元璋下诏恢复科举,"自今年八月为始,特设科举,以起怀才抱道之士""使中外文臣皆由科举而选,非科举者毋得与官"②,科举考试被定为选拔官吏的唯一途径。是年八月,"京师及各行省开乡试""考试之法,大略损益前代之制,初场《四书》疑问,本经义及《四书》义各一道;第二场,论一道;第三场,策一道。中式者后十日,复以五事试之,曰骑、射、书、算、律"③。刘基应是"朱元璋首开科举的决策人物"④。时已授弘文馆学士的刘基协助朱元璋重启科举考试,真正实现了他一生事业的最终目标:"启迪天下蠢蠢氓,悉蹈礼义尊父师。奉事周文公、鲁仲尼、曾子舆、孔子思,敬习《书》《易》《礼》《乐》《春秋》《诗》。"⑤《明史·选举

---

① 夏志清.中国古典小说[M].上海:上海人民出版社,2019:191.
② 明实录[M].校印本.台北:台湾"中研院"历史语言研究所,1962:1020.
③ 明实录[M].校印本.台北:台湾"中研院"历史语言研究所,1962:1084.
④ 黄强.八股文是朱元璋和刘基所定的吗?[J].江淮论坛,2005(6):157-162.
⑤ 刘基.刘基集[M].林家骊,点校.杭州:浙江古籍出版社,1999:279-281.

志二》载:"科目者,沿唐、宋之旧,而稍变其试士之法,专取《四子书》及《易》《书》《诗》《春秋》《礼记》五经命题试士。盖太祖与刘基所定。"①刘基不仅与朱元璋一起制定了科举考试的最初条格,他还担任了洪武三年庚戌首届京畿乡试的主考官。宋濂《庚戌京畿乡闱纪录序》载:"乃洪武三年夏五月,以科目选士,诏内外之官胥此焉出。阅三月,畿甸之士将集试于京府。礼部以闻,皇帝御谨身殿,召前御史中丞臣基、今治书侍御史臣裕伯,俾司去留之任,而以翰林侍读学士臣同、弘文馆学士臣稼、起居注臣韶凤、尚宝丞臣潜、国史臣濂佐其事,……其来试者一百三十有三,在选者过半焉。"②正、嘉时陆深的《科场条贯》中亦有洪武三年八月首科京畿乡试的记载:"洪武三年庚戌始开科取士,士之就试者一百三十三人,中式者七十二人。主试则御史中丞刘基、治书侍御史秦裕伯,同考官则翰林侍读学士詹同、弘文馆学士睢稼、起居注乐韶凤、尚宝丞吴潜、国史宋濂。"③此处两则材料相参,可以确定洪武三年京畿乡试的另一位主考为秦裕伯,同考官则有宋濂、詹同、睢稼、乐韶凤、吴潜五人。洪武四年(1371)辛亥二月举行会试,"中书省奏会试中式举人俞有仁等一百二十名"④。是年正月,刘基即告老还乡⑤,二月到家⑥,所以洪武四年二月首科会试他并未参与主持。宋濂《洪武四年会试纪录题辞》有载:"先是,京畿遵行乡试,中程式者七十二,未及贡南宫,上求治之切,皆采用之,至有拜监察御史者。及是,当会试之期,若河南、若陕西北平、若山之西东、若江西湖广、若浙江、若广之东西、若福建,其行中书省十有一,俊秀咸集,而高句丽之士与焉。右丞相臣(汪)广洋、左丞臣(胡)惟庸同礼部尚书臣(陶)凯、臣(杨)训文启于东朝,然后入奏。于是诏臣(陶)凯与前侍讲学士臣(潘)庭坚为主司,而以侍读学士臣(詹)同、国子司业臣(宋)濂、吏部员外郎臣(原)本、前贡士臣

① 张廷玉,等.明史[M].北京:中华书局,1997:1693.

② 宋濂.宋濂全集[M].黄灵庚,编辑校点.北京:人民文学出版社,2014:444-445.

③ 陆深.俨山外集:卷二十二[M].明嘉靖二十四年刻本.

④ 明实录[M].校印本.台北:台湾"中研院"历史语言研究所,1962:1189.

⑤ 黄伯生.诚意伯刘公行状[M]//刘基.刘基集.林家骊,点校.杭州:浙江古籍出版社,1999:635.

⑥ 刘基.谢恩表[M]//刘基集.林家骊,点校.杭州:浙江古籍出版社,1999:667.

(鲍)恂与考试事。"①依此可知,洪武四年二月首届会试的主考官为陶凯、潘庭坚,同考官有宋濂、詹同、原本、鲍恂四人。

因为天下初定,官多缺员,洪武四年正月,朱元璋曾敕谕中书省曰:"今天下已定,致治之道在于任贤。既设科取士,令各行省连试三年,庶贤才众多而官足任使也。自后则三年一举,著为定例。"②故洪武四年当年八月举行了第二届乡试,宋濂《辛亥京畿乡闱纪录序》又记载:"洪武辛亥秋八月,济当乡贡之期,……上亲选兵部尚书吴琳、国子司业宋濂司考文之任,命即日莅事。"③宋濂在刘基之后担任了第二届京畿乡试的主考官之一。是年十二月,朱元璋又下诏礼部曰:"今岁各处乡试取中举人,俱免会试,悉起赴京用之。时吏部奏天下官多缺员,故有是命。"④可见,第二届会试并未按常规举行,而是中试举人直接授官。但是在连续三年取士之后,洪武六年(1373)二月,朱元璋又下诏暂停科举,其曰:"朕设科举以求天下贤才,务得经明行修、文质相称之士,以资任用。今有司所取多后生少年,观其文词若可与有为,及试用之,能以所学措诸行事者甚寡。朕以实心求贤,而天下以虚文应朕,非朕责实求贤之意也。今各处科举宜暂停罢,别令有司察举贤才,必以德行为本,而文艺次之,庶几天下学者知所向方,而士习归于务本。"⑤因中试者"所学措诸行事者甚寡",诏罢科举取士之法有十年,转以荐举之法为主,于是,明初荐举选人一时盛行。然而,朱元璋通过实践比较、分析了荐举和科举两种取士之法,认为科举取士更为有效,于是到洪武十五年(1382)八月,又"诏礼部设举取士,令天下学校期三年试之,著为定制"⑥。洪武十七年(1384)三月,"命礼部颁行《科举成式》"⑦。洪武十八年(1385)二月,重开会试;三月,再举行殿试。自此,科举制度成为有明一代取士恪守的永制。《明史·选举志三》亦载自建文、永乐以后,选举之法风气一变,"科举日重,荐举日益轻,能文之士率由

---

① 宋濂.宋濂全集[M].黄灵庚,编辑校点.北京:人民文学出版社,2014:789.
② 明实录[M].校印本.台北:台湾"中研院"历史语言研究所,1962:1181.
③ 宋濂.宋濂全集[M].黄灵庚,编辑校点.北京:人民文学出版社,2014:518.
④ 明实录[M].校印本.台北:台湾"中研院"历史语言研究所,1962:1295.
⑤ 明实录[M].校印本.台北:台湾"中研院"历史语言研究所,1962:1444.
⑥ 明实录[M].校印本.台北:台湾"中研院"历史语言研究所,1962:2299.
⑦ 明实录[M].校印本.台北:台湾"中研院"历史语言研究所,1962:2467.

场屋进以为荣;有司虽数奉求贤之诏,而人才既衰,第应故事而已"①。科举制度完全占据了取士的主导地位,荐举已经名存实亡了。

虽说明朝初年科举"经历了开科取士、暂罢科举、复开科举的一个反复过程,最后才确立这一制度"②,但是,洪武四年(1371)刘基协助朱元璋制定的取士之法与洪武十七年(1384)正式颁行的《科举程式》条例基本内容一致,所以说,刘基对明朝科举制度的确立起到了开山辟路之功。

二

洪武四年(1371),刘基 61 岁时致仕,结束了他前后长达 35 年的政治生涯。刘基在 50 岁上选择弃元而辅佐朱元璋,成为朱元璋身边的主要谋士和顾问。入明后,他官至御史中丞,受封诚意伯。特殊的时代赋予了刘基许多传奇色彩,诸如石门得书、西湖识云、鄱阳湖更舟、筑城之谶等,其实这些故事多半出于后人的夸张和附会。《明史·刘基传》云:"顾帷幄语秘莫能详,而世所传为神奇,多阴阳风角之说,非其至也。"③今人杨讷《刘基事迹考述》一书中曾分析指出:刘基"自幼受儒家正统教育,长成治《春秋》,立志以学问文章济世。他在《郁离子·九难》篇中自言其志说:'仆愿与公子讲尧、禹之道,论汤、武之事,宪伊、吕,师周、召,稽考贤王之典,商度救时之政,明法度,肆礼乐,以待王者之兴。若夫旁途捷歧,狙诈诡随,鸣贪鼓愚,侥幸一时者,皆不愿也。'这样的价值观与术士、卜者是完全不同的"④。拙见以为,刘基其人的至处,在于他亲身参与了明代科举制度的决策和制定。作为明朝开国元勋中唯一一位出身进士之人,刘基必然成为明太祖朱元璋筹划科举的不二人选。据萧启庆《元明之际士人的多元政治抉择——以各族进士为中心》一文的统计分析,元末出仕朱元璋的进士有 7 人,在群雄中可算第一。在朱元璋所用元代进士中,刘基深受重视,是最重要的谋臣,其事功也最为显赫。其他进士或掌教国学,或议定

① 张廷玉,等.明史[M].北京:中华书局,1997:1713.
② 朱正伦.明朝初年的科举制度[J].北京社会科学,1995(2):79-85.
③ 张廷玉,等.明史[M].北京:中华书局,1997:3782.
④ 杨讷.刘基事迹考述[M].北京:北京图书馆出版社,2004:118.

律令,为明朝建国奠立基石。①

　　刘基早岁师从郑原善,研习濂洛之学。郑原善,字复初,信州玉山(今江西玉山)人。延祐五年(1318)进士及第,授德兴(今属江西)县丞。泰定元年(1324)迁处州(今浙江丽水)录事。因勇于行义,为众所忌,被诬构罢官。元统元年癸酉(1333)春卒于京师。刘基出其门下,大受器重。《明史·刘基传》载:"基幼颖异,其师郑复初谓其父熵曰:'君祖德厚,此子必大君之门矣。'"②刘基出身儒户,其家庭为教育世家、书香门第。他的曾祖父刘濠任宋翰林掌书,祖父刘庭槐为宋太学生,父刘熵任元儒学教谕。刘基早年"习举业,为文有奇气。决疑义,皆出人意表"③。至顺三年(1332),刘基中江浙乡试第十四名;次年三月,登会试第二十六名;九月,廷试取汉人、南人三甲第二十名,赐同进士出身。元朝建立全国统一政权四十余年后,元皇庆二年(1313)正式恢复科举考试制度,规定每三年举行一次科举考试,分乡试、会试、廷试三级。延祐二年(1315)乙卯首科取士,中经元统三年(1335)至至元六年(1340)科举停废数年后又恢复,直到元亡前的至正二十六年(1366)丙午科,50 余年间,前后共开 16 科,合计录取进士 1139 名。④ 刘基所参加的至顺四年即元统元年(1333)癸酉科考为元代科举第七科,此科共录取进士 100 人,为历科人数之最。《元史·选举志一》曰:"科举取士,莫盛于斯。"⑤不过,欧阳健《〈浙江通志〉元代选举科目正讹——兼辨"至顺二年辛未余阙榜"之由来》一文提出了另一见解,他认为由于至顺四年(1333)会试被攻击存在科场舞弊与腐败,此科进士定要撇清与秉政者燕帖木儿的关系,不致留下"附逆"与"行贿"的恶名,故而刻意另立至顺二年余阙榜之说。事实上,余阙与刘基同为至顺四年

　　① 萧启庆.元明之际士人的多元政治抉择——以各族进士为中心[J].台大历史学报,2003(32):77-138.

　　② 张廷玉,等.明史[M].北京:中华书局,1997:3777.

　　③ 黄伯生.诚意伯刘公行状[M]//刘基.刘基集.林家骊,点校.杭州:浙江古籍出版社,1999:631.

　　④ 沈仁国.元朝进士集证[M].北京:中华书局,2016:2.

　　⑤ 宋濂,等.元史[M].北京:中华书局,1976:2026.

进士。① 萧启庆在《元统元年进士录校注》中指出,"在中国科举史上,元代是第一个兼采种族与区域两种配额以选取进士的朝代"②。元代科举分左、右二榜,蒙古人、色目人合为右榜,汉人、南人合为左榜,分榜录取,名额均分。蒙古、色目人考两场,汉人、南人考三场。汉人、南人的考试题目比蒙古人、色目人的难,录取授官却又正好相反,蒙古人、色目人比汉人、南人官位高。因此,元代"科举制度具体反映族群等级的不平等"③。具体考试程式,《元史·选举志》载曰:

> 蒙古、色目人,第一场经问五条,《大学》《论语》《孟子》《中庸》内设问,用朱氏章句集注。其义理精明,文辞典雅者为中选。第二场策一道,以时务出题,限五百字以上。汉人、南人,第一场明经经疑二问,《大学》《论语》《孟子》《中庸》内出题,并用朱氏章句集注,复以己意结之,限三百字以上;经义一道,各治一经,《诗》以朱氏为主,《尚书》以蔡氏为主,《周易》以程氏、朱氏为主,已上三经,兼用古注疏,《春秋》许用《三传》及胡氏《传》,《礼记》用古注疏。限五百字以上,不拘格律。第二场古赋诏诰章表内科一道,古赋诏诰用古体,章表四六,参用古体。第三场策一道,经史时务内出题,不矜浮藻,惟务直述,限一千字以上成。蒙古、色目人,愿试汉人、南人科目,中选者加一等注授。蒙古、色目人作一榜,汉人、南人作一榜。第一名赐进士及第,从六品,第二名以下及第二甲,皆正七品,第三甲以下,皆正八品,两榜并同。④

元代科举的各种规定显然对汉族士子极为不利,刘基23岁顺利进士及第,当属天下出类拔萃的精英。当年他参加至顺癸酉会试的两场试文被收在《诚意伯文集》中,一篇《春秋》经义,一篇《龙虎台赋》,称得上经义模范,文垂百代。清四库馆臣评价说:"元代设科例用古赋行之,既久,亦

---

① 欧阳健.《浙江通志》元代选举科目正讹——兼辨"至顺二年辛未余阙榜"之由来[J].明清小说研究,2012(1):47-63.
② 萧启庆.元统元年进士录校注[J].食货月刊,1983(1):72.
③ 萧启庆.元明之际士人的多元政治抉择——以各族进士为中心[J].台大历史学报,2003(32):77-138.
④ 宋濂,等.元史[M].北京:中华书局,1976:2019.

复剿窃相仍。末年,尤甚。如刘基《龙虎台赋》以场屋之作为世传诵者,百中不一二也。"①刘基在举业上表现出高人一筹的天赋。他被选为进士后,初授瑞州路高安(今江西高安)县丞,后复起为江浙儒学副提举,转任江浙行省都事,改行枢密院经历,在元末前后任六品以下低职二十余年,涉足行政、文教、军事各部门。他曾以儒学副提举兼任行省考试官,主持乡试,校文棘闱,但在任不过两年,难有大作为。入明后,刘基官至御史中丞,兼太史令、弘文馆学士,受封为诚意伯,列居三品以上高位,成为开国文臣之首。不过,刘基应无意与淮西政治集团在权力上一较高下,而是将心思用在选拔和任用大明新兴统一王朝所急需的人才上,他顺势协助朱元璋建立明代科举制度,充分显示了他在人才选拔方面的战略眼光。

科举制度作为古代的一种选官考试制度,始创于隋代,经唐、宋发展到元代,已有六七百年。元代自延祐初年正式恢复科举,直到至正末年为止,前后举行科举16届,共录取进士1139名。尽管元代开科次数有限,进士总数不多,但还是从地方到中央,为统治阶层注入了一批德才兼备的精英分子。② 以元末殉国者为例,清代赵翼在《廿二史札记》中有"元末殉难者多进士"的看法,他说:"元代不重儒术,延祐中始设科取士,顺帝时又停二科始复。其时所谓进士者,已属积轻之势矣,然末年仗节死义者,乃多在进士出身之人。……诸人可谓不负科名者哉,而国家设科取士亦不徒矣。"③在他所列举的殉难者中,元统元年进士余阙,守安庆,死于陈友谅之难;元统元年进士李齐,守高邮,死于张士诚之难;至顺元年进士泰不华、至正十四年进士迈里古思,皆死于方国珍之乱。这些人或是刘基的同年进士,或是刘基在浙共事的同僚,他们一致选择为元殉身,与他们相比,刘基是否因弃元而有个人名节上的负疚感在此搁置不论,不过刘基由此加深科举得人的看法是必然的。明太祖朱元璋也同样如此。他在起兵之初就注意延揽士人,而士人对其崛兴亦起到莫大作用。朱元璋在建立明朝以前,已网罗元进士7名,收为己用,开国之后更有34名元朝进士入仕

---

① 《丽则遗音》提要[M]//四库全书总目:卷一六八.北京:中华书局,1965:1462.
② 刘海峰,李兵.中国科举史[M].上海:东方出版中心,2004:263.
③ 赵翼.廿二史札记:卷三十[M].沈阳:辽宁教育出版社,2000:568.

明朝,前后合计41人。他们主要被用于翰苑、国学及礼部,其重要贡献在于制定典章礼仪及培养教育人才。① 譬如,洪武三年庚戌首科京畿乡试,两名主考官中刘基为元至顺四年进士,秦裕伯亦为元朝进士,但其登科年次不详。洪武十五年,具有元进士身份的礼部尚书任昂上科场成式,明朝科举取士之制始定。

科举制度始于隋代,此后在历代帝制王朝一直延续,自有它存在的合理性,虽其流弊日显,但发展的空间依然存在。事实证明,自明以后,科举制度才真正达到鼎盛阶段。由朱元璋和刘基最初制定的明代取士之法,在考试内容、场次、时间等具体事宜上直接吸纳了元代科举的条文规定,当然也有一些变革,最明显的一个变化是消除了元代科举的民族歧视政策。关于元代科举存在的民族不平等政策,刘基在他的《郁离子》中曾以寓言的形式加以抨击,全书开篇所写"驳骉"木是千里马,应置于内厩,但因其"非冀产",被置之外牧,得不到千里马应有的待遇。② 刘基以马喻人,由小见大,形象地指出了元代以种族、地域区分人才的荒谬可笑。明初科举彻底消除了元代科举政策的民族不平等性,有鉴于元代科举地位不高,明代一开始则将科举规定为选拔官吏的唯一途径。《明史·选举志二》载:

> 科目者,沿唐、宋之旧,而稍变其试士之法,专取四子书及《易》《书》《诗》《春秋》《礼记》五经命题试士。盖太祖与刘基所定。其文略仿宋经义,然代古人语气为之,体用排偶,谓之八股,通谓之制义。三年大比,以诸生试之直省,曰乡试。中式者为举人。次年,以举人试之京师,曰会试。中式者,天子亲策于廷,曰廷试,亦曰殿试。分一、二、三甲以为名第之次。一甲止三人,曰状元、榜眼、探花,赐进士及第。二甲若干人,赐进士出身。三甲若干人,赐同进士出身。
>
> 初设科举时,初场试经义二道,《四书》义一道;二场,论一道;三场,策一道。中式后十日,复以骑、射、书、算、律五事试之。后颁科举

---

① 萧启庆.元明之际士人的多元政治抉择——以各族进士为中心[J].台大历史学报,2003(32):77-138.

② 刘基.千里马[M]//刘基集.林家骊,点校.杭州:浙江古籍出版社,1999:1.

定式，初场试《四书》义三道，经义四道。……二场试论一道，判五道，
诏、诰、表内科一道。三场试经史时务策五道。①

明初科举程式大体沿袭元代，但在具体考试科目设置上有所变动。
考试分三场，分试经义、论、策，取消了元代的古赋、诏诰、章表，在科目设
置上趋向于简明务实。有鉴于前朝取士"贵文学而不求德艺之全"，明初
科举取士规定"务取经明行修、博古通今、名实相称者"②。吴敬梓在《儒
林外史》中对明初专用《四书》《五经》八股文取士之法表示不满，认为读书
人的"文行出处"都不讲了。其实，这与朱元璋和刘基共同制定科举的初
衷并不相符。此外，明初制定科举取士之法时，并没有固定八股程式，"经
义之文，不过敷衍传注，或对或散，初无定式"③。作为明清科举考试的一
种专门文体，八股文是在明代成化以后定式成型的。黄强在《八股文是朱
元璋和刘基所定的吗?》一文中申明，"八股取士制度不始于朱元璋，八股
文也绝对不是朱元璋首创或由他和刘基二人所定"。他指出，"八股文是
古今中外最为特殊的一种文体，是在漫长的历史过程中综合了中国古代
各种文体要素孕育而成的一种文体"④。究其实，八股文只是衡量选拔人
才的一种标准化的考试文体，其推行的最终目的还是相对公正客观地选
拔人才，只不过明代中期以后八股文从命题到作文都走向了死胡同，故而
明清五百多年以来一直被广大知识分子批评和鞭挞，以致出现八股取士
"意在败坏天下之人才，非欲造就天下之人才"⑤的偏激说法。

三

明代的选举之法有四种："曰学校，曰科目，曰荐举，曰铨选。学校以
教育之，科目以登进之，荐举以旁招之，铨选以布列之，天下人才尽于是
矣。"⑥在四种方法中，学校、科目、荐举是直接从儒生中选拔官吏的方法，

---

① 张廷玉，等.明史[M].北京:中华书局,1997:1693-1694.
② 张廷玉，等.明史[M].北京:中华书局,1997:1695.
③ 顾炎武.日知录集释:卷一六[M].上海:上海古籍出版社,1985:1266-1268.
④ 黄强.八股文是朱元璋和刘基所定的吗?[J].江淮论坛,2005(6):157-162.
⑤ 冯桂芬.变科举议[M]//校邠庐抗议.北京:朝华出版社,2017:107.
⑥ 张廷玉，等.明史[M].北京:中华书局,1997:1675.

也是朱元璋在位时并用的方法。①

　　明代规定"科举必由学校",学校成为科举的必由之路。明代学校的设置分为两类,一是京师的国子学,二是全国各地的府、州、县学。明太祖朱元璋非常重视学校,至正二十五年(1365),还是吴王的他就在应天设立国子学。洪武二年(1369)又令各府、州、县设立学校。诏曰:"朕惟治国以教化为先,教化以学校为本。京师虽有太学,而天下学校未兴。宜令郡县皆立学校,延师儒,授生徒,讲论圣道,使人日渐月化,以复先王之旧。"②于是明初大建学校,并形成了一套完整的学校系统。《明史·选举一》曰:"盖无地而不设之学,无人而不纳之教。庠声序音,重规叠矩,无间于下邑荒徼,山陬海涯。此明代学校之盛,唐、宋以来所不及也。"③明初学校之盛,蔚为大观。朱元璋如此重视教育,应当离不开刘基对他的积极影响。④

　　元至正八年(1348)到至正十一年(1351)间,刘基曾出任江浙行省儒学副提举,兼行省考试官。《元史·百官志七》载:"儒学提举司,秩从五品。各处行省所署之地,皆置一司,统诸路、府、州、县学校祭祀、教养、钱粮之事,及考校呈进著述文字。每司提举一员,从五品;副提举一员,从七品。"⑤刘基任儒学副提举,官从七品,凡学校之事皆由其负责。刘基重视学校教育,今其集中共有七篇学记,主要作于他居官杭州期间。刘基在文中大力表彰地方官员兴修学堂、一乡大户创办义塾之举,借此阐明了他的教育理念。首先,刘基主张"教为政本"。他提出"夫教,政之本也。知本,斯知政矣"⑥,强调教育是为政的前提和保障。他认为"以政弼教,教与政不相违,而其效皆归于化民为善"⑦,政、教与民三者之间相辅相成,互相

---

　　① 朱正伦.明朝初年的科举制度[J].北京社会科学,1995(2):79-85.
　　② 张廷玉,等.明史[M].北京:中华书局,1997:1686.
　　③ 张廷玉,等.明史[M].北京:中华书局,1997:1686.
　　④ 俞美玉.论刘基的教育观及其现代意义[J].浙江工贸职业技术学院学报,2010(4):11-22.
　　⑤ 宋濂,等.元史[M].北京:中华书局,1976:2312.
　　⑥ 刘基.杭州富阳县重修文庙学宫记[M]// 刘基集.林家骊,点校.杭州:浙江古籍出版社,1999:130.
　　⑦ 刘基.送常山县达鲁花赤乐九成之官序[M]// 刘基集.林家骊,点校.杭州:浙江古籍出版社,1999:96.

影响。"政教并举,治民之道备矣。"①刘基这种政教合一、教化先行的治国思想对朱元璋产生的影响是十分明显的。洪武二年,朱元璋诏令天下设立学校,其所云"治国以教化为先,教化以学校为本"与刘基的口吻完全一致。其次,刘基提倡学以明德致用。他指出学校的教育宗旨有二:一则"学校以教民明人伦"②,"学为圣人之道"③。圣人孔子,可谓万世之师、人伦之至。"圣人之道",即"孔子之道"。他认为"圣人之教行,则人伦明矣。人伦既明,则为民者莫不知爱其亲,而不敢为不义以自累,为士者莫不知敬其君,而不敢自私以偾国事"④。人伦既明,民知爱亲,士知敬君。二则"学成而以措诸用"⑤。他认为"学校所以明教化"⑥,"大则修身齐家,以用于时,小亦不失为乡里之善士"⑦。刘基这种明德致用的教育理念在明初颁行的选举政策中得到了体现。洪武三年开设科举,朱元璋诏令取士务求"经明行修、文质相称","能以所学措诸行事"⑧,强调德行兼备,学以用。洪武六年暂停科举,改用荐举,朱元璋又诏令举贤"以德行为本,而文艺次之。其目,曰聪明正直,曰贤良方正,曰孝弟力田,曰儒士,曰孝廉,曰秀才,曰人才,曰耆民"⑨。德行成为选用人才的首要标准,刘基对朱元璋的影响昭然可见。⑩

四

学校、科举、荐举、铨选是明代选举制度教育培养、考试选拔、公开录用人才的四个有机组成部分,《明史·选举志一》曰:"学校以教育之,科目以登进之,荐举以旁招之,铨选以布列之,天下人才尽于是矣。"⑪明初学

---

① 刘基.杭州路重修府治记[M]//刘基集.林家骊,点校.杭州:浙江古籍出版社,1999:132.
② 刘基.暨州重修州学记[M]//刘基集.林家骊,点校.杭州:浙江古籍出版社,1999:120.
③ 刘基.沙班子中兴义塾诗序[M]//刘基集.林家骊,点校.杭州:浙江古籍出版社,1999:7.
④ 刘基.诸暨州重修州学记[M]//刘基集.林家骊,点校.杭州:浙江古籍出版社,1999:121.
⑤ 刘基.沙班子中兴义塾诗序[M]//刘基集.林家骊,点校.杭州:浙江古籍出版社,1999:67.
⑥ 刘基.山阴县孔子庙碑[M]//刘基集.林家骊,点校.杭州:浙江古籍出版社,1999:174.
⑦ 刘基.季氏湖山义塾记[M]//刘基集.林家骊,点校.杭州:浙江古籍出版社,1999:99.
⑧ 明实录[M].校印本.台北:台湾"中研院"历史语言研究所,1962:1444.
⑨ 张廷玉,等.明史[M].北京:中华书局,1997:1712.
⑩ 周群.刘基评传[M].南京:南京大学出版社,1995:243.
⑪ 张廷玉,等.明史[M].北京:中华书局,1997:1675.

校、科举与铨选之法兼容并用,其目的在于造就和选拔适合封建统治需要的各级各类人才。洪武六年(1373),朱元璋别令有司察举贤才,其诏云:"贤才,国之宝也。""人君之能致治者,为其有贤人而为之辅也。"①朱元璋对人才的重视,离不开刘基对他的直接影响。② 刘基的人才观集中反映在元末他所作的《郁离子》一书中,其主要借助比喻或寓言的方式表达出来,"纲目俱备,既形象而又幽赜"③。

《郁离子》是一部"入道见志"之书,分18篇,共195章。各章多则千言,少或百字。其内容在于"用贤治民","大概矫元室之弊,有激而言也"④。在刘基看来,治天下好比行医,"治乱,证也。纪纲,脉也。道德、政刑,方与法也。人才,药也""其方与证对,其用药也无舛,天下之病有不瘳者,鲜矣"⑤。他认为人才是匡治天下的良药。全书以《千里马》开篇,一个重要的议题就是讨论如何选择和使用人才。选人用人问题几乎贯穿了整部作品,足见刘基对人才问题重视的程度。⑥ 刘基在人才的培养、使用上,有自己一套全面而又系统的理论。⑦

首先,他主张任人唯贤。其一,不问出身,不问种族,"取其良而用之"⑧。《郁离子》一开篇先写骈骎,它虽是千里马,但"非冀产",被置于外厩。⑨ 又写穆天子得八骏,于是立天闲,以造父为司马。然而,"穆王崩,造父卒,八骏死,马之良驽莫能差,然后以产区焉"⑩刘基分别在两则寓言中借马喻人,形象地抨击了元朝以种族、地域选用人才的荒谬性。其二,"必学而后入官,必试之事而能,然后用之",强调儒生必须经过培养选拔、实践锻炼方才量能授官。刘基以农夫力田、贾子治车为实例,说明"以

---

① 张廷玉,等.明史[M].北京:中华书局,1997:1713.
② 毕英春.德政　人才——《郁离子》中刘基治国思想之二[J].丽水学院学报,1998(3):26-30.
③ 周群.刘基评传[M].南京:南京大学出版社,1995:264.
④ 徐一夔.《郁离子》序[M]//刘基集.林家骊,点校.杭州:浙江古籍出版社,1999:676.
⑤ 刘基.郁离子[M]//刘基集.林家骊,点校.杭州:浙江古籍出版社,1999:5.
⑥ 郝兆矩.略述刘基的"人才论"[C]//明史论文集:第六届明史国际学术讨论会.合肥:黄山书社,1997:587-593.
⑦ 吕立汉.从《郁离子》看刘基的治国方略[J].江西社会科学,2000(3):20-24.
⑧ 刘基.郁离子[M]//刘基集.林家骊,点校.杭州:浙江古籍出版社,1999:2.
⑨ 刘基.郁离子[M]//刘基集.林家骊,点校.杭州:浙江古籍出版社,1999:1.
⑩ 刘基.郁离子[M]//刘基集.林家骊,点校.杭州:浙江古籍出版社,1999:4.

羊负轭""以豕骖服""不可以集事,恐为其所败也"①。他又举例越国大夫子余"造舟,舟成",有"贾人求掌为工",子余因其"好夸",虽"多谀",但"暗自察","弗用"。后吴国"用之","以为舟正",结果"偾其事"。于是,越人"服子余之明",并感叹"使斯人弗试而死,则大夫受遗才之谤"②。这个寓言故事说明择才必"试之事"的必要性,否则容易为人的"仪服""言语"所惑,得不称求,贻害无穷。譬如采药得知药,像钩吻"状如黄精",断肠之草"其状如葵",然而,此二草"无愈疾之功","但有杀人之能",一定"慎择之"③。比喻浅近,却寓意深警。

其次,刘基一再强调量才用人、人尽其用。他以葺宅为例,"其取材也,惟其良,不问其所产。枫、楠、松、栝、杉、槠、柞、檀,无所不收。大者为栋为梁,小者为杙为栭,曲者为枅,直者为楹,长者为榱,短者为棁,非空中而液身者,无所不用"④,说明了大材大用、小材小用的道理。他认为君子用人应"量能以任之,揣力而劳之;用其长而避其短,振其怠而提其蹶;教其所不知,而不以我之所知责之,引其所不能而不以我之所能尤之。诲之循循,出之申申,不震不暴,匪怒伊教"⑤。量才而用,用人得当;用其所长,避其所短;各宜其任,各尽其长,不要对人才求全责备。他又打比方说,"骅骝骎骎,以之运磨,不若蹇驴之能;干将莫耶,以之刈草,不若钩镰之利⑥。他还讲了晋国冯妇灭火的故事,冯妇"善搏虎",却误被东瓯人当作灭火高手请来灭火,结果"火灼而死"⑦。由此可见,大材小用,用人非其所长,往往会造成悲剧。

最后,刘基认为用人者招贤纳才,德与量不可或缺。他提出"以道致贤"⑧,"以道养贤"⑨,"能致"之又要"能安"之才行。他连作比喻说:"道致

① 刘基.郁离子[M]//刘基集.林家骊,点校.杭州:浙江古籍出版社,1999:2.
② 刘基.郁离子[M]//刘基集.林家骊,点校.杭州:浙江古籍出版社,1999:21.
③ 刘基.郁离子[M]//刘基集.林家骊,点校.杭州:浙江古籍出版社,1999:11.
④ 刘基.郁离子[M]//刘基集.林家骊,点校.杭州:浙江古籍出版社,1999:7.
⑤ 刘基.郁离子[M]//刘基集.林家骊,点校.杭州:浙江古籍出版社,1999:24.
⑥ 刘基.拟连珠之三十三[M]//刘基集.林家骊,点校.杭州:浙江古籍出版社,1999:197.
⑦ 刘基.郁离子[M]//刘基集.林家骊,点校.杭州:浙江古籍出版社,1999:22.
⑧ 刘基.郁离子[M]//刘基集.林家骊,点校.杭州:浙江古籍出版社,1999:24.
⑨ 刘基.拟连珠之十八[M]//刘基集.林家骊,点校.杭州:浙江古籍出版社,1999:196.

贤,食致民,渊致鱼,薮致兽,林致鸟,臭致蝇,故善致物者,各以其所好致之,则天下无不可致者矣。"①又说:"鱼无定止,渊深则归;鸟无定栖,林茂则赴。故以道养贤,则四方之民听声而来;以德养民,则四方之贤望风而慕。"②刘基所谓"道",指的应是君王的"德"与"量"。他说:"君人者,惟德与量俱,而后天下莫不归焉。德以收之,量以容之。德不广,不能使人来;量不弘,不能使人安。"③作为君主,只有仁德与器量兼具,才能真正招纳、安顿天下贤才。一是要礼贤下士,尊重人才,"惟其性之欲而弗逆""处之必以其处""食之必以其食",如若不能如此待士,而"又欲绳之以王之徽缰,范之以王之矩度,强之以其所不能,迫之以其所不愿",则"任王之事者,非图饣啜,则有所不得已焉耳,而欲望其悉心竭力,与王共治齐国,是何异乎筑枯箨以防水,钻朽木以取火哉?"④不能礼贤,顺其性,用其能,却希望四方贤士悉心竭力,与君共治齐国,这是不能实现的。二是要胸怀宽广,目光长远。人无完人,人各有长。要有容人之量,不能斤斤计较眼前的利益得失。这好比"人之面","目与鼻、口皆日用之急,独眉无所事,若可去也,然人皆有眉",而己"独无眉,其可观乎"⑤。又譬如春秋时大将吴起为人虽"贪",但"起之能,天下之士莫先焉"。所以,公子成劝说魏武侯,"君若念社稷,惟起所愿好而予之,使起足其欲而无他求,坐歼五国之师,所失甚小,所得甚大。乃欲使之饭粝茹蔬,被短褐,步走以供使令,起必去之。起去,而天下之如起者却行,不入大梁,君之国空矣"⑥。于是,魏武侯复用吴起。这则寓言意在表明,用人不仅要用其所长,更要能容其所短,最终才可人为我用,得我所愿。三是用人须用而不疑、疑而不用。刘基指出:"善疑人者,人亦疑之;善防人者,人亦防之。""夫天下之人,焉得尽疑尽防之哉?""于是不任人而专任己。于是谋者隐,识者避,哲者愚,巧者拙,廉者匿,而圆曲顽鄙之士来矣。"⑦四是要远小人、退奸佞,营造良好

---

① 刘基.郁离子[M]//刘基集.林家骊,点校.杭州:浙江古籍出版社,1999:24.
② 刘基.拟连珠之十八[M]//刘基集.林家骊,点校.杭州:浙江古籍出版社,1999:196.
③ 刘基.郁离子[M]//刘基集.林家骊,点校.杭州:浙江古籍出版社,1999:27.
④ 刘基.郁离子[M]//刘基集.林家骊,点校.杭州:浙江古籍出版社,1999:48.
⑤ 刘基.郁离子[M]//刘基集.林家骊,点校.杭州:浙江古籍出版社,1999:24.
⑥ 刘基.郁离子[M]//刘基集.林家骊,点校.杭州:浙江古籍出版社,1999:26.
⑦ 刘基.郁离子[M]//刘基集.林家骊,点校.杭州:浙江古籍出版社,1999:30.

的用人环境。刘基在一则寓言中虚拟战国时陈轸借楚王之问:"寡人之待士也尽心,而四方之贤者不觊寡人,何也?"他讲述了一段自己的亲身经历:"臣少尝游燕,假馆于燕市,左右皆列肆,惟东家甲焉,帐卧起居、饮食器用,无不备有,而客之之者,日不过一二,或终日无一焉。问其故,则家有猛狗,闻人声而出噬,非有左右之先容,则莫敢蹑其庭。"由此陈轸反问楚王:"今王之门,无亦有噬狗乎? 此士所以艰其来也。"①刘基用"噬狗"比作佞臣,规劝君主不要亲小人、远君子。

刘基虽贵为元朝进士,但他在元末长期沉沦下僚,居官不过五品以下,他对元末人才问题有切身的感受,却只能将自己的看法写进《郁离子》一书中,以期用于后世文明之治。然而,他最终弃暗投明,选择辅佐朱元璋。在朱元璋夺取、统一、稳固天下的过程中,刘基的人才思想成为朱元璋制定和实施思想文化政策的理论依据,具有重要战略意义。徐一夔《〈郁离子〉序》云:"初公著书,本有望于天下后世,讵意身亲用之? 虽然,公之事业具于书,此元之所以亡也;公之书见于事业,此皇明之所以兴也。呜呼! 一人之用舍,有关于天下国家之故,则是书也,岂区区一家言哉?"②人才关乎国运,刘基本身就是一个明证。

参考文献

[1]吴敬梓.儒林外史[M].北京:中华书局,2009.

[2]夏志清.中国古典小说[M].上海:上海人民出版社,2019.

[3]明实录[M].校印本.台北:台湾"中研院"历史语言研究所,1962.

[4]张廷玉,等.明史[M].北京:中华书局,1997.

[5]杨讷.刘基事迹考述[M].北京:北京图书馆出版社,2004.

[6]萧启庆.元明之际士人的多元政治抉择[J].台大历史学报,2003(32).

[7]沈仁国.元朝进士集证[M].北京:中华书局,2016.

[8]宋濂,等.元史[M].北京:中华书局,1976.

---

① 刘基.郁离子[M]//刘基集.林家骊,点校.杭州:浙江古籍出版社,1999:24.

② 徐一夔.《郁离子》序[M]//刘基.刘基集.林家骊,点校.杭州:浙江古籍出版社,1999:676.

［9］萧启庆.元统元年进士录校注［J］.食货月刊,1983(1).

［10］龚延明.天一阁藏明代科举录选刊［M］.宁波：宁波出版社,2016.

［11］刘海峰,李兵.中国科举史［M］.上海：东方出版中心,2004.

［12］周群.刘基评传［M］.南京：南京大学出版社,1995.

［作者简介］

魏青,山东师范大学文学院副教授,主要研究方向为宋元明清文学与区域文化。已出版专著《元末明初浙东三作家研究》等。

刘基经济思想与共富战略^①

刘基经济思想与共富战略[①]

刘基经济思想与共富战略①

刘基经济思想与共富战略①

俞美玉　张俊平

摘　要：文章总结提炼了刘基温对经济的思考，其经济思想的核心是遵循自然及社会运行规律，把个人价值的实现作为战略目标，通过价值的创造、转化与实现等手段，激活社会整体经济、增长民众财富，达到经世济民的最终目标，形成养育人民、使人民富足、教导人民的完整系统。刘基经济思想的内在含义，与我国共同富裕的战略目标精神不谋而合。他从人本身出发，明确了财富的源泉是解放生产力、实现生命价值，达到从精神到物质的由内而外的富足。

关键词：刘伯温；经济思想；共富；战略

目前对于刘基经济思想进行研究的文章大约有 10 来篇，其中吴申元的《刘基经济思想浅论》、胡一华的《刘基经济思想窥探》、蒋伟煌的《论刘基〈郁离子〉中的经济思想》、留葆祺的《管仲、诸葛亮、刘基的经济思想》，从不同角度和不同层面阐述了刘基的经济思想，包括不与民争利、以农为本的民生思想；"去奢尚俭""以诚为本""天地之盗"的经营理念；令行币通的制度理论；等等。其中关于刘基重农是否抑商也有两说，还涉及了资源合理配置、与时偕行的问题。杨桦在《试论刘基经济思想及其实践意义》中认为，明初洪武时期农业大发展、垦荒大发展与刘基的经济思想主张有密切关系；石亚东的《浅论明朝时期的国防经济思想——以刘基、张居正、

---

① 温州市哲学社会科学规划课题《刘伯温战略思想研究》（课题号：22wsk470）成果之一。

徐光启为例》指出,刘基认为兵农合一制度是最好的制度,农忙时生产,农闲时练兵,这样劳武结合、兵农结合,是实现民富和国强的最好办法,是明朝初期国防经济体现;张苗荧的《刘基〈郁离子〉》经济思想对温州家族企业发展的启迪》则探讨了刘基的人才观、制度思想、和谐观等在温州家族企业创业和守成不同阶段的应用;田刚的《刘基文化思想对江浙地区经济文化的影响》强调刘基文化调和了永嘉文化的实用性、功利性,探讨刘基的儒家仁义、诚信观对江浙地区经济发展,尤其是温州地区经济发展中存在的弊端,试探性地给出改革办法。总的来说,学者们都已经关注到刘基思想体系蕴含的经济思想及其现实指导意义,并做出了很多有益探索,但似乎还未触及刘基经济思想的核心。在此基础上,笔者拟对刘基经济思想进行更深入、更系统的探讨,以期对现实有更好的借鉴作用。

刘基经济思想形成的背景有三个方面:一是源于刘基本人的天赋异禀,"于书无不窥",博通经史,本是济世栋梁之才,对天地人性理、人类社会发展规律作了思考,25岁时,他在《官箴》里就发出"视民如儿""式养式教""我扶我持"的观点。二是他为官两朝,对元末明初社会动荡现实有着深刻认识。元末朝风不正,起义军此起彼伏,战事纷乱,旱涝疫天灾频繁,人民生活处于水深火热之中,激起刘基"拯世救民"的抱负。三是他基于谋求救时之政、做兴一代谋臣之定位,考察先秦王道之治、典章制度,"愿与公子讲尧禹之道,论汤武之事,宪伊吕,师周召,稽考先王之典,商度救时之政,明法度、肆礼乐,以待王者之兴"(《郁离子·九难》)。刘基的经济思想追寻的是先秦的尧、舜、禹、商汤、周武王等的王道之治。

"经济"一词有多方面含义,本文取其三方面含义:一是经世济民;二是价值的创造、转化与实现;三是财富观。刘基并未对经济思想进行独立阐述,其经济思想蕴含于他经世治国的理念和系统里。搜索他的作品,并未出现"经济""钱"等词,"利""财""富"等倒有几十处,虽没有独立的经济思想,但又无处不体现出其经济思想。刘基的经济思想体现在其经世济民的总目标里,是一种以探求天地人性理为依据,以循道成己、高屋建瓴管理层总领导战略指向为途径,以拓展财源、立足思想为根基,以养民、富民、教民化民为目的的循环系统。

一、刘基的经济、财富的目标指向

刘基的经济思想定位以经世济民为目标,并统一到其哲学、政治、文化、军事、制度思想里,体现在两个层面:一是于社会,民足国富,化民为善;二是于个人,安身立命,成己立德,也便是讲刘基经济思想里所谓的富裕,是指"我心裕如",是"我裕"而非"物裕","盖人之裕在物而王子之裕在我,人以物裕我也,王子知我裕而不知物之裕不裕,于是我裕而物从以裕,其斯所以为裕乎!"①所谓"我心裕如""我裕",是指经济财富的获得仅是我之生命生存、成长、展示、绽放的财资,真正的富裕是"我裕",是成己立德、安身立命;同时财富是因成己得己,得己性而跟随而来的境界,故曰"我裕而物从以裕"。财富并不是越多越好,刘基在很多文章里都讲到人或者国家被财所困导致家破国亡的故事。财富增长的目的是安身立命、民足国富、化民为善,一切都关乎民生福祉。

这一点笔者在论述刘基的民生思想时有过系统论述,他推崇尧、舜、禹、商汤、周文王、周武王、周公等上三代王道之治,"关注民生、为民谋福"是其建立理想社会和其人生定位的逻辑起点和归宿。"立足民生,化民为善"是其政治目标,"禁民之为不善,善也,非善之善者也;化不善使之为善,善也,善之善者也,非人之所及也;天下无不可化之民也,政不至于化,不可谓之善也"②。他的经济思想并不仅仅停留于"养民富民""民足国富"上,同样希望经济在"成己立德""化民为善"上起作用。

二、刘基经济思想的核心是探讨开源,以期"利源不可穷"

刘基经济思想的核心是如何开源,用现代话语来表述就是价值创造、转化与实现,刘伯温盘活经济、拓展财源主要体现在以下四个方面。

(一)从大自然中获取财富,重视农业,要"知取知培"

刘基认为,农业是人类向自然界获取物资、财富的首要渠道,种植业、

---

① 刘基.裕轩记[M]//诚意伯文集卷八.文渊阁四库全书(电子版).上海:上海人民出版社,1999:11.

② 刘基.杂解[M]//诚意伯文集卷十六.文渊阁四库全书(电子版).上海:上海人民出版社,1999:11.

林业、畜牧业、渔业、副业这五种产业形式,应该放在国计民生的首要地位。天地自然无所不包,日月、星云、雨雪、霜露、山川、草木、玉石、金银、五谷等,供人类享用,这是大自然对人的恩赐,"天生物以养人"。他同时指出,从大自然获取财富要有节制,要"知取知培"。

刘基认为,人类通过农业活动向自然界获取财富,要遵循天地之盗原理。他继承了《阴符经》"天地,万物之盗;万物,人之盗;人,万物之盗。三盗既宜,三才既安"的思想,三才互为其盗,善盗有度,三才乃安,人盗万物首要的就是农业,要遵循天地之盗的原理,即是遵循天地之大德属性,"天之大德曰生",让万物生生不息,农业生产要"逐其时而利其生""天地之生愈滋,庶民之用愈足",这样"盗其力,以为吾用"也没有过错,"曲取之无遗焉"。不过他也认为,能够遵循"天地之盗"原理的是圣人,"故上古之善盗者,莫伏羲、神农氏若也"①。神农、后稷皆为推进中国农业发展的圣者。神农,制耒耜,种五谷,奠定了农工基础;后稷,有相地之宜,善种谷物,教民耕种与稼穑之术。刘基一方面认为只要关乎民用生存的,无关事大事小,圣人都应亲力亲为,教百姓稼穑,以更好地生存;另一方面又认为只有圣人才能用好"天地之盗"原理,能财成天地之道,辅相天地之宜,让天地人万物之间呈现良性循环和互动。

刘基进一步指出,我们人类所依赖的大自然是我们的家园,人类要具备保护自然的意识。

刘伯温《郁离子·蚁垤》②说道:蚁蛀凿大树做窝,子孙兴旺,遍及整棵树两端,几乎凿穿了整棵树,其做窝时堆在穴口的小土堆重重叠叠的。不料,树空突然起火,南边蚂蚁往北边逃窜,北边蚂蚁往南边逃窜,最终整个蚂蚁家族全部被焚而死。蚁蛀大树,自毁家园。

《郁离子·不韦不智》曰:

> 越人寇,不韦避兵而走剡,贫无以治舍,徘徊于天姥之下,得大木而麻焉。安。一夕,将斧其根以为薪,其妻止之,曰:"吾无庐,而托是

---

① 刘基.天地之盗[M]//吕立汉,等注.郁离子.郑州:中州古籍出版社,2018:105.
② 刘基.玄豹第三·蚁垤[M]//吕立汉,等注.郁离子.郑州:中州古籍出版社,2018:32.

以庇身也。自吾之止于是也,骄阳赫而不吾灼,寒露零而不吾凄,飘风扬而不吾凓,雷雨晦冥而不吾震撼,谁之力耶? 吾当保之如赤子,仰之如慈母,爱之如身体,犹惧其不蕃且殖也,而况敢毁伤之乎? 吾闻之,水泉缩而潜鱼惊,霜钟鸣而巢鸟悲,畏夫川之竭、林之落也。鱼鸟且然,而况于人乎?"郁离子闻之曰:"哀哉,是夫也! 而其知不如一妇人也。呜呼,岂独不如一妇人哉,则亦鸟鱼之不若矣!"①

这两则寓言分别用蚂蚁凿空自己生存的大树导致树空火起而无处可逃而被焚灭族的故事,以及用妻子反对丈夫砍伐栖身大树的故事,告诉我们不能破坏大自然这个人类的共同家园。

刘基这一"知取知培",向大自然拓源的思想影响了明初农业垦荒大发展:"洪武二十六年《诸司职掌》的完成与颁布,更标志着全国田土数据统计的完成。该书记载,武二十六年全国田土总额为 8496523 顷,从中减去《太祖实录》所记载的洪武二十四年全国耕地总额 3874746 顷,余额为4621777 顷,此即全国荒地总额。明政府鉴于大量荒地的存在,除坚持以前颁布的各项奖励垦荒政策之外,又于洪武二十八年再次颁布"永不起科"政策,完全免赋,鼓励山东、河南等地的农民大力开垦荒地,收到很显著的效果。""明朝经济发展的特点是洪武时期起点很高,所谓'起点即顶点'是明朝经济——主要是农业经济的特点,与垦田数直接有关的户口数、税粮数,都在洪武时期达到高峰;除工商业是尾随于农业而发展的,洪武年间的数据不及后继以外,其余各项经济数据几乎都以洪武期间为最高。"②洪武时期所取得的丰硕的社会经济发展成果,充分反映了刘基经济思想在实践中得到了实证和校验,也为明朝长治久安奠定了执政之基。

(二)提倡向人自身拓展财源

刘基考察认为,人类与其他大自然中的生物不一样的地方就是其自身极富创造性,他认为"天与人,神灵者也",他把人放在和天道同样的地

---

① 刘基.枸橼第六·不韦不智[M]//吕立汉,等注.郁离子.郑州:中州古籍出版社,2018:73.
② 杨桦.试论刘基的经济思想[J].浙江工贸职业技术学院学报,2021(4):41-45.

位,"夫人之生,参天与地,抱智含仁,挺为物先,出类超群"①,人可与天地并列为三,为万物之灵长,是可以顶天立地的存在,所以拓展财源的关键还在于让人回归自身的天性成长,"抱智含仁""成己立德"。"皇天生万物,一物畀一性"②,让上天赋予每个人的天性成长起来,各各立命,"厥维上圣,飞龙九五,为民立命;大贤以下,德各有伦,乃毖乃翼,以臣以邻,公侯伯子,岳牧师长,下逮百工,农商艺术、巫师马医,莫不有能以用于时"③。假如说农业更多依赖于自然物质来获取财富,那么士、工、商发展则更多来自人本身所具备的内在生发力、创造力,是财富的更大源泉。之所以有大圣、大贤、百工、商业的发展,是由于各各立德,"德各有伦"来自生命价值生发,"莫不有能以用于时"。所以根据人自身天然的生发力、创造力,刘基并无重农抑商的倾向,而是认为士农工商是并行不悖的,"天地久其道而万物生,圣人久其德而庶功成,士农工商久其业而百务贞"。在《郁离子》里,除了有很多以农事为题材的寓言故事,也有涉及工业的寓言故事,如《郁离子·粤工》《郁离子·工之侨》《郁离子·北郭氏》,以造船、造琴、维修房子之事来说理,说明刘基对于工业、工艺也十分熟悉。其著作《多能鄙事》以讲农业故事居多,但也有"器用类"涉及收书画法、文房杂法、制烛炭法、制油蜡法、治器物法、合诸香法、制药物法等几十种制作方法,而"服饰类"涉及洗练法和染色法等几十种。"盖闻冬华之木,春不必实,早慧之子,年不必寿,故良工铸金,忌其踊冶,智士怀材,贵乎藏秀。"④这句来自《拟连珠》的名言则以冶炼金属的事理来说明为人之理。

"通商惠工、农商皆本"是关注民生、顺应民性的自然之法。在《郁离子》的许多篇幅里,刘基讲了很多从商的故事。比如《郁离子·虞孚》以反面案例教导从商者诚信立业重要,不诚则害己:虞孚收获漆几百斛漆,准

---

① 刘基.拙逸解[M]//诚意伯文集卷八.文渊阁四库全书(电子版).上海:上海人民出版社,1999:11.

② 刘基.杂诗[M]//诚意伯文集卷十六.文渊阁四库全书(电子版).上海:上海人民出版社,1999:11.

③ 刘基.拙逸解[M]//诚意伯文集卷八.文渊阁四库全书(电子版).上海:上海人民出版社,1999:11.

④ 刘基.拟连珠[M]//诚意伯文集卷六.文渊阁四库全书(电子版).上海:上海人民出版社,1999:11.

备运到吴国去卖。他把漆叶的膏和进漆里去交易,而被识破真相,最后蚀了老本,虞孚无法回家,行乞并死在吴国。《郁离子·郑人学盖》讲的是从商从艺不可被时势带着跑,要立身以待时:"郑之鄙人学为盖,三年艺成而大旱,盖无所用,乃弃而学为秸槔。又三年艺成而大雨,桔槔又无所用,则又还为盖焉。未几而盗起,民尽改戎服,鲜有用盖者。欲学为兵,则老矣。"这则故事讲的是郑人学艺一直追着时势跑,见大雨则学做雨具的手艺,等学成了却遇上大旱,做雨具的手艺用不上;大旱了又去学做抗旱的水车,等学成了又开始下大雨,水车用不上了,又回去制作雨具。没多久形势又发生了变化,大家改穿戎装,雨具又用不上了,想当兵,但人已老了。刘基用这则故事告诉人们,要明了自身所擅长的点,即上天所赋予的法宝——天性,以此立身以待时,而不是随波逐流,被风口所卷,最后跌下来会很惨。《郁离子·蜀贾》以蜀贾从商的故事来反观人性的劣根性:蜀地有三个商人,都在市场上卖药。其中一个商人专挑好药材卖,计算着收入和支出相当,不卖虚价,也不过多地谋取暴利。一个商人好药、坏药都卖,价格根据买者的需要,用好药和坏药来分别应付不同顾客。一个商人专卖劣质药,只靠多购多卖,降低药的价格,顾客多要就多给一点,毫不计较,因为客人多,他店铺的门槛每个月换一次,过了一年就非常富了。兼顾优质药品和次品药的商人,前往他那买药的人稍微少些,过了两年也富了。只卖优质药品的商人,生意冷清,吃了上顿没下顿。《郁离子·行币有道》里虽然强调"让钱流通起来的是制度",但从另一个侧面说明流通货币是民生大计,"行币有道,币非有用之物也,而能使之流行者,法也"。故此刘基有很多故事都是通晓人性物性,让物产流通起来,流通货币实质便是流通货物,"通商惠工,农商皆本"是顺应民生民性的自然。"盖闻善贾者不壅其货,善治者不壅其民。故政壅则奸生于国,气壅则疡生于身。是以山泽不壅,而雨旸时若,天地不壅,而人物皆春。"①货通、民通、政通、气通、天也通,刘基强调的是通畅,"天地不壅,人物皆春",通商是政通民生大计的自然,揭示了通商惠工的道理。

---

① 刘基.拟连珠[M]//诚意伯文集卷六.文渊阁四库全书(电子版).上海:上海人民出版社,1999:11.

士、工、商发展体现了人挣脱对大自然的依赖,是对农业的拓展,体现了人之价值创造、转化与实现。故此拓展财源就是要重视人的生命价值的提升,因此刘基继承孔子"富而教之"的民生思想,特别重视教育,他认为:"生之者天地父母,而成之者君师也,不然,名虽曰人,与禽兽何别焉?"教育,一方面是谋生之技的教育,另一方面是得己得性、成己立德的教化。谋生之技还只是小学之教,"成己立德"才是大学之教,也只有如此,人在己性、天性上独一无二地存在、成长,才能本然地呈现出其创造力。生命价值提升,价值的货币化便带来财富的增长。财者,才之货币化,才者是基于道性根性的有我之才。名权利禄是追寻生命价值实现过程中结的果实,循道而行、成己立德可以实现生命价值及人生需求,自然能够带来自尊、自立、自在的财富(见图1)。

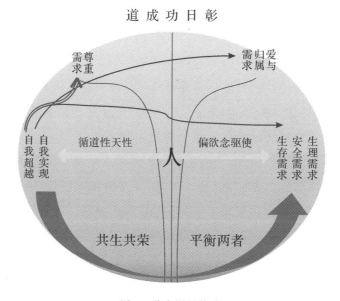

图 1 共富深层战略

马斯洛需求理论提出人有五大需求,即有生理需求、安全需求、爱与归属需求、尊重需求,还有自我实现需求。其实在中国传统文化中,古圣贤们包括刘基,也关注到了这些需求,他们用"性"这个词来表达,分为三个层次:"食、色,性也。"刘基肯定了老百姓的衣食欲望、享受生活的天然合理性。"恶劳欲逸,人志所同"①,这是第一层面。"天命之谓性""性无不诚,然后能主一心,心无不明,然后能应万事"②"物悦则茂,得其性也"③,这里的"性"即所谓的"成己立德",是第二层面。第三层面是道性空性、生发万物之性。第二层面"成己立德"协同了第一层面和第三层面,既尊重人的衣食欲望,关注到其安全、生存、谋生需求,同时与道性相联结,探求人的生命意义和价值实现,于是也获得了自尊、被尊重、爱和归属感。在此展现生命的历程中,"裕如"的生命状态必有创造性体现,如刘基自身所展示的"立德立功立言"三不朽,其经济价值或者所创造的社会财富自然是蕴含其中的。所以一般来讲,人是阴阳共生、善恶并存的,有君子、小人、可君子可小人之分。刘基通过考察人性,提出进行多角度教化,促进人向有得有德之君子转化甚而至于成圣,以提升生命价值,从而获得经济与财富的回报。

(三)掌握天地人物性理,拓展财源

刘基认为人无全才、物无弃用,只要掌握其性理,善调善用,就能创造价值、创造财富。"盖闻龙涎螺甲以臭为香,苦卤酸梅用爽作味,是以五气交感,善调则收骏功,五材相成,善用则获美利。"④除了用人用物之性理,刘伯温先生认为还要用时势,并且时势与物之性理相结合,"逐其时而利其生"。"善贾者收人所不争,时来利必倍,此白圭之所以富也"⑤,"故以日计之,则栋梁之利缓,而薪之利速,以岁计之则薪之利一,而栋梁之利百,臣俱种之,世享其利,是以富甲于韩国"⑥。最后他指出,不管是用人

---

① 刘基.天地之盗[M]//诚意伯文集卷十八.文渊阁四库全书(电子版).上海:上海人民出版社,1999:11.

② 刘基.拟连珠[M]//诚意伯文集卷六.文渊阁四库全书(电子版).上海:上海人民出版社,1999:11.

③ 刘基.悦茂堂诗序并诗[M]//诚意伯文集卷七.文渊阁四库全书(电子版).上海:上海人民出版社,1999:11.

④ 刘基.拟连珠[M]//诚意伯文集卷六.文渊阁四库全书(电子版).上海:上海人民出版社,1999:11.

⑤ 刘基.虞孚第十[M]//诚意伯文集卷十八.文渊阁四库全书(电子版).上海:上海人民出版社,1999:11.

⑥ 刘基.天地之盗第八[M]//诚意伯文集卷十八.文渊阁四库全书(电子版).上海:上海人民出版社,1999:11.

用物还是用时,都提倡"天地之盗"。"天地之盗"的意思有三层,第一层是向天地获取可以无恙,"古人盗天地,利源不可穷"①。第二层是天地人三才互为其盗,要遵循"三盗既宜,三才既安",良性循环,并且要遵循"天之大德曰生"原理,让天、地、人"三才"生生不息,才是社会经济财富源源不断的根本,"天地之生愈滋,庶民之用愈足,遏其人盗,而通其为天地之盗"②。第三层是人具有道性,与天地并列为三,可以赞天地之化育,"能财成天地之道,辅相天地之宜",知取知培,能够保护自己的生存家园,能改善和保护天地人资源财富不衰竭,从而焕发出盎然生机和繁荣景象。刘基关注到要做到这些,将人教化为成己立德的君子,甚至向圣人状态出发,是达此妙境的前提。所以当下刘基的经济思想核心更多指向人的提升:成己立德的教化。

(四)树立正确的财富观,"不以利役其身"

财富应为我们所用,用于生存及"成为他自己",而不应以财为目的,被财所困、所奴役,否则会导致国破家亡。财富是人们生存、社会发展必不可少的,受到高度关注,但是在《郁离子》《春秋明经》中,刘基用了好几个故事说明逐利、见财忘义导致身死、家亡、国破的道理,并且分析了其中原因:第一层原因是利者,众之所逐,乃是祸之端。"利者众之所逐,名者,众之所争,而德者众之所归也,是皆足以聚天下者也,故聚天下者,其犹的乎,夫的也者,众矢之所射,众志之所集也"③,"夫有国家而以利为利,未有不失之矣,其虞公之谓乎""然后知不以义为利,而以利为利乃有国家者之大患"④。第二层原因是逐利者乃是人之天性迷失,受欲望驱使,人的欲望越强,内在亏欠感越强,欲壑难填,导致人之天性被财被物所役使,人困于财,故惹祸端。"天与人,神灵者也,皆不得不为欲所使,使道与性反

---

① 刘基.感怀三十一首[M]//诚意伯文集卷二.文渊阁四库全书(电子版).上海:上海人民出版社,1999:11.

② 刘基.天地之盗[M]//诚意伯文集卷十八.文渊阁四库全书(电子版).上海:上海人民出版社,1999:11.

③ 刘基.省敌第九[M]//诚意伯文集卷十八.文渊阁四库全书(电子版).上海:上海人民出版社,1999:11.

④ 刘基.晋人执虞公[M]//俞美玉,注.《春秋明经》注析.北京:中国社会科学出版社,2014:12.

随其所往,造化至此,亦几乎穷矣。"①"郁离子居山,夜有狸取其鸡。追之弗及。明日从者擭其入之所以鸡狸来而縶焉,身缧而口足犹在鸡,且掠且夺之,至死弗肯舍也。郁离子叹曰:人之死货利者其亦犹是也。"②刘基认为,被财所困的人属于小人行列,要对他们进行引导,一方面用财驱使他们正向发展,"致小人莫如财"③,同时要加以管束和限制,"夫民有欲而无厌者也,节以制之"④,以促使他们向"不以利役其身"⑤发展。关于逐利而导致亡身、亡家、亡国的故事,在《郁离子》和《春秋明经》中都有体现,这里不作赘述。

三、刘基经济思想之含义,契合共富战略

综上所述,刘基的经济思想包含以下几方面含义,而这几方面含义总结提炼了刘基对经济的思考,其经济思想核心是遵循天道、自然及社会运行规律,把个人价值的实现作为最高的目标,通过价值的创造、转化与实现等手段,激活社会整体经济、增长民众财富,达到经世济民的最终目标,形成养育人民、使人民富足、教导人民的完整系统。刘基经济思想的内在含义,契合目前我国共同富裕的战略目标。他从人本身出发,明确了财富的源泉是解放生产力、实现生命价值,达到从精神到物质的由内而外的富足。

第一,财是才的货币化,钱是价值的货币化,故此生财的根本在于成己立德。得己性,才能开花结果,而后有利、有位、有名。刘伯温关于"性诚心明应万事"的观点同样适用于经济方面,生财的核心在于发挥人自身的创造力,而人自身的创造力在于自身天性的发展成长与生命绽放,那是

---

① 刘基.天道第十一[M]//诚意伯文集卷十八.文渊阁四库全书(电子版).上海:上海人民出版社,1999:11.
② 刘基.虞孚第十[M]//诚意伯文集卷十八.文渊阁四库全书(电子版).上海:上海人民出版社,1999:11.
③ 刘基.公孙无人第十三[M]//诚意伯文集卷十八.文渊阁四库全书(电子版).上海:上海人民出版社,1999:11.
④ 刘基.刘伯温集[M].杭州:浙江古籍出版社,2011:9.
⑤ 刘基.送柯上人远游诗序[M]//诚意伯文集卷七.文渊阁四库全书(电子版).上海:上海人民出版社,1999:11.

来自自身独一无二的存在,这份存在如同山花、苍松般自在。

第二,得己得性、成己立德而后达人达物、遵道而行,如此才有能力运作天、地、人、财、物各种资源,或者说如此才能吸引各路人才围绕,成良性循环,正向发展,促进人们生命价值的提升。刘基说"唯大德为能得群力,力非吾力也,人各力其力也",经济繁荣正是来自生命价值的旺盛。

第三,从大自然获利,同时士、农、工、商协调发展获利。经济运行规律也遵循天地人及万事万物的性理和运行规律,需通晓经济运行规律和天地人性理的大德之才来运作经济思想运行,永嘉学派主张君子理财,刘基也主张君子理财。

第四,刘基在很多篇幅里表达了一个观点:不可贪财,贪财实质是人被外物所蛊惑、所役使。"人之好利与好名,皆蛊于物者也"①,贪财、逐利之危,如同在网兜里游来游去的鱼不知自身困于其中,心已然为财所役,"凡鱼得水,罦网罟(用网捕捉)而莫知","愚蒙竞利,以冒倾危"②,愚昧的人、小人才会以逐利为目的,因为逐利本身便暗藏危机。刘基认为名利是大家所争抢的东西,成了众矢之的,既被物所困,同时也成为别人的争端。因被财所惑而导致身亡国破的道理,在其《郁离子》里用了很多寓言故事来警醒世人。刘基把逐利者列入小人行列,"圣人之于仁义道德犹小人之于货财金玉也,小人之于货财金玉无时而足,圣人之于仁义道德亦无时而足……故以其贪货财金玉之心而贪仁义道德,则昏可明、狂可哲,而人弗能也。故于货财金玉则贪,而于仁义道德则廉。"③"故德者,主也;政者,佐也;财者,使也。致君子莫如德,致小人莫如财,可以君子可以小人则道之以政,引其善而遏其恶。"④

第五,现实中逐利现象频发,需要立教明德、诚于己性、成己成人。

---

① 刘基.饮泉亭记[M]//诚意伯文集卷八.文渊阁四库全书(电子版).上海:上海人民出版社,1999:11.

② 刘基.拟连珠[M]//诚意伯文集卷六.文渊阁四库全书(电子版).上海:上海人民出版社,1999:11.

③ 刘基.神仙第十五[M]//诚意伯文集卷十八.文渊阁四库全书(电子版).上海:上海人民出版社,1999:11.

④ 刘基.公孙无人第十三[M]//诚意伯文集卷十八.文渊阁四库全书(电子版).上海:上海人民出版社,1999:11.

"由乎内而不由乎外",不为外物所困所役;同时要立制立法以约束人之逐利贪性,如此才能促进经济思想正向良性循环。

第六,站在国家角度,国家富庶的前提是要养民保民,富而教之。"大德曰生",要推进百姓、物产生生不息,"国不自富,民足国富"①;国家不可与民争食,比如盐产自海水,海水是天然物产,煮之就可用,不必要借助主权以行世;铸钱造币之类,虽然是关切于民用,然而饥不可食,寒不可衣,唯有借助王权来行世,可以重禁。刘基以货币和盐相比,货币"必借主权以行世",所以理应由国家垄断铸造,私造钱币的人即使处以死刑,也是罪有应得;但盐产自海水,是自然的馈赠,而君王据为己有,这是"与民争食"②。这种反对国家垄断生活必需品的生产和流通的观点,体现出刘基自足民生的经济思想。

第七,刘基的经济思想同样遵循"天地之盗"原理,三盗既宜,三才既安。天地之愈滋,庶民之用愈足。人能操天地之心为之君,可以致天地之大德;刘基强调,操天地之心,保护自然,因应自然而用之,人是自然万物中的一环,力避"物尽而藏竭"③,是"天地之盗"的根本意旨。经济思想要具备宇宙视野和天道观。

第八,刘基的经济思想还从时间维度来看,比如从一个生命整体看,比如从时势气候变迁角度看,在《郁离子》里有多个故事来说明这个问题,如"制万变者在乎专,察万微者在乎定"④,提倡以专一定性的职业生涯来应变世俗、社会、自然时节气候变化,让自己谋生虽有波折但可立于不败之地。刘基还提倡谋道,提倡不要停留于"谋食"上,"昔之为术者,早夜以谋道,故道成而功日彰;今之为术者,早夜以谋食,故智昏而道与穷"⑤。

---

① 刘基.拟连珠[M]//诚意伯文集卷六.文渊阁四库全书(电子版).上海:上海人民出版社,1999:11.

② 刘基.羹藿第十七[M]//诚意伯文集卷十八.文渊阁四库全书(电子版).上海:上海人民出版社,1999:11.

③ 刘基.天地之盗[M]//诚意伯文集卷十八.文渊阁四库全书(电子版).上海:上海人民出版社,1999:11.

④ 刘基.拟连珠[M]//诚意伯文集卷六.文渊阁四库全书(电子版).上海:上海人民出版社,1999:11.

⑤ 刘基.赠陈伯光诗序并诗[M]//诚意伯文集卷七.文渊阁四库全书(电子版).上海:上海人民出版社,1999:11.

道成功日彰,谋食自然不成问题,财源功名事业皆相得益彰。刘基经济思想是对《大学》"有德此有人,有人此有土,有土此有财,有财此有用。德者本也,财者末也"这一观点的继承与发展。

综上所述,刘基经济思想通过考察人性,提出了进行多角度教化,促进人向有得有德之君子转化甚而至于成圣,以提升生命价值,从而获得经济与财富的回报。刘基经济思想的内在含义,与共富战略十分契合,是从解放生产力、提升生命能量的人本身出发的,也点明了财富创造力的源泉所在。有专家说,中国从1到99的复制能力很强,但从0到1的创造力很弱,正是因为每个生命独一无二的天性没有绽放出来,德性、天性便难以茁壮成长。当下社会共富之路的重心落在靠第二次、第三次分配现有资源,或者靠外力帮助、政策倾斜、资本游戏,从长期看,是解决不了共富问题的。只有各各立德、"德各有伦",让生命价值生发,才是财富的更大源泉。士、工、商发展更多来自人本身具备的内在生发力、创造力。这需要各级领导部门重视修己立德、践行教化,才能达到"我心裕如""我裕而物从以裕"状态,达到从精神到物质的由内而外的富足。

[作者简介]

俞美玉,女,中国明史学会刘基分会副会长、浙江刘伯温弘文慧馆理事长、原浙江工贸职业技术学院教授、温州市刘基文化研究会常务副会长兼秘书长;2015年荣获"全国优秀科普工作者"荣誉称号;2021年被省民政厅评为省社会组织领军人物。研究方向中国传统文化、刘基文化。出版相关著作8部,发表文章50多篇。

张俊平,男,浙江工贸职业技术学院副校长、教授,校学术委员会主任。

刘基的军事谋略家之路

孙红华

摘　要：刘基是著名的历史人物，被誉为思想家、政治家、文学家和军事谋略家。他进士出身，接受过良好的儒家思想教育，"于书无不窥"，还研究过军事。在被任命为江浙行省元帅府都事后，他提议"筑城"来对付"海盗"方国珍，取得了很好的效果，他初次接触军事事务就显现出较好的军事谋略素养。尔后他审时度势，弃元归隐，著书待机，跟对明主，提出"先汉后周"战略，充分施展军事谋略才能，辅助朱元璋剪灭群雄，建立大明，立"开国之勋业"，终成一代军事谋略家。

关键词：刘基；军事谋略家

刘基(1311—1375)，字伯温，号犁眉公。元至大四年(1311)，出生于浙江青田县南田武阳村(现属文成县)。他自幼聪颖，14岁时入郡庠读书，从师习春秋经；17岁，他离开府学到石门书院(设于青田石门洞)师从处州名儒郑复初学周程理学，接受儒家通经致用的教育；23岁时，他考中进士；26岁时，他被元朝政府授为江西高安县丞，开始踏入仕途，在元朝为官，几起几落；48岁有感于元朝腐败没落，归隐乡里，著《郁离子》。50岁时，他应朱元璋之聘，赴金陵(今南京)，陈时务十八策，提出"先灭陈友谅、后灭张士诚，然后北向中原，成就大业"的战略计划，朱元璋对他言听计从，遂成帝业。明洪武元年(1368)授御史中丞，洪武三年(1370)授弘文馆学士；洪武三年十一月大封功臣，授开国翊运守正文臣、资善大夫、上护军，封诚意伯，禄二百四十石。

刘基备受后世推崇,被认为是杰出的思想家、政治家、文学家、军事谋略家,是中国历史上少有的在"立德、立功、立言"方面都有重大建树的三不朽伟人。后人给了刘基很高的评价,其中最有名的、为世人所普遍认可的赞语出自杨守陈的《重锓诚意伯文集序》:"汉以降,佐命元勋多崛起草莽甲兵间,谙文墨者殊鲜,子房之策不见辞章,玄龄之文仅办符檄,未见树开国之勋业而兼传世之文章如公者,公可谓千古之人豪矣。"这段文字把刘基的成就大致分为勋业与文章两个部分,或可分别对应军事谋略家和文学家。刘基自幼聪慧,才学过人,成为文学家可以说是顺理成章的。刘基的《杭州实庵和尚福严寺记》载有这样一事:"至正辛卯,寺成。将树碑求文,以志其所自。介杭人之识予者以请,予时卧病江浒,介以远弗达,而情于人为文,假予名归于师。"讲的是元至正辛卯即至正十一年(1351),刘基的文名就很大了,已经有人"冒"刘基之名写文章了。这一年刘基41岁,已经算得上是文学家了,但还没有接触过与军事相关的事务。如果不计读兵书战策的经历,那么刘基的军事谋略家之路是在元至正十一年以后才开启。

一、初涉军务,以谋制敌

刘耀东所著《刘文成公年谱稿》记载:"至正十二年(1352),刘基四十二岁。江浙行省辟为元帅府都事。"元帅府是军事机构,刘基任此职的背景原因是"方国珍起海上,掠郡县,有司不能制"[①]。据《明史·方国珍》载:"方国珍,黄岩人。长身黑面,体白如瓠,力逐奔马。世以贩盐浮海为业。元至正八年,有蔡乱头者,行剽海上,有司发兵捕之。国珍怨家告其通寇。国珍杀怨家,遂与兄国璋、弟国瑛、国珉亡入海,聚众数千人,劫运艘,梗海道。"后来官兵前来清剿,方国珍接受了招安。能打则打,不能打则降,是方国珍对付元朝的法宝。至正十二年(1352)的这次反叛,只是方国珍屡降屡叛的其中一次,却为刘基施展军事才能提供了机会。虽然此前只做过县丞、行省掾史、行省儒学副提举等文职,但是初次接触军事事

---

① 刘基.刘基集[M].林家骊,点校.杭州:浙江古籍出版社,1999:644.

务,刘基就显露出军事谋略方面的潜质。《诚意伯刘公行状》称:"公即与
元帅纳邻哈刺谋筑庆元等城,贼不敢犯。"修筑城池,既可防范方国珍的进
攻,又可压缩方国珍的活动空间,效果明显。刘基还特意写了《筑城词》:
"君不见杭州无城贼直入,台州有城贼不入。重门击柝自古来,而况四郊
多警急?愚民莫可与虑始,见说筑城俱不喜。一朝城成不可逾,挈家却向
城中居。寄语筑城人:城高固自好,更须足食仍足兵,不然剑阁潼关且难
保。独不念至元延祐年,天下无城亦不盗。"刘基认为方国珍屡降屡叛,且
是"首乱,不诛无以惩后"①,主张予以捕杀。但这违背了朝廷权臣的意
思,非但建议不被采用,而且还被"羁管绍兴"②。不过,刘基在对付方国
珍时所显露出来的军事才能应该得到江浙行省的认可。所以,当后来处
州一带"山寇蜂起,行省复辟基剿捕,与行院石抹宜孙守处州"③。

刘基之前无任何军事经验,一出手就显山露水。刘基具有军事谋略
方面的能力,应该与他"博通经史,于书无不窥"④,"凡天文、兵法诸书,过
目洞识其要"⑤有一定的关系。刘基在《赠奕棋相子先序》中也说,"吾尝
读《孙子》十三篇,而知古人制敌之术",他研究过兵法是可以确定的。

二、弃元待变,空间广阔

刘基在与石抹宜孙守处州时,同样有军事谋略方面的杰出表现。首
先要说明,刘基具有悲天悯人情怀,对百姓怀有深切的同情之心。所以,
对于一些人无奈之下聚啸造反,也有一定程度的理解,认为"盗贼有根源,
厥咎由官府"⑥,"官吏呈贪婪,树怨结祸胎"⑦。正是基于这样的认识,刘
基的处州平叛策略是以招抚为主,少动刀枪,尽量减少伤亡。所以,刘基
初到处州即作《谕瓯括父老文》,晓之以理,动之以情,希望"父老各体上

---

① 刘基.刘基集[M].林家骊,点校.杭州:浙江古籍出版社,1999:644.
② 刘基.刘基集[M].林家骊,点校.杭州:浙江古籍出版社,1999:644.
③ 刘基.刘基集[M].林家骊,点校.杭州:浙江古籍出版社,1999:644.
④ 刘基.刘基集[M].林家骊,点校.杭州:浙江古籍出版社,1999:644.
⑤ 刘基.刘基集[M].林家骊,点校.杭州:浙江古籍出版社,1999:631.
⑥ 刘基.刘基集[M].林家骊,点校.杭州:浙江古籍出版社,1999:368.
⑦ 刘基.刘基集[M].林家骊,点校.杭州:浙江古籍出版社,1999:368.

意,约束其子弟"①,"贼拒命不服者,辄禽诛之,略定其地"②。说明刘基在处州的工作是卓有成效的。然而,他的出色表现并没有受到重视和得到应有的奖励。"经略使李谷凤巡抚江南诸道,采守臣功绩奏于朝。时执政者皆右方氏,遂置公军功不录。"③为此刘基下决心辞官,与元朝做切割了断。

刘基素有治国平天下的壮志、建功立业的豪情,想为元朝尽心尽力。初踏仕途,就作《官箴》自勉、自励、自律,希望自己能够做个好官,正直清廉,踏踏实实做事,以期大有作为。但元朝朝廷昏聩,吏治腐败,刘基的才能终不得有效施展,几经起落,终沉下僚。刘基最终决定弃元归隐,并不是意气用事,而是有先见之明,是他感知到元朝已经病入膏肓、不可救药所做出的正确选择。他在《郁离子·戚之次且》就说过:"吾闻天之将雨也,穴蚁知之;野之将霜也,草虫知之。知之于将萌,而避之于未至。"④对时局大势做出正确判断,是一位杰出的军事谋略家所应具备的能力。刘基没有在元朝一条道走到黑,而是明智地提前退出官场,也为自己将来的发展留足了机会空间。

三、著《郁离子》,待王者兴

刘基"弃官归"后并没有闲着,而是"居青田山中。乃著《郁离子》"⑤。《郁离子》是寓言体散文故事集,集中反映了刘基治国安民的主张思考,也反映了他的人才观、哲学思想、经济思想、文学成就、道德为人及渊博学识。刘基能够利用隐居乡里难得的空闲时间,总结过往,全面思考,并著书阐述思想观点,有助于其军事谋略的境界更加高远博大。比如,在军事上通常强调的是如何使用谋略武力去战胜对手敌人,但刘基就有"德胜"的思想。这种思想观念在其《郁离子·德胜》中有详细的阐述。或问胜天下之道,曰:"在德。""何以胜德?"曰:"大德胜小德,小德胜无德。大德胜

---

① 刘基.刘基集[M].林家骊,点校.杭州:浙江古籍出版社,1999:157.
② 刘基.刘基集[M].林家骊,点校.杭州:浙江古籍出版社,1999:638.
③ 刘基.刘基集[M].林家骊,点校.杭州:浙江古籍出版社,1999:632.
④ 王立群.王立群译郁离子[M].上海:上海社会科学院出版社,2009:3.
⑤ 刘基.刘基集[M].林家骊,点校.杭州:浙江古籍出版社,1999:639.

大力,小德敌大力。力生敌,德生力。力生于德,天下无敌。故力者,胜一
时者也;德,愈久而愈胜者也。夫力,非吾力也,人各力其力也。惟大德为
能得群力,是故德不可穷,而力可困。"①刘基认为,道德产生的力量才是
天下无敌的。武力只能取得暂时的胜利,而德是能取得持久胜利的,只有
大德才能够聚合天下人之力。所以说,道德的力量是无穷的,德胜一切。
正是因为能够看到、体悟到德的力量,使刘基的思维谋略有更高、更广阔
的境界,更能在纷繁复杂的环境下认清形势、辨别方向。由此也不难理解
后来刘基在辅佐朱元璋的时候,"暇则敷陈王道"②,积极向朱元璋灌输孔
子的德治思想,以至于朱元璋感激地说"(刘基)数以孔子之言道予,是以
颇知古意"③。即使在洪武八年(1375),刘基病入膏肓,朱元璋批准其回
老家后,其还对次子刘璟交代:"当今之务,在修德省刑,祈天永命。"④刘
基希望自己死后,刘璟有了合适的机会就把这样的话传达给朱元璋。当
然,这些都是后话。刘基隐居著《郁离子》也是他后来能够建立"开国之勋
业",成为军事谋略家的必要准备过程。

四、反对割据,期待一统

刘基在乡隐居之际,或可以自己举大计。因为在此期间,就有人前来
游说刘基,鼓动他搞武装割据。《诚意伯刘公行状》中说:"客或说公曰:
'今天下扰扰,以公才略,据括苍,并金华,明越可折简而定,方氏将浮海避
公矣。因画江守之,此勾践之业也。舍此不为,欲悠悠安之乎?'公笑曰:
'吾平生忿方谷(国)珍、张士诚辈所为,今用子计,与彼何殊耶?且天命将
有归,子姑待之。'"

元末天下大乱,群雄并起。当时,南方实力较强的反元势力中就有占
据应天为根据地的朱元璋,占据长江中上游的陈友谅,占据长江下游的张
士诚,盘踞浙东台州温州一带的方国珍,盘踞福建一带的陈友定等。乱世

①　王立群.王立群译郁离子[M].上海:上海社会科学院出版社,2009:129.
②　刘基.刘基集[M].林家骊,点校.杭州:浙江古籍出版社,1999:647.
③　刘基.刘基集[M].林家骊,点校.杭州:浙江古籍出版社,1999:642.
④　刘基.刘基集[M].林家骊,点校.杭州:浙江古籍出版社,1999:646.

有机可乘,这位"客人"的进言不无道理。刘基自身也具备干大事所需的"才略"与条件。方国珍起事后,刘基被任命为浙东元帅府都事,参与相关的清剿行动。后来,处州一带出现"山寇",朝廷又起用刘基协助石末宜孙镇守处州,平定叛乱。这都说明刘基是有军事谋略和军事实践经验的。他在南田还掌握着私人武装力量——义兵(《诚意伯刘公行状》:"使自募义兵",在刘基准备出山去辅佐朱元璋时,有人还"或请以兵从"),而且还有一些"义从者"追随他上了南田(《诚意伯刘公神道碑》:"时义从者俱畏方氏残虐,从公居青田山中")。这些都是他可以谋大事的资源与基础。

但是,刘基以"天命将有归"[①]为由,断然拒绝了"客人"的建议。刘基作为一个接受、认同儒家传统思想的儒者,持天下大一统的观念,耻于像方国珍、张士诚之辈那样搞武装割据。在他作为军事谋略家的战略思想和大局观中,天下是不能分割的,应为一体。如果以自身之力无法取得天下,那也不能做分裂割据之事,要待"天命所归"者来承担起拯救苍生一统江山的使命。所以,刘基在《郁离子·九难》中说:"仆愿与公子讲尧禹之道,论汤武之事,宪伊吕,师周召,稽考先王之典,商度救时之政,明法度,肄礼乐,以待王者之兴。"天下要一统,既是刘基的政治理念,也是刘基的战略思想。后来刘基不惜"背叛"他曾经服务过的元朝,接受朱元璋的邀请,辅佐朱元璋夺取元朝天下,应该就是在践行这个战略思想。

五、慧眼识主,计定天下

元至正十九年(1359)十一月,朱元璋手下的重要将领胡大海、耿再成领兵攻下处州,孙炎被任命为处州总制。胡大海向朱元璋推荐了刘基等人(《明史·胡大海传》:刘基、宋濂、叶琛、章溢之见聘也,大海实荐之),朱元璋为了用人和收揽人心,即命孙炎请刘基出山。刘耀东《刘文成公年谱稿》记载:元至正二十年(1360)三月,刘基与章溢、叶琛和宋濂受聘到建康。当时,朱元璋虽然占据建康(今江苏南京),并以此为根据地,但在"群雄"中的力量并不是最强的,而且所处的地理位置也很不利。上游有陈友

---

① 刘基.刘基集[M].林家骊,点校.杭州:浙江古籍出版社,1999:632.

谅,下游有张士诚,他们与朱元璋的势力范围相接壤,并且兵力强大。如果仅看现有的地盘实力,刘基受聘出山辅助朱元璋未必明智。当然,刘基作为军事谋略家和政治家,有长远的眼光和宏大的战略思想格局,他看中的不是辅助对象现已拥有的具体硬实力,而是其所具备的才德能力。朱元璋有其明显的长处:攻城略地时不会滥杀无辜;重视招揽人才;建立营田司重视农业生产;攻占婺州后,延请宋濂等儒士为师,恢复郡学……这些都表明朱元璋有王者气象,故深得刘基的认同,也终使刘基下决心出山辅佐他。这反映出刘基会把战略谋划与具体的人结合起来,也即有因人论事的谋略思维。

刘基受聘到金陵也是有备而来,给朱元璋献上了精心撰写的《时务十八策》(《诚意伯刘公行状》:"陈时务一十八款,上从之")。非常遗憾,《时务十八策》已经佚失,我们已经不知其具体内容。但不管《时务十八策》的内容如何,可以肯定,朱元璋看后对刘基的军事素养和谋略能力应该非常满意。根据《明史·选举志》记载,朱元璋给"浙东四先生"安排的工作是"濂为江南等处儒学提举,溢、琛为营田金事",也说明只有刘基"佐军中谋议"(《明史·宋濂传》)。进入中枢,在一个政治军事集团的最高决策层参与军国大事的谋划,是刘基成为军事谋略家,有机会充分展现军事谋略才能的最关键一步。

刘基没有辜负朱元璋的器重与期待,在参与军事谋划时,他为朱元璋制定了"先汉后周"以夺取天下的战略。《明史·刘基传》云:"其后太祖取士诚,北伐中原,遂成帝业,略如基谋。"先击败陈友谅,再攻取张士诚,充分体现出刘基因人定谋、因人施策的高明。

张士诚(名号为"周")所占据之地富裕,兵力相对弱;陈友谅(名号为"汉")居上游而兵力强。按照一般的军事原则,要打有把握之战,自然是先弱后强,朱元璋阵营的主流意见也是主张"先张后陈"。刘基的厉害之处就是能识破人心,知道军事战略最终要针对的是人。由于地理位置的关系,当时对朱元璋威胁最大、最不利的局面就是陈、张两军联手夹击,如果出现这样的情况,那对朱元璋来说将是毁灭性的打击。而要避免这种情况出现,又要把这两个敌人都消灭,首先或重点要考虑的,就是在打一个对手时,另外一个对手选择袖手旁观。至于两个对手谁强谁弱,在军事对抗中谁更容易战胜等问题就都是次要的。刘基认为:"张士诚自守虏耳。陈友谅居上流,且名号不正,宜先伐之。陈氏既灭,取张氏如囊中物耳。"①他认定张士诚是"自守虏",先打陈友谅,张士诚不会有动作;而先打张士诚,陈友谅会来找麻烦,容易陷入战略被动。可见刘基提出"先汉后周"战略,就是基于因人论事的战略思维。后来的事实发展正如刘基所料。至正二十三年(1363)二月(《刘文成公年谱稿》),张士诚打安丰,小明王求救,刘基劝谏朱元璋不救,就有防备陈友谅乘虚来袭的考虑。但朱元璋当时没有听,而是发兵去救小明王,结果陈友谅果然来攻。在鄱阳湖之战获胜后,朱元璋做了反思检讨。《明史·太祖本记》记载:至正二十三年(1363)九月,还应天,论功行赏。先是太祖救安丰,刘基谏不听。至是谓基曰:"我不当有安丰之行。使友谅乘虚直捣应天,大事去矣。乃顿兵南昌,不亡何待。友谅亡,天下不难定也。"也就是朱元璋去救安丰,与张士诚作战,陈友谅果然来犯。要不是朱文正坚守南昌城,顶住了陈友谅85天的疯狂进攻,为朱元璋调动主力与陈友谅决战争取了宝贵的时间,后果不堪设想。而当朱元璋率主力去解南昌之围,爆发鄱阳湖大战时,张士诚真的按兵不动,没有来添乱。这就显示出了刘基超乎寻常的预见力和洞察力,也证明因人论事制定"先汉后周"战略的合理性和正确性。在刘基的辅佐下,朱元璋赢得了夺取天下的最关键一战——鄱阳湖大战的胜利。刘基也就此奠定了军事谋略家的地位。

何为军事谋略家,并无权威定义。通常理解,军事家就是指对军事活动实施正确指引或是擅长具体负责军事行动实施的人。按此定义可以将军事家分为两类:战略军事家和战术军事家。一般被称为军事家者多为军队最高统帅或高级将领。笼统地概括,战略家、战术家和军事理论家都可称为军事家。笔者认为,这里的"军事活动"可以理解成为"影响历史进程的军事活动"或"有重要影响的军事活动"。刘基不是带兵打仗的将领,他提出"先汉后周"等战略谋划,在军事方面属于"正确指引""影响历史进

---

① 刘基.刘基集[M].林家骊,点校.杭州:浙江古籍出版社,1999:633.

程的军事活动"。所以,称他为军事谋略家合情合理。

六、把握时机,掌控节奏

一位军事谋略家要有能力制定一个好的战略,还需要把握好实施战略的时机。这非常重要,因为只有把握好时机,顺势而为,才能达到预期目的和最佳成效。

作为军事谋略家,刘基有超强的战机把控能力。《明史·太祖本记》记载:(吴元年九月)上谓太史令刘基、学士陶安曰:"张士诚既灭,南方已平,宜致力中原,平一天下。"基对曰:"土宇日广,人民日众,天下可以席卷矣。"上曰:"土不可以恃广,人不可以恃众。吾起兵以来,与诸豪杰相逐,每临小敌亦若大敌,故致胜。今王业垂就,中原虽板荡,岂可易视之,苟或不戒,成败系焉。"基曰:"近灭张氏,彼闻而胆落,乘胜长驱,中原孰吾御者,所谓迅雷不及掩耳。"上曰:"深究事情,方知变通。彼方犄角,相为声援,岂得遽云长驱,必凭一战之功,乃乘破竹之势。若谓天下可以径取,他人先得之矣。且尝观之,彼有可亡之机,而吾执可胜之道,必加持重,为万全之举,岂可骄忽以取不虞也。"

这段记载表明,在消灭了张士诚后,要不要马上"北伐中原",朱元璋与刘基、陶安进行过商讨。陶安有没有高见,不得而知,但刘基能够审时度势,把握战略时机,及时提出乘胜追击、席卷中原的建议。不过当时朱元璋不知是故作矜持还是过度谨慎,直接否定了刘基的意见。但是,后来他还是按照刘基的建议去做了。杨讷在《刘基事迹考述》中提到:"他(刘基)还向朱元璋建议及时北伐中原,虽然朱元璋当天说是要'持重',次月中旬就做出了北取中原的决定,实际上接受了刘基的正确意见。"①

在刘基的辅助催促之下,朱元璋打败陈友谅,消灭张士诚,席卷中原,攻占大都,最终建立大明王朝。正如《明史·刘基传》所言:"其后太祖取士诚,北伐中原,遂成帝业,略如基谋。"②

① 杨讷.刘基事迹考述[M].北京:北京图书馆出版社,2004:109.
② 刘基.刘基集[M].林家骊,点校.杭州:浙江古籍出版社,1999:645.

七、以小见大，以近谋远

1368年，朱元璋在南京建都称帝，年号洪武。建国后刘基不受朱元璋的待见，当年夏天就以夫人病亡为由告归回乡了。不过朱元璋还算是没有忘记刘基的军功，写信让刘基回京城。在洪武三年(1370)大封功臣之际，也不忘授予刘基诚意伯爵位。当然以刘基的功劳，只得封伯爵，显然是赏不酬劳。刘基也是知趣，得到封赏之后，就告老还乡。《诚意伯刘文成公行状》："四年正月，赐归老乡里。二月至家，遣长子琏捧表，诣阙谢恩。"①刘基回到南田老家后，谨言慎行，处处小心。《明史·刘基传》称："至是还隐山中，惟饮酒弈棋，口不言功。"应该说刘基已做好了从此不问外事、不惹是非、安享晚年的准备。即使是"父母官"青田县令微服来访，刘基也是"称民，谢去，终不复见"②。县令微服来访也说明了刘基这次归隐南田之后一直坚持不闻外事、不与官方来往的既定方针，而且这已经是"众所周知"的事情。不然，县令也没必要为了造访刘基，而刻意打扮成平民了。由此可见刘基想安生过隐居日子的决心之大。在隐居期间，刘基与朱元璋还是有联系的，从《明史·刘基传》的记载来看，刘基曾两次派刘琏赴京，一次是送谢恩表感谢朱元璋让他退休，一次是送《平西蜀颂》这样的应景文章，无甚不妥；对朱元璋来信咨询，"基条答甚悉而焚其草"③，做得很小心谨慎，恐留后患。如果刘基一直坚持"独善其身"，不去管甚闲事，也就不会有什么把柄让胡惟庸之流抓住了。

然而，后来刘基还是主动管起了"闲事"，给自己带来了灾祸。这事《明史·刘基传》里有记载："基言瓯、括间有隙地曰谈洋，南抵闽界，为盐盗薮，方氏所由乱，请设巡检司守之。奸民弗便也。会茗洋逃军反，吏匿不以闻。基令长子琏奏其事，不先白中书省。胡惟庸方以左丞掌省事，挟前憾，使吏讦基，谓谈洋地有王气，基图为墓，民弗与，则请立巡检逐民。帝虽不罪基，然颇为所动，遂夺基禄。"刘基请设谈洋巡检司的时间不详。

---

① 刘基.刘基集[M].林家骊，点校.杭州:浙江古籍出版社,1999:635.
② 刘基.刘基集[M].林家骊，点校.杭州:浙江古籍出版社,1999:646.
③ 刘基.刘基集[M].林家骊，点校.杭州:浙江古籍出版社,1999:646.

郝兆矩《增订刘伯温年谱》认为是在洪武五年(1372),"从基请,设谈洋巡检司"。刘耀东《刘文成公年谱稿》则认为是刘基在洪武六年(1373)请求设立的。因此,大致时间应该是在洪武四年刘基归隐之后。

那么,刘基致仕归隐后,又是为什么会违反自己确定并曾经认真坚守的明哲保身的原则,主动"破戒"去"管闲事"?像刘基这样有军事谋略、经历丰富且见过大世面的人,去做这样的事情绝对不会是临时起意、任性而为。建议设置一个巡检司(相当于现在的公安局派出所),举报几个逃军造反的人,对于一个曾经的朝廷高官来说应该属于小事。但作为军事谋略家,刘基觉得这两件事情看似小事,却是关乎大明王朝长治久安的宏观战略层面上的大事情,比自己能否安生隐居度晚年要更重要。相关的道理刘基在《郁离子·乱几》中已经讲明白了:"一指之寒弗燠,则及于其手足;一手足之寒弗燠,则周于其四体。气脉之相贯也,忽于微而至大。故疾病之中人也,始于一腠理之不知,或知而忽之也,遂至于不可救以死,不亦悲夫!天下之大,亡一邑不足以为损,是人之常言也,一邑之病不救,以及一州,縣一州以及一郡,及其甚也,然后倾天下之力以救之,无及于病,而天下之筋骨疏矣。是故天下一身也,一身之肌肉腠理,血脉之所至,举不可遗也,必不得已而去,则爪甲而已矣。穷荒绝徼,圣人以爪甲视之,虽无所不爱,而捐之可也,非若手、足、指之不可遗,而视其受病以及于身也。故治天下者惟能知其孰为身,孰为爪甲,孰为手、足、指,而不逆施之,则庶几乎弗悖矣!"[1]刘基有国家整体战略安全观。事情不论大小,要看其对国家整体利益和长远发展的影响。如果与国家大局"气脉之相贯",那么,再小的事情也是大事,也必须去管,就如丙吉问牛。

刘基曾在处州"谋括寇",又亲历元亡明兴的过程,深知小祸会变大灾,地方治安失控,盗匪不除,叛逆不治,最终可能会导致政权的灭亡和黎民百姓因战乱而遭殃。所以,当刘基知道谈洋地区自元以来就是盐盗聚集地,入明后仍"久之不靖"时,一种保地方平安,求大明江山永固的责任感促使他不顾明哲保身、不惹是非的处世原则,毅然奏请朝廷在谈洋设立

---

① 王立群.王立群译郁离子[M].上海:上海社会科学院出版社,2009:127-128.

巡检司。后来,茗洋发生逃兵周广三反叛,而当地官吏隐匿不报之事,出于同样的考虑,刘基又义无反顾地再次主动派刘琏向朱元璋汇报。刘基主动去"管闲事"、做小事,当然考虑到的是国家长治久安的战略大局,是刘基作为军事谋略家,有国家整体安全战略思维的具体体现。

八、结语

刘基学识渊博,富有战略眼光,具备出色的战略谋划能力,故能够在乱世之中把握方向,跟对"明主",为朱元璋剪灭群雄、夺取天下提供了切实可行的战略规划,立下"开国之勋业",而且为了国家的长治久安不惜牺牲个人的利益。需要特别注意的是,朱元璋起兵淮西,后以江南金陵为主要根据地。这也就意味着朱元璋要夺取天下,就必须完成北伐。而在中国的历史上,完成改朝换代国家统一的战争都是由北向南推进的,北伐从来就没有成功过。在刘基的战略谋划之下,朱元璋最终能够完成中国历史上第一次北伐成功的壮举,非常不易。这也说明刘基是一位杰出的军事谋略家。

[作者简介]

孙红华,男,祖籍浙江湖州。1963 年 4 月出生于浙江青田县,高中学历,退休职工,爱好研究地方文史,现任青田县刘基研究会副会长、青田县章乃器研究会副会长。著有《青田乡村寻梦》《芝田丛谈》。

刘基军事战略思想研究

孙 芳

摘 要：刘基是元末明初著名的文学家和思想家，军事战略思想是其政治理念中的重要组成部分。他的军事战略思想以关心国家政策和百姓生活为中心，内容十分丰富。其思想并不是偶然形成的，而是多种主客观因素相互作用的结果。在元朝当官期间，他就一直兢兢业业地为人民服务，在明朝当官期间也一直延续他的民本思想，并将其军事思想实践积极加以应用。

关键词：刘基；军事战略思想；选贤；实践

一、问题的提出

刘基是浙江省代表性名人之一，在元末和明初时期发挥了非常重要的作用。刘基字伯温，谥号文成，浙江处州青田县南田（今属文成县）人。他生于元至大四年（1311）六月十五日，至正二十八年（1368）正月，朱元璋称帝金陵，定国号为"大明"，年号"洪武"，从而完成了推翻元朝统治，统一中国的大业。在完成统一大业的过程中，刘基起着非常重要的作用。他卒于明太祖洪武八年（1375）。明英宗天顺五年（1461），朱元璋下令于南田建"诚意伯庙"；明武宗正德九年（1514），追赠刘基为太师，谥"文成"；明嘉靖年间（1522—1566），在青田县城建"诚意伯庙"（即刘府祠），配享其次子刘璟。明清时代，在刘基当年读过书的石门洞，立"刘基读书处"和建"刘文成公祠"。刘基是浙江著名的文化名人。1948 年 1 月，从青田（南田区)、泰顺、瑞安三县边区析出建县,就以刘基谥"文成"为名,即文成县。"青田三世、诚意一门",刘基长子刘琏,次子刘璟、长孙刘廌,继承家风,以刚正忠节、文辞高雅而名垂青史。

刘基经历了两个朝代,做过两个朝代的官员。他是一个政治清明、思想开阔、懂爱国军事战略思想的人。他一生为人民服务,心系国家,心系人民。谈起军事战略思想,我们可以想起很多诗人,如李白、杜甫、辛弃疾等。最早提出"军事战略思想"一词的是荀子,他曾在《荀子·不苟》篇说:"有通士者,有公士者,有直士者,有悫士者,有小人者。上则能尊君,下则能军事战略思想,物至而应,事起而辨,若是则可谓通士矣。"这里明确提出了一个人若想成为一个有德行之人,不仅仅要学会尊重君主,还要懂军事战略思想。后来的儒家、道家、法家等学派均提及军事战略思想。从古至今,人们从未停止过对军事战略思想的研究。鉴于刘基在中国历史上的重要地位,近年来学术界对他的各种思想理念进行了充分研究,如他的大同理念,以及尊重自然的生态思想等。谈起军事战略思想,学术界主要研究的对象是儒释道的"仁爱"思想,对元末明初的刘基军事战略思想的研究较为薄弱。

二、军事战略思想形成的原因及内容

(一)刘基的军事战略思想形成原因

刘基的军事战略思想的形成与国家背景和他的个人成长环境息息相关。刘基的军事战略思想体现在他的作品中。所谓的"知人论世",意思是我们如果想要理解作家的作品,就要了解他的为人;想要了解他的为人,就必须了解他所生活的时代。了解一个人的为人和所处的时代,可以帮助我们更好地了解他的作品和思想。诚然,刘基的思想形成与其出生地、家庭教育、时代背景是分不开的。

1.地理位置和家庭教育的影响

刘基的家乡是浙江省青田县。"青田"之名,始见于南朝宋郑缉之《永嘉郡记》的"青田县有草,叶似竹,可染碧。名为竹青,此地所丰,故名青田"[①]。青田县是一个风景秀丽、群山环绕的地方。当地人十分重视教育,历史上出现过很多名人,如汤思退、季文龙等。刘基从小就有一个良好的生活环境,当地民风淳朴、邻里和睦、互帮互助。良好和谐的环境一直影响着刘基的一生。他出生在重视教育、爱国的家庭。刘基的祖父精通天文、地理等,他的父亲精通诗文、天文、教育等。他家中藏书众多,在这样的书香门第长大的刘基无疑是优秀的,加之其本身就聪明、刻苦好学,他的成就必定是不凡的。刘基的父亲一直对刘基的教育颇有自己的方法,1324年,他将年幼的刘基送到浙江丽水读书,让他学习《春秋》,这段学习经历,为他成为一个治国、爱国、平天下的人奠定了基础。在这个阶段,他还认识了道士吴梅涧。刘基的家乡浙江青田的南田一带,本身就是道教享有盛名的地方,刘基在此生活,自然会受到道教文化的影响。他交往的人及地理位置的影响,使他的军事战略思想深深受到了道家思想的熏陶。道家崇尚自然,含有辩证法的因素和无神论的倾向,主张清静无为,反对斗争,提倡道法自然,无所不容,自然无为,与自然和谐相处,一直影响着刘基的一生。

2. 时代背景

刘基生活的时代,国家充斥着各种乱象。元朝统治者腐败无能,生灵涂炭。刘基生活于元末明初之际,此时中国社会秩序遭到破坏,社会动荡不安。由于元朝自身是游牧民族,其民族特性导致了贵族内部对最高统治权的争夺不断。元末中央权力极不稳定,统治集团内部实力遭到了严重的削弱。根据《元史》记载可知,自武宗至大元年(1308)至顺帝元统元年(1333)的二十五年时间里,共有八位皇帝。以臣弑君,以子弑父争夺皇权的现象更是频出,中央权力频繁更迭。在这样的环境下,百姓的生活必定是不幸的。刘基是一个心怀百姓的人,面对此情此景,心中不免有所触动,他渴望造福人民、造福百姓。不论是在元朝当政期间还是明朝当政期间,刘基一直秉持着为民的思想。

---

① 金浙.青田县名的由来[J].今日浙江,1998(8).

刘基的思想还受到当时道家文化的影响。道家思想从诞生之初就是以"道"为核心、包含着深刻思辨哲学的学说,这些思辨智慧已经深深扎根于中国人的传统思维之中,如有无相生、天道无亲、对立转化、自然无为等。其他学派诸如儒、墨、法、兵家等无不吸收了道家的思辨智慧以构建其哲学基础,正如张岂之在论述周敦颐的《太极图说》时言,周敦颐要在太极这种元气之前,增加更为本原的无极。故探讨刘基的道家思想,对研究其军事战略思想有着积极的意义。

(二)刘基的军事战略思想的内容

刘基的思想受到当时统治者朱元璋思想的影响。朱元璋作为一名杰出的军事家,他在对刘基下达的命令和颁布旨意中大都体现了他的军事思想。刘基彻底地贯彻着朱元璋的命令。换言之,假若刘基没有领会朱元璋的军事思想,他难以不出差错,也很难达到朱元璋的军事思想的要求。朱元璋通过言传身教的方式,以身作则,或是在战前部署战略、战术,或是在战后及时告诫,在治军原则、战略和战术等方面,向刘基传输他的军事思想。在实践中,刘基的言行与朱元璋的军事思想大体上是相吻合的。

刘基的军事战略思想也可从他的作品和事迹中看出。他的军事战略思想内容十分丰富,并且与他的爱民思想紧密相结合,主要体现在以下方面:匡扶正义,公正无私;心系苍生,敢为民先。

1. 匡扶正义,公正无私

刘基是一个充满正义感的人。刘基的父亲一直教导他要成为一个刚正不阿的人。当地百姓将他比作再世包公,可见他在当地百姓心中是一个铁面无私的人。他不惧权力,敢于伸张正义。他不畏权贵,因而会被当地的一些豪族视为眼中钉、肉中刺,恨之入骨,多次想陷害他。如刘基在元朝当官期间多次遭到陷害,也正是因为他的正义感。[①] 当时,新州发生了一件杀人命案,一个恶徒霸道蛮横,行凶杀人。案发后,他用大量金钱贿赂初审官,初审官受贿之后,根本没有认真查访,就将其判为误杀,草草

---

① 周群.刘基评传[M].南京:南京大学出版社,2001:15.

了结此案,这名恶徒并没有入狱。原告对此不服,喊冤上诉。于是,知府命令刘基重新审理此案。虽然他也知道一件审定的旧案要重新审断,会有诸多难处,如果处理不好,就会身败名裂,毁了前程。但他一想到为官者就应当秉公办事、取信于民,也就顾不了许多了。刘基在受命之后,便认真地阅读原案卷,发现了其中的破绽。他抓住遗漏,展开深入调查,终于将案件始末查了清楚。刘基当即呈报上司:被告蓄谋杀人,依法当偿命;初审官受贿渎职,应该罢官。不久上司批复,依法做了处置。初审官得罪罢职,对刘基恨之入骨,就设法投靠蒙古达鲁花赤的势力,找机会陷害他。江西行省的大臣有意保护刘基,马上将刘基升为行省属吏,使刘基离开了高安,他这才躲过一劫。这是刘基第一次遭到陷害,从中也能看出,未来刘基的路并不会顺利,但他在这件事上无疑是算是幸运的。我们都知道司马迁因李陵之祸而入狱。当时汉武帝派贰师将军李广利率三万骑兵出酒泉抗击匈奴,同时又派李陵率五千步兵策应李广利,当李陵率兵深入匈奴后,却遇上匈奴的主力,尽管李陵带领将士奋力抗战,终因寡不敌众被俘而降。战败的消息传到长安,汉武帝十分恼火,满朝文武官员趋炎附势,附和汉武帝指责李陵的罪过,司马迁却站出来替李陵辩解,这就冒犯了汉武帝的龙颜,由此司马迁被投入监狱。如果当时不是江西大臣的保护,刘基的结局必然是不幸的。从这个故事可以看出,刘基不会因为身份地位而害怕权贵,也不会因身份地位而不去帮助弱小群体。

刘基践行道教理论。他的匡扶正义一定程度上受到道教思想的影响。道教理论认为,人作为万物之灵,在与自然的关系中虽然占有主导地位,但也应该意识到自然资源是有限的,人类不应该过度破坏自然,而应该站在"道"的高度,顺自然之本性,助天生物,这样才能促进自然界的和谐发展。刘基天人和谐的实践沿袭了这一道家理论,认为人是自然之天的派生物,人们应该按照自然规律来对待客观世界,这才是符合天道的。自然界的事物都有自己的天性,人们要"制天命而用之"。人类只有善养天地万物,注重天、地、人三才的和谐发展,做到"为其能赞化育也"。对于自然资源,刘基认为这是上天赋予人类的宝贵财富,利用自然资源要取之有道,必须有所节制,合理开发从而"利源不可穷"。刘基在《郁离子》中多次以生动形象的寓言故事说明此理,在《郁离子·象虎》中他讲楚国一深受狐狸祸害的人想假扮老虎逮住狐狸,于是他认为"以象虎为可以皆服天下之兽矣"①,最后因虎出现而自食其果。类似的寓言在《郁离子》中还有多处。在《郁离子·句章野人》中他论述句章野人闻见草下有动静,"发之而得稚"②,明日再发而得蛇,而伤其手的故事,刘基认为正是由于他们不知道福祸相依之理,把侥幸当作常道,把偶然当作必然,违道而为,自食其果。故刘基指出,抱着侥幸心理的人不能委以治国之重任,"侥幸之人,其心汰,其败也以忽,而后亡忌惮之夫集"。所以做人做事都应该符合道的要求,符合事物的本性,抱着侥幸心理忽略道的重要性都会失败。普天之下的道周而复始,运行不息,偶然发生的事不会影响到事物的普遍性,这和老子的思想息息相关。它只是在那里自我发生运行,任凭万物自生自灭,但是都脱离不了道的制约。刘基作为一个立志要建立事功的学者,更看重治理天下之道。刘基在治国方略上推行的是儒家的仁义礼智学说。他把韬光养晦作为自己处世之原则,在功名利禄面前保持着清醒的头脑,功成身退是其保全身家性命的策略。明朝建立之后,刘基察觉到朱元璋开始变得多疑猜忌,他知道新一轮政治风暴将要来临,当初南征北战的重臣不会有多好的结局,所谓"狡兔死,走狗烹,飞鸟尽,良弓藏",他不追求俸禄爵位,借机告老还乡。其后,朱元璋再次召刘基入朝,封刘基一个三等伯爵,然而刘基不在乎这些,一心想告老还乡,急流勇退,再次要求回归故里并得到了朱元璋同意。对刘基在南田的生活,《明史·刘基传》里描述道:"还隐山中,惟饮酒弈棋,口不言功。邑令求见不得,微服为野人谒基。基方濯足,令从子引入茆舍,炊黍饭令。令告曰:'某青田知县也。'基惊起称民,谢去,终不复见。"③刘基就是这么一个懂得韬光养晦的处世艺术的思想家,他为后世留下了一个睿智豁达的智者的形象。

2. 心系苍生,敢为民先

刘基的仕途生活并非一帆风顺。他于 1333 年中了进士,本应该立马

---

① 刘基.郁离子[M].北京:蓝天出版社,1999:20.
② 刘基.郁离子[M].北京:蓝天出版社,1999:68.
③ 张廷玉,等.明史[M].北京:中华书局,1974:3778.

当官,却等了三年才当上了八品小官。这和当时元朝的歧视政策有关。如果按照元朝当时的进士制度,刘基可以做个七品官员。这种不公平的制度,意味着刘基的仕途注定充满了艰辛不顺。几年后因与幕官不和,他辞官回乡。1348年,刘基回到杭州,担任浙江省儒学副提举,展开教育工作。在杭州为官期间,他依旧坚持自己在江西任职的为官原则,将《官箴》作为自己为官的标准,为官正直,"发奸挞伏,不避强御,为政严而有惠爱,小民自以为得慈父母,而豪右数欲陷之"①。在杭州时期,刘基一直心系百姓,看到民生疾苦,就会直接抨击统治者的腐败无能。

刘基的军事战略思想随处可见,如他的《卖柑者言》的故事:杭州城里有些卖水果的小生意人,善于储藏柑橘,经过冬春二季,不仅不腐烂,看起来仍然色泽鲜艳,价钱因此高出十倍。可是一剥开来,就有股怪味,里面干得像破棉絮一样。刘基见此情景,很有感触,就问卖柑者为何如此做。卖柑者听了,不以为耻,还振振有词地说出一番"道理"来。刘基听了,不得不为之点头,因此联想到当时腐败的政治,便构思写成了一篇脍炙人口的《卖柑者言》。刘基在文章中发了一通发人深思的议论:"今夫佩虎符、坐皋比者,洸洸乎干城之具也,果能授孙、吴之略耶?峨大冠、拖长绅者,昂昂乎庙堂之器也,果能建伊、皋之业耶?盗起而不知御,民困而不知救,吏奸而不知禁,法斁而不知理,坐糜廪粟而不知耻。观其坐高堂,骑大马,醉醇醲而饫肥鲜者,孰不巍巍乎可畏,赫赫乎可像也!又何往而不金玉其外,败絮其中也!"②这些卖柑橘的人为何要这样做,其实不难推算,这和当时繁重的税收有关,百姓不得不想一些不当的方法去挣钱。刘基看到这件事后就提议减轻百姓的税赋。刘基的《卖柑者言》有力地讽刺和鞭挞了元朝的官吏,质疑他们是否真的拥有孙武、吴起的谋略,认为他们只是徒有其表。刘基对元统治者的信任发生了动摇,他认为军事成功的关键在于抓住民心,为民服务。

---

① 黄伯生.诚意伯刘公行状[M]//刘基.刘基集.林家骊,点校.杭州:浙江古籍出版社,1999:631.

② 周群.刘基评传[M].南京:南京大学出版社,2001:23.

三、军事战略思想的具体实践

刘基自少学习兵书,精通兵法。虽无兵书留存,但是,他的军事思想欣见于其遗著和许多史籍,以及一系列军事实践活动中。不过他的军事思想直到受朱元璋的礼聘,做了朱元璋的军师、谋士之后,才放射出灿烂的光辉。他到金陵以后,一心为朱元璋效力,根据当时农民起义席卷全国、天下群雄割据的乱势,向朱元璋陈献时务十八策,提出了一个消灭群雄割据,完成统一大业的战略方针。刘基以远大的政治眼光,针对时局制定策略,说服朱元璋充分利用矛盾,采取分化孤立、各个击破的方针,去发展壮大自己的力量,然后再集中全力,北向中原推翻元王朝的统治,最后实现统一中国的大业。刘基参与军机八年,不仅屡出奇谋,筹划全局,而且几乎参与历次重大战役的决策。每遇艰难困境,他都能出奇计,强其兵,化险为夷,所以刘基的军事谋略深受朱元璋的赞赏。

出于地主阶级立场,刘基忠于元朝,然而在元代种族歧视严重的官场上并不得志。自二十六岁登上仕途,宦海几经浮沉,一再受抑,一再罢职,一直任从七品、七品下级官吏,最后虽小有升迁,当了从五品的行省郎中,但旋即仍以从七品格改授总管府判,不与兵事。再说,刘基从政时已是元朝衰败不堪的时期,全国很多地区爆发了农民起义:至正八年(1348),方国珍在浙东起义;至正十一年(1351),刘福通在皖北起义,徐寿辉在湖北起义,明玉珍在四川起义。待刘基参与镇压浙东起义时,全国性农民大起义更是风起云涌,刘基即使想为元政权出力,力挽狂澜,也无所逞其力了。这促使刘基面对现实,逐渐认识到元朝灭亡、改朝换代,已成必然之势。因此他弃官归隐之后,便致力于"著书立说,以俊知者"(叶叔昌《写情集序》)。他在《感怀》一诗中,认为昊天厌秦德,瑞气光芒杨,表示要"修身俟天命,万古全其名"。他写出了著名的散文集《郁离子》,提出"救时之政","以待王者之兴"(《郁离子·九难篇·公子日愿闻先生之志章》)。这正是刘基在五十岁时重新出山,与元政权决裂,参加朱元璋队伍的思想基础。至此,刘基的军事思想随着对政治形势认识的深化,进一步成熟了。因此,研究刘基的军事思想,以其早年的《百战奇略》为重要依据外,还应重视其晚期著作《郁离子》及其他诗文。

刘基的思想与时代同行,具有与时俱进的精神,其军事战略思想随着时代的进步而不断发展完善。他始终将人民的利益放在第一位,为保障百姓的利益付出了艰辛努力。

(一)以民为本,以德养民

刘基的《郁离子》是一本以寓言故事为主的散文集。郁,有文采的样子;离,八卦之一,代表火。郁离,就是政治光明的意思。刘基在他的《郁离子·抟沙》①中用"沙"来比喻百姓,认为擅长治理国家的人如"以漆持沙,无时而解",次之好比"以胶捇沙,虽有时而融,不释然离也";又次之则"以水捇沙,其合也,若不可开,聚于一握,然一旦消释,则涣然离矣";最下者为"以手持沙,拳则合,放则散"。这是以力聚民,而终不得法,故民叛之亦易。刘基认为,只能以德养民,而非以术诈民。他指出,人病渴时不可饮刺漆汁,好比池中有獭时不可在水中放毒,以免鱼类遭殃。同样的道理,国家有乱时也不可掠其民而治之。

刘基又将民众比喻为树,将统治者喻为树下的乘凉人,只有大树参天,树下的乘凉人才会有避阳纳凉的地方;作为乘凉人,应对大树"保之如赤子,仰之如慈母,爱之如身体",绝不能"毁伤",否则也会伤害自己。刘基指出,"夫民情久伏则思乱,乱极而后愿定。欲谋治者,必因民之愿定而为之制。然后强无梗,猾无间,故令不疚而行"。刘基主张"养民疗国脉",认为治国者要体察民情,顺应民心;要时刻以老百姓的根本利益作为为政之道的出发点,"聚其所欲而勿施其所恶"。

朱元璋当时想在他的家乡凤阳建都,刘基立即阻止,因为他认为此时建都必定会给百姓增加负担。他劝诫朱元璋要采取道家的政治思想,采用无为而治是上策。多亏了刘基的建议,百姓们才可以休养生息。

(二)进贤用能,造福百姓

刘基认为社稷兴衰的关键首先在于当政者是否能任用贤能,若人才选得正确,可以让百姓们生活得更好。一个国家的兴衰与人才的兴盛息

---

① 刘基.郁离子[M].郑州:中州古籍出版社,2008.

息相关。人才是一个国家兴旺发达的关键所在。他在《公孙无人·待士》中通过齐王用贤而最终成就霸业、越王不能用贤而最终失去霸业的正反两则寓言故事,来表达了他"人才系国运"的思想。他主张君主应延揽天下贤才,不然国家无法富强,即"国有贤良之士众,则国家之治厚"。而刘基认为贤者并不一定非得是全才,只要能得其所长便为贤。刘基的选贤思想,让百姓们对国家更加信任,人民生活得更加有信心。

四、结语

刘基是中国著名的理学家,一生致力于传承弘扬儒家、道家等学说,在哲学、文学等领域有着辉煌成就。他的军事战略思想内涵丰富,对当今社会的发展仍然有借鉴作用。他和中国古代许多儒家士大夫一样,忠君爱国,关注民生,关心天下普通老百姓的生活疾苦,无论是在朝为官,还是隐居山林讲学,都时刻关心百姓的生产生活,实行理学化的儒家仁政政策,造福百姓。他的军事战略思想值得我们去学习、去传承。总之,在刘基的一生中,儒家仁德施政的思想贯穿于其一切行动中,恤民、军事战略思想也体现在他的行动中。他的军事战略思想的价值值得深入挖掘、体会、发展。

参考文献

[1]刘基.郁离子[M].郑州:中州古籍出版社,2008.

[2]裴世俊.刘基文选[M].苏州:苏州大学出版社,2001.

[3]张宏敏.刘基思想研究[M].杭州:浙江人民出版社,2011.

[4]周群.刘基评传[M].南京:南京大学出版社,2001.

[5]刘基.刘基集[M].林家骊,点校.杭州:浙江古籍出版社,1999.

[6]黄伯生.诚意伯刘公行状[M]//刘基.刘基集.林家骊,点校.杭州:浙江古籍出版社,1999.

[7]张廷玉,等.明史[M].北京:中华书局,1974.

［作者简介］

孙芳,女,1995年生,硕士。就职于江苏省南京市北京东路小学棠城分校,二级教师。研究方向为中国古典文献学、历史文献。发表过《〈礼记〉中梦文化的研究概述》《家庭教育中受教育权的应用》《屈原作家行踪与文学创作的关系》《张志淳〈南园漫录〉研究》等文章。

明代刘基军事谋略思想
在人力资源管理中的应用

朱晓春

摘 要:刘基,字伯温,汉族,浙江文成县南田人,杰出的军事谋略家、政治家、文学家和思想家,明朝开国元勋,明洪武三年(1370)封诚意伯,人称刘诚意。武宗正德九年追赠太师,谥号文成,后人又称他刘文成、文成公。刘基通经史、晓天文、精兵法。他辅佐朱元璋完成帝业、开创明朝并尽力保持国家的安定,因而驰名天下,被后人比作诸葛武侯。刘伯温是中国古代的一位传奇人物,至今在海内外仍有广泛而深厚的影响力。本文就刘基谋略思想在人力资源管理中的应用进行研究。

关键词:刘基;军事谋略;人力资源;管理

一、刘基生平

刘伯温(1311—1375),名基,谥文成。他出生于浙江青田县(今文成县)的书香世家,排行第二,自幼博闻强记,"于书无不窥"。他少年时即著《春秋明经》二卷,16岁考中秀才,22岁中举人,23岁中进士。其时人称刘基"诸葛孔明之俦""魏征之流,而英特过之,将来济时器也"。

刘伯温26岁时初登仕途,任江西高安县丞,以"不避强御"、廉洁惠爱著称,当地百姓称之为"刘青天",而奸人豪强"数欲害之"。28岁时调任江西行省职官掾史,以"谠直"闻名,与幕僚不和。30岁时弃官隐居,此后读书写诗,还曾游历大都。38岁时复出为江浙行省儒学副提举,一年后又辞职,闲居杭州,写了不少诗文。42 岁时复出,为浙东元帅府都事。他招募民兵,大败方国珍的起义军;后因反对招安,坚持剿捕,被朝廷罢官,羁留绍兴,以诗文自娱。46 岁时复任行省都事,后升为行省郎中。48 岁时又辞官归隐,著《郁离子》,"以待王者之兴"。

1360 年,刘基 50 岁,应朱元璋聘请,赴金陵,呈《时务十八策》,朱氏筑礼贤馆居之。闰五月,陈友谅发兵攻建康,刘基以计"乘东风发伏兵击之,斩获若干万"。第二年,又出计克江州,降洪都。52 岁时,刘基回乡葬母,途中平定金、处苗军叛乱。居家期间,朱元璋多次恳请他尽早回京,"以天道发愚""赐教""指示"。匆匆回京后,刘伯温策划了鄱阳湖大战,击溃了陈友谅,还救了朱元璋一命。56 岁时,刘基承命,卜地筑皇宫。57 岁时,刘基与李善长一起定律令;58 岁时任御史中丞,斩中书省都事李彬、忤李善长;59 岁与太祖讨论宰相人选,忤汪广洋、扬宪、胡惟;61 岁时告老归田,不问政事,唯下棋饮酒;64 岁时病逝。

二、刘基谋略思想的精髓

谋略是指智谋和才略,包括智慧、计谋、才华和韬略等诸多方面。自古以来,中国人就有着自己独特的谋略智慧,皇帝有治国安民、驭臣牧民之术;文臣有上言进谏辅佐王权之谋;武将有用兵之韬略;官场有权谋法术;文人学士有修身养性、进阶退隐之道,百姓有交友处世和谋财治家之道。可见,中华民族是一个用智善谋的民族,中国的谋略思想丰富、内涵深刻。谋略是一种文化形态,是以人的文化素养所生发的独特的智慧为依据,其来自该文化环境氛围的长期熏陶。

明代开国功臣刘基,一生好学儒家经典、诸子百家之学,潜心研究天文、地理、兵法、术数等,并颇有心得,著述甚多。其中被世人称为兵书宝典的《百战奇略》,收集了先秦时期到五代时期的 1600 多年间史籍中的重要军事资料,按作战双方的军事、政治、经济、自然诸条件分别加以论述,继承和发展了前人的谋略思想,并创造性地运用实践,真正做到了知行合一。

刘基战略思想的形成,主要是向他人学习、向书本学习、向实践学习。

他既受家族教育影响,又离不开老师郑元善的指导与浙江多元文化传统的影响。他在青少年时期就有远大的志向,兼收程朱理学、婺学、永康之学、永嘉之学等的精华。仕途历练让他看清形势与大局,他的人生高光时刻是以杰出谋略佐成明朝建国大业,从而实践了他的战略思想。

刘基的战略思想主要是夺取政权过程中的谋略,具体体现在"三观":一是长远观,明确军事行动的根本目标、长远目标。他强调军事行动的根本目标是夺取天下,重大军事行动,以这一根本目标为坐标来做出判断。二是全局观,强调整体把握宏观大局,认清事业关键和主要竞争对手。三是辩证观,强调转危为机,以静制动,后发制人。

夺取政权以后是建国方略。刘基为朱元璋阵营从夺取政权到执政的转变、从建国到治国的转变,做出了重大贡献,主持或参与设计了一系列重大政治制度和治国方略,包括实行法治、仁政的治国基本国策;制定明朝法律制度框架、国家律历制度、国家教育制度和科举考试选拔制度;奏立军卫法,防止军阀割据,减轻百姓负担;提出选才要用在恰当的位置,小材不能大用,德位要相匹配;等等。

三、刘基谋略思想的内容

刘基是中国妇孺皆知的谋略家,这与他卓越的军事才华有密切的联系。在朱元璋剪灭群雄的过程中,刘基襄助军机,而又为明代创立卫所兵制。所以时人评论:"赞画帷幄之奇谋、恢复中原之大计,往往属之基,故在军有子房之称,剖符发孔明之喻。"(张时彻《神道碑》)这样评说并不算溢美。根据《刘基文集》和刘基生平,可将其军事思想概括为如下四个方面:

第一,刘基认为军事是实现政治目的的手段,德是治军克敌的法宝。他在《郁离子·鲁般》中对军事行为的"德"和"力"进行了富有哲理性而又系统性的论述:他认为"德"和"力"不同,以力胜敌是一时的胜利,以德胜敌是长久的胜利,也就是本质意义的胜利。而"德"和"力"又是统一的,"德"可以生力,即高尚的德行可以产生天下无敌的力量。在军事实战中,用无"德"之"力"会产生对敌有利的因素,即使胜了,也只是逞一时之威。

"德"和"力"的理论,在刘基助朱元璋纵横天下、逐鹿群雄的军事实践中得到了多次体现。如首战龙江,针对陈友谅"劫主胁下""弑主自立"(《明史·刘基传》)的不正德行,刘基献策:"倾府库,开至诚,以固志心。"(黄伯生《行状》)他强调德行取信于军民,结果以弱小之旅大胜强大精锐之师。俗话说:三国有诸葛亮,明朝有刘伯温。刘伯温是辅佐朱元璋创建明朝的开国大臣,他的一生可谓传奇。

第二,刘基积极推行"省敌",反对"穷兵黩武"。他提出:"善战者省敌,不善战者益敌。省敌者昌,益敌者亡。夫欲取人之国,则彼国之人皆我敌也,故善省敌者不使人我敌。"(《郁离子·省敌》)当然,刘基并不是主张侵略别国,而是主张在某次正义战争中瓦解敌人,用敌人制敌。刘基与石抹宜孙在处州青田招抚吴成七(吴成七地盘现属文成县)等农民起义过程中,一贯主张宣剿,从者宜抚,绝不滥杀无辜,有《谕瓯括父老文》为证。刘基特别强调"穷兵黩武"的危害,告诫人们"兵犹火也,弗戢将有自焚之患。黩武穷兵,祸不旋踵"(《百战奇略·好战》),用"牧野倒戈""阴陵失路"证明"好战""穷兵"必亡。

第三,刘基在攻守策略上,坚持以智取胜策略。卓越的军事家往往不是以强胜弱,而是因以弱胜强而载入青史,可见斗智不斗力是以弱胜强的必要军事策略。刘基以虎用力、人用智来论述"力之用一,而智之用百"(《郁离子·天地之盗》),以智取胜已成为刘基军事思想的主要内容。在安庆争夺战中,刘基献策"弹丸地,何足久劳我,友谅胆破矣,急进,薄江州"(《弇州山续稿》),结果朱军全线西上,陈友谅果然放弃江州,退守武昌。朱元璋就这样取得了胜利,不久后几乎占领整个江西。同样,在鄱阳湖大战中,刘基审时度势,建议吴军移师扼湖口,切断汉军退路,使汉军先后来投,奠定了陈友谅彻底溃败的局面。

第四,刘基提出"卫农""养兵"论,重视将帅的培养。刘基主张国家必须"以农耕而兵战",认为农和兵"犹足与手,不可独无也"(《郁离子·瞽聩》)。他正确认识了兵农相互依存的辩证关系,"养兵"归根结底目的在于"卫农",而"卫农"是"养兵"的经济基础,所以"卫农"和"养兵"必须"两手抓"。从"养兵"为"卫农"出发,他提出国家不能因为安危而放弃战备的观点,并以唐玄宗"安史之乱"为例,论述了"天下虽平,忘战必倾"的道理(《百战略·忘战》)。他认为军队是百姓的保护伞,坚决反对"兵暴于农"。刘基在《赠医学录江仲谦序》中将"良医之用药"比作"良将之用兵",药可治病,兵可杀敌。他把"天下之幸"归因于国家得良将,并把治军将帅的优劣和国家的兴亡联系了起来,从而得出培养优秀的将帅对于治国具有重大作用的结论。

刘基的历史功绩在于其能顺应历史潮流,积极帮助朱元璋勇敢地担负起统一中国的伟大任务。刘基运用谋略成功的实战案例有六件:

一是帮助国主朱元璋废小明王而自立。朱元璋是郭子兴的部将,子兴死后,小明王韩林儿封郭天叙为都元帅、张天佑为右副元帅、朱元璋为左副元帅。朱元璋借用龙凤年号,名义上受制于小明王。在攻克南京、据淮河江左地区、下浙江后,朱元璋被手下奉为吴国公,置江南行中书省,仍奉韩林儿。岁首,中书省设御座行礼,独基不拜。曰:"彼牧竖耳,奉之何为?"因见太祖,陈天命所在。所谓天命,就是要朱元璋有雄心壮志、大展宏图,担负起打天下建立新王朝的使命。

二是协助朱元璋制定"征讨大计"。朱元璋起于淮右,渡江后,势力发展较快,但仍局限于浙江一带,且东有张士诚,西有陈友谅,均为劲敌,稍有不慎,就有败亡之危。当时许多人认为张士诚据苏湖富饶地区,宜先攻取。但刘基认为:"士诚自守虏,不足虑;友谅劫主胁下,名号不正,地据上流,其心无日忘我,宜先图之。陈氏灭,张氏势孤,一举可定。然后北向中原,王业可成也。"朱元璋采用了刘基的战略,遂成帝业。

三是在重大战役中,运筹帷幄,亲临前线指挥战斗。刘基因谙韬略,通天文地理,故往往"遇急难,勇气奋发,计划立定,人莫能测"。如1360年,陈友谅率精兵三十万人,战舰五千只,攻下太平,进驻采石矶,直逼金陵,势甚嚣张。当时朱元璋驻金陵守兵仅十万余。由于双方力量悬殊,朱元璋军中文武大臣乱成一团:有的主张投降;有的主张放弃应天,保存实力再做计较;有的主张出击,一决雌雄,独刘基一人张目不言。朱元璋就把他请到自己的卧室,征求意见。刘基说:主张投降和逃跑者,应杀头治罪,因他们不看大好形势,散布失败情绪。事实上,陈友谅自以为兵强势众，又打了几次胜仗，更是志得意满，目空一切。我们就利用他的骄傲情绪，设下埋伏，使计诱其深入，一鼓可破。朱元璋听了刘基这番独见后，乃定征伐之计。刘基勇气奋发，计划立就：首先遣人诈降，使康茂才诱陈友谅夜来劫城，并约定陈友谅至江东木桥边呼"老康"为联络信号。陈友谅不知是计，结果点精兵三十万人，行至江东桥边，并无木桥，是座铁桥，使人呼"老康"，又无人答应。正在疑惑间，又突遇暴雨，四下伏兵齐出击，陈友谅鼠窜狼奔，败退至江边。谁知原有渡江用的战舰，刘基以计尽将拘掠，仅留破船三百只于江边。陈友谅败军争先逃渡，行至江中，又突闻火炮声，破船连人沉没一半多。此役全歼陈友谅主力军，挫败陈的锐气，乘胜收复太平，攻下安庆、信州、兖州。陈友谅只得带领剩余的伤卒败将仓皇地逃回汉阳。

三年后的1363年7月，陈友谅重整旗鼓，号称百万精兵，再度与朱元璋在鄱阳湖中作生死存亡的大决战。在这胜负的关键时刻，刘基始终和朱元璋在一条船上参与军机，运筹帷幄。一次，他忽然发现水鸟惊飞，预知这是陈友谅的船队集中力量向朱元璋的指挥船开火。在这千钧一发之际，他立即拉起朱元璋转移到另一条船上，他们还未坐定，原来那条船已被陈友谅的火炮打得粉碎。当时陈友谅看到朱元璋的指挥船已被打沉，大喜过望。不料朱元璋仍在指挥战斗，最后大败陈友谅，陈也在这次水战中败死。这次战争是我国历史上以少胜多、以弱胜强的著名战例，被称为鄱阳湖之战。

四是洪武开国之前，刘基于1366年受命卜地拓建南京城；1367年授太史令，上《戊申大统历》，并与李善长、杨宪、傅献、陶安等一起定律令。平定张士诚后，有张昶者使人上书称颂功德，劝朱元璋及时行乐，刘基当即指出："是欲为赵高也。"他及时提醒朱元璋"居安思危"。

五是洪武开国以后，刘基奏立《军卫法》，提出"宽以待民与严惩贪吏"的主张，肃纲纪，整吏治，严惩贪枉。如中书省都事李彬坐贪纵罪，虽丞相李善长出面替其义子说情，刘基仍将李彬奏斩。刘基还谏止营建东都，提醒朱元璋不要轻敌。奏曰："凤阳虽帝乡，非建都地。王保保（扩郭帖木儿）未可轻也。"

六是刘基 61 岁告老还乡，劝朱元璋"霜雪之后，必有阳春，今国威已立，宜少济以宽大"。临终前他遗嘱次子仲璟，待胡惟庸败后上奏朱元璋："夫为政宽猛如循环，当今之务在修德省刑，祈天永命，诸形胜要害之地，宜与京师声势联络。"

以上六件经典案例，前三件可以说是刘基帮助朱元璋打天下，后三件可以说是他帮助朱元璋巩固天下。这充分说明刘基是一位卓越的军事谋略家、政治家。他既是明代的开国功臣，又是治国良臣。

四、刘基军事谋略思想在人力资源管理中的应用

在当今数字经济时代，不确定性因素剧增，越来越多的企业面临艰难的转型。人力资源部门作为企业的重要部门，其价值一直为企业管理者所诟病。面向未来，如何利用刘基先生的谋略思想赋能个体、团队和组织，助力企业成长与发展？这是所有人力资源管理者都需要思考的问题。

疫情防控期间，云南某龙头企业的人力资源总监冯某给公司提交了一份《关于疫情下人工成本控制的报告》，但遭到了公司首席执行官的严厉反击，并宣布撤除集团人力资源部。这一事件发生后，引发了对人力资源部门价值定位与生存危机的大讨论。

我们必须回答一个老生常谈的问题：数字化时代，组织中的人力资源管理到底应该怎么定位、怎么做，如何才能更好地发挥人力资源管理的作用？

今天，所有人力资源管理者几乎都正在经历一个与数字化新世界相融合协调的过程。就人力资源管理而言，数字技术调整了组织结构、信息通道，提供了新的技术处理及资源整合方式。

刘基谋略思想认为，"德"和"力"是统一的，"德"可以生力，即高尚的德行可以产生天下无敌的力量，可以激活人才生态工作主体的力量。人才生态将是数字化时代企业创新与产业发展的不竭源泉。新的工作主体与多元用工形式是人才生态的显著特征。在数字化时代，全职雇佣时代逐步瓦解，开放连接生态开始形成，个体与组织的契约关系发生了深刻变化。组织内工作将通过多元化的工作主体和方式来完成，包括合同工、自

由职业者、零工、众包工等。在信息技术的加持下,员工可以跨团队组织提供知识、技能和服务。因而,系统优化设计与员工的契约连接是对人力资源管理的一个关键挑战。人力资源管理者必须与合作伙伴同心、同德、同力,企业才能获得最大效益。

刘基谋略思想认为:积极推行"省敌",预测未来世界的走势。今天,人工智能、机器人技术和自动化已在工作场合迅速应用普及,其扩张速度远高于许多组织的预期。机器人、人工智能等开始步入职场。

大家现在去住酒店,提出某些客房服务时,很多酒店派来的可能是一个机器人。现在这种情况非常常见,甚至如果一个酒店没有机器人服务员,顾客可能会觉得这家酒店落后了。如何创建人机协作、分配人机工作及培养员工的针对性技能,已成为人才管理的重点课题。决定员工绩效水平的两个因素是态度和能力。现在是个体价值崛起的时代,工作主体有个性也有能力,他们有不一样的价值追求。有调查发现,90%的人宁愿少赚钱,也要做有意义的工作,他们甚至愿意牺牲未来收入的23%来换取有意义的工作。可以说,组织与雇员之间不是简单的雇佣关系,员工不只需要薪酬激励,在新的组织秩序下,员工更需要从工作中获取意义和使命感,来提高工作满意度和投入度。企业管理者要常问自己两个问题。第一个问题是:哪些是我们在既往时期内做得出色而且未感到费力,但对手并没有做好的事情?第二个问题是:哪些是我们在既往时期内做得不好而对手却毫不费力地出色完成的事情?这两个问题能够帮助我们扬长避短,完成工作目标和业绩。

刘基认为,在攻守策略上,应坚持以智取胜策略。组织从对内管理到对外管理的过程中,讲究以智取胜。在数字技术背景下,整个商业活动的价值逻辑发生了变化,个人、组织、客户之间的关系被重塑,形成一种协同共生关系,而不再是服从关系;不再是个人属于组织内部、顾客属于组织外部的结构,组织内外部的界限被逐步打破。这种变化使组织活动的核心关系逻辑发生了变化,影响组织的绩效因素由内部转向外部。"对内管理"是人力资源的基本要求,而在数字时代,人力资源工作要更多地考虑外部的环境,要进行"对外管理",包括战略性思考合作伙伴、跨界的竞争对手、全新的技术等。这说明,人力资源管理参与、选择和执行战略的外延需要扩展。在攻守策略上,要主动出击。面向未来,人力资源管理者的工作核心是赋能个体、团队与组织,激活各主体,让他们进行协同价值创新,发挥集体智慧。

刘基提出"卫农""养兵"论,重视将帅的培养。管理者要运用人的长处,面临的第一关即是择人。有效的管理者择人任事和升迁,都以一个人能做些什么为基础。所以,他们的用人决策,不在于如何克服人的短处,而在于如何发挥人的长处。企业管理者认清用人的优势和劣势,进而扬长避短,通过能力培训,提高人员绩效水平。这里需要管理者有运筹帷幄、决胜千里、定鼎天下的大略。

刘基在遇到朱元璋之后,便一心追随朱元璋,为他出谋划策。刘基具有超强的推理能力,明朝最终能够建立,刘基这位开国元老功不可没。而刘基的军事谋略思想通过览饮群科精要,承继先古思想精华,在戎马实践中形成,并臻于成熟。在佐命成帝业中,不论是《陈时务十八策》的纵横时势、屏人密语定策征伐的谋划用兵,还是西取陈友谅、东定吴会、北伐中原的战争实践,抑或是大明王朝卫兵制的建立,都是其军事谋略思想得到充分发挥和运用的证据,同时刘基军事谋略思想也在实践中得到了进一步的丰富和发展。

刘基军事谋略思想给我们的启示是:人力资源是企业最宝贵的资源,企业应充分利用现代信息技术手段,搭建线上线下混合式全员学习场景和交流平台,加快建设共享化、网络式、互动性学习型组织,重构企业学习团队,加强员工能力培训,为企业长远发展提供人力资源支撑。对于企业员工而言,应增强危机意识、树立长远眼光,进一步加强网络学习、终身学习。员工应根据自身兴趣和职业发展规划,充分利用弹性工作等模式,依托各类学习平台开展在线学习、虚拟仿真实践等活动,不断学习和充电,切实做到持续赋能、广泛赋能、全面赋能,为个人长远发展打下坚实基础。

五、人力资源管理策略

第一,应用刘基谋略思想,对于企业来说,应遵循具体、可度量、可实现、相关性、有时限等原则,探索实行员工自我管理与企业目标管理相结合的管理模式。

第二,应用刘基谋略思想,人力资源部门必须强化个人行动力。要增强劳动者自我管理的决心、恒心,并将其转化为做好实际工作的具体行动,妥善处理好目标制定与行动落实之间的关系,使员工真正做到心理不彷徨、思想不懈怠、行动不拖延。

第三,应用刘基谋略思想,人力资源部门必须强化工作执行力。将员工目标和任务分解细化为员工的具体工作,妥善处理好个体工作与团队协作的关系,切实做到件件有落实、事事有回应。

第四,应用刘基谋略思想,人力资源部门必须强化激励感知力。要将企业目标和阶段性考核转化为激励员工的有效手段,妥善处理目标实现与过程激励的关系。

第五,应用刘基谋略思想,人力资源部门必须加强战略谋划、创新思路理念,拿出务实举措,把企业人才工作向前推进一大步。

第六,应用刘基谋略思想,人力资源部门必须增强忧患意识,更加重视人才的自主培养,加快建立人才资源竞争优势。

第七,应用刘基谋略思想,人力资源部门必须立足新发展阶段、贯彻新发展理念、构建新发展格局、推动高质量发展,把人力资源开发放在优先位置,大力建设战略人才力量,着力夯实创新发展人才基础。

参考文献

[1]刘基.诚意伯文集(卷十六)[M].长春:吉林出版集团,2005.

[2]刘基传[M]//张廷玉,等.明史(卷一百二十八).北京:中华书局,1974.

[3]平定东南[M]//明史纪事本末(卷二).北京:中华书局,1974.

[4]张士诚传[M]//张廷玉,等.明史(卷一百二十三).北京:中华书局,1974.

［作者简介］

朱晓春,南京晓庄学院教授,陶行知纪念馆馆长,长期从事明史研究,发表相关论文10篇,出版专著4本,主持省级课题2项。

试析"帝者师"刘基之"德量战略"

胡正裕

摘　要:刘基有帝师的志向与才德,亦有一个阶段的"帝者师"之实。他兼具"圣贤"与"豪杰"的气象,拥有出入诸子、纵横驰骋的智慧,又以孔孟之道为旨归。在群雄逐鹿之际,刘基倾力贡献了如何成为经世为民之圣王的"德量战略"。《郁离子》一书相当集中地体现了刘基的才德与理想,其人才战略的出发点是治国平天下。这种经世大业需要经由圣王做中介才能实现,而德量战略则是其重中之重,是对理想君王至关重要的角色要求。知天命之年的刘基发挥自己作为战略家的才干,以辅佐一个具备德量、仁心的雄杰一匡天下,以臻文明之治。

关键词:帝者师;圣贤兼豪杰;郁离子;圣王理想;德量

一、刘基的帝师之志与"帝者师"之实

传统儒学最大的特色是具有浓厚的经世品格,在作为士人教科书的儒家圣贤书的影响下,中国士人似乎普遍怀抱经世之志,正如"不想当将军的士兵不是好士兵",也可以说"不想当帝师的士子不是好士子"。因此,对作为士之极致的帝师的角色期待,可谓无数士人心目中的题中应有之义。刘基早年所作的《官箴》(含上、中、下)颇具气魄,其实属于一种公开性文体,如其每篇的末句皆为"是用作箴,敢告执羁""是用作箴,敢告仆夫""是用作箴,敢告有位"之类,他当时的身份只是八品的县丞,但所使用的口气则过之甚多,在某种程度上可谓其帝师之志的萌芽。

  "帝王师"或"帝者师"在古代诗文中的出现频率很高,如李白的"如逢渭水猎,犹可帝王师"、辛弃疾的"一编书是帝王师"以及王艮的"出必为帝者师"等等,可见成为具有巨大影响力的帝师是无数仁人志士的志向与梦想。刘基也不例外,心里时刻装着类似杜甫所言"致君尧舜上"的伟大志向。如《题太公钓渭图》中的"偶应非熊兆,尊为帝者师。轩裳如固有,千载起人思"①、《郁离子·天道·牧民》里的"若不闻伊尹乎? 伊尹者,古之圣人也。思天下有一夫不被其泽,则其心愧耻,若挞于市。彼人,我亦人也;彼能,而我不能,宁无悲乎?"②及《放歌行》之"六奇夸曲逆,三略称子房"③等等,都有十分明显的体现。

  朱元璋与刘基的关系极为特殊,朱元璋一度称刘基为"吾之子房""老先生"等。然而,若要准确地说,所谓"帝师",实乃朱元璋称帝前的"师",而非他称帝后的师,亦主要即与劲敌陈友谅决战前或决战时的师,"子房"与"老先生"之誉也是同样的情况。作为专制帝王,本质上是"帝者无师"的,唯称帝前有师。在通往帝王的道路上,朱元璋可谓转益多师,李善长、陶安、朱升等都对他产生过重要的影响。如李善长"秦乱,汉高起布衣,豁达大度,知人善任,不嗜杀人,五载成帝业。今元纲既紊,天下土崩瓦解。公濠产,距沛不远。山川王气,公当受之。法其所为,天下不足定也"④的分析;陶安"海内鼎沸,豪杰并争,然其意在子女玉帛,非有拨乱救民安天下心。明公渡江,神武不杀,人心悦服,应天顺人,以行吊伐,天下不难平也"⑤的建议;朱升"高筑墙、广积粮、缓称王"的九字三训;等等。但对朱元璋影响最大的老师无疑是刘基,他所称的"吾之子房"唯有刘基才当得起,或许他心目中的"子房"老师是最高的"帝师"级别的,能真正帮助他更上最高楼、达成帝王之志。

  如果用《周易》里的乾卦来比配,朱元璋称帝前的关键时段可称为"九四"之"或跃在渊"。诚然,朱元璋已经有了相当的实力,有角逐天下的可

---

① 刘基.刘基集[M].林家骊,点校.杭州:浙江古籍出版社,1999:421.
② 刘基.郁离子[M].吕立汉,等注释.郑州:中州古籍出版社,2008:164.
③ 刘基.刘基集[M].林家骊,点校.杭州:浙江古籍出版社,1999:251.
④ 张廷玉,等.明史[M].北京:中华书局,2000:2499.
⑤ 张廷玉,等.明史[M].北京:中华书局,2000:2607.

能性,然而,终究只是"或跃"而已,陈友谅、张士诚等都有"或跃"的可能。我们有理由相信,面对强大的陈友谅集团,如果没有以刘基为重要代表的"浙东集团"的加入,单凭"淮西集团"是很难得天下的。

刘基早年为进士出身,仕途的起点可谓相当不错,但因极其看重自己人格的独立性,又曾几仕几已,总的来说,仕以行道是他可贵的品质,当不合自己的价值观时,他便拂袖而去。然而,作为传统的士人,刘基又天生具有"一天下"的依附性。据说曾有人劝他"据括苍、并金华、定明越,划江而守",行"勾践事业",割据东南,他回答说生平最恨方国珍、张士诚等人的所作所为,自己是不可能效仿的,宁可等待真命天子的出现。① 可见刘基愿意当王佐、帝师,却不想做勾践、钱镠。北宋大臣文彦博曾说"皇帝与士大夫共天下",且不论这是否一厢情愿,但历史上无数士人确实都将希望寄托在"圣王"身上。刘基的人才战略有其时代的印迹,并具有鲜明的政治色彩,他的靶心所指向的是经世之政治。综观《郁离子》和《拟连珠》等作品,我们确实能体味出刘基作为士角色之极致的"帝师味"。

再看朱元璋与刘基的"风云际会"。朱元璋称帝前后对功臣的态度差异很大,求贤若渴与诛杀功臣在称帝前后截然不同,当然"飞鸟尽,良弓藏。狡兔死,走狗烹"本就是历史上许多王朝的政治常态。这是后话,不过在朱元璋称帝前,刘基确实一度充任过"帝师"的角色。当尚在逐鹿,离称帝之路还甚远的朱元璋还只是"跃龙"之时,朱元璋是克制的,看起来他的品格比其他群雄要高很多,他的军纪也比其他军队严整、仁善得多。刘基在仔细辨别考量群雄时,大致判断相对看好朱元璋,他未必就觉得朱元璋是理想的"圣王",但圣王是可遇不可求的,选择很有限,候选人只有那么些。而在朱元璋方面,他有李善长充当萧何,徐达充当韩信,尚缺张良般的人物,朱升、陶安等文士都不足以充任这一重要角色,直到遇见刘基,才发现此人配称"吾之子房"。

称帝前朱元璋对刘基极为倚重,比如在好多次关键战况之时,都表现出须臾不可离之感,如朱元璋得知刘基欲回乡奔母丧时,作《御制慰书》

---

① 刘基.刘基集[M].林家骊,点校.杭州:浙江古籍出版社,1999:632.

道:"先生当以宽容加餐,以养怀才抱道之体,助我成功,那时必当遣官与先生一同乡里荐母之劬劳,岂不美哉!"①《御名书》与《又御名书》对刘基的称谓极令人惊讶,皆为"顿首奉书伯温老先生阁下",当然这不仅仅是出于谦卑礼貌,这两封信里面的内容分别包含"遣人专诣先生前,虔求一来。望先生发踪指示耳,日夜悬悬。……望先生以生民为念、德教为心,早赐来临,是所愿也",以及"兹者再行差人赍书诣前,专望先生早为起程前来,万幸"②。这些都足以说明刘基确实具有"帝师"之实。朱元璋曾对"浙东四先生"说"我为天下屈四先生",本质上是在说:"我朱元璋将来称帝有求于你们四位,尤其是刘伯温老先生您。"

作为"创业型政治军师",刘基深刻影响了朱元璋的决策,其决策中枢化是他"兴王之佐"的重要体现,他所提供的文韬武略方面的智力支持使他就像"并联"在朱元璋身上的脑袋,朱元璋的"大脑主机"得到了极大扩充。朱元璋曾高度评价刘基:"议论之顷,驰骋乎千古;扰攘之际,控御乎一方。慷慨见予,首陈远略;经邦纲目,用兵后先。卿能言之,朕能审而用之,式克至于今日。凡所建明,悉有成效。"③

二、刘基卓越的帝师资质

(一)"圣贤兼豪杰"之气概

刘基生活于宋代灭亡后不久的元末,距文天祥这位"圣贤兼豪杰"式的士大夫不远,而又在明清多数士大夫被奴化之前,所以刘基的人品如他的文风一样"气奇而昌",既有其内圣的一面,又有外王的表现。我们若从"经世"的视角来纵向地体悟刘基,很容易发现刘基是能"先立其大",并且一以贯之的。我们可以看一下刘基一生中重要的四个点。

一是仕元的起点,我们可以将他高安时期的《官箴》作为他整个政治人生的起点。江西瑞州的高安县(现为高安市),是刘基"经世"的第一个基点。高安当时虽属上县,但刘基毕竟只是个八品的县丞,此外,刘基也

---

① 刘基.刘基集[M].林家骊,点校.杭州:浙江古籍出版社,1999:656.
② 刘基.刘基集[M].林家骊,点校.杭州:浙江古籍出版社,1999:656-657.
③ 刘基.刘基集[M].林家骊,点校.杭州:浙江古籍出版社,1999:659.

懂得仕途艰难,如其赴任期间所记的《发安仁驿》中所述:"鸡鸣发山驿,天黑路弥险。烟树山猿声,风枝落萤点。江秋气转炎,嶂湿云难敛。伫立山雨来,客愁纷冉冉。"①但刘基又是积极的,他常用诗句砥砺自己,如《发龙游》中的"狭径非我由,周行直如发"②,以及《铅山龙泉》之"何当扬湛冽,尽洗贪浊肠"③等。尔后正式到任时用心所作的《官箴》可以说是刘基政治人生的起点,也可谓他的"初心",可以看出他正直有为、有民本思想,如"弱不可陵,愚不可欺。刚不可畏,媚不可随"④等,他做到了"先立其大"。

二是仕元的终点,即归南田著《郁离子》。《九难》可谓《郁离子》中的"另类",但也是点题之篇。《郁离子》全书以寓言为主,然而《九难》在一定程度上有如汉赋,但在主题上又迥异于汉赋的"劝百讽一"。以司马相如的《上林赋》《子虚赋》等为代表的汉赋一方面也是西汉盛世的写照,许多学者将其结尾部分的"讽一"定义为"伦理掩饰",不无道理。但《九难》的重点就是其"难九"部分,这部分是无可争议的重心与核心,而且,此前随阳公子所陈的八种"难"并非如汉赋一般是元末的写照,而是纯属虚构的说辞,异于汉赋盛景中的艺术真实。所以说《郁离子》中的《九难》既是刘基在元朝政治生命的终点,又是他对新的文明理想的期盼,如"愿讲尧禹之道,论汤武之事。宪伊吕,师周召,稽考先王之典,商度救时之政,明法度,肆礼乐,以待王者之兴"。所以《九难》的核心要义与《官箴》其实是一以贯之的。我们要强调的是,归南田著《郁离子》,可以说是刘基给自己在元朝的政治生命画上的句号。这是他人生中的一种自然切割,绝不是作秀,也不是存心算计,更不是终南捷径,而是他对元朝的彻底失望及对文明理想的执着。

三是斩李彬。坚斩李彬一事,刘基绝无与李善长叫板的意思,只是李彬因贪纵犯法,依法确实当斩,对于执法者而言,这不是意气用事,而是执法如山。但李彬的靠山李善长毕竟是权臣,刘基敢逆其意,这足以体现他

---

① 刘基.刘基集[M].林家骊,点校.杭州:浙江古籍出版社,1999:336.
② 刘基.刘基集[M].林家骊,点校.杭州:浙江古籍出版社,1999:336.
③ 刘基.刘基集[M].林家骊,点校.杭州:浙江古籍出版社,1999:337.
④ 刘基.刘基集[M].林家骊,点校.杭州:浙江古籍出版社,1999:167.

的刚性。

四是论相。在《明史·刘基传》所记的大篇幅"论相"之前,刘基就曾说"善长勋旧,能调和诸将"、易相"是如易柱,须得大木。若束小木为之,且立覆",很能体现他心怀朝廷大事的中正。而他评说杨宪"宪有相才无相器"、汪广洋"褊浅殆甚于宪"、胡惟庸"譬之驾,惧其偾辕也"。他不仅识人极精准,更重要的是皆从相位角色所需的相才格局出发,绝无一丝私意杂于其间。皇位世袭,相位择贤,世袭的皇帝未必都是适合当皇帝的人,所以相位的选择便显得极为重要,理论上它是最能纠正皇位有失的一举。可以说相的贤、孝是"经世"的关键,如唐玄宗前期任用姚崇、宋璟等贤相,国力蒸蒸日上,后期任用李林甫、杨国忠等奸相,便使国事不可收拾。

钱穆先生巨眼,曾赞叹刘基"以明经登进士第,计其年则仅二十有三耳。而忧深思远,已知世运之亟亟不可终日矣,是诚所谓豪杰之士也"①。笔者以为《官箴》与《郁离子》等是刘基"三不朽"之"立言"部分,足以体现刘基的内圣。而厥功至伟、佐成帝业则足以昭显刘基之外王,斩李彬与论相更是展现了他的豪杰气。所以,可以说刘基是一位"士志于道"的典型,兼具"圣贤"与"豪杰"的气象。

(二)出入诸子、纵横驰骋的智慧

文成县黄坦镇曾有吴成七寨,至今流传着刘基使用"灯笼计"击败吴成七的故事。刘基让数百名兵士挑着灯笼往返于山道上,在通往吴成七寨的方向上时点亮灯笼,返回时则吹灭灯笼,如此不断反复以制造假象,让吴成七一方觉得对方增兵无数,从而动摇了吴成七的军心,刘基由此立了削平一处地方割据势力之功,体现了他过人的智慧。且不论民间传说中刘基耀眼的智慧人物形象,单是浏览《郁离子》,我们便马上能体会到扑面而来的智慧。元末子学曾放异彩,子书创作一度颇为盛行,如刘基的《郁离子》、宋濂的《龙门子凝道记》与《燕书》、叶子奇的《草木子》、苏伯衡的《空同子瞽说》等。《郁离子》出入诸子,可谓其中的佼佼者。

不可否认,在《郁离子》中我们能体会到一些纵横家的味道,即刘基颇

---

① 钱穆.中国学术思想史论丛:卷六[M].合肥:安徽教育出版社,2004:105.

知纵横术,如《千里马第一·养枭》,说春申君认为楚太子以梧桐之实养枭,希望它能发出凤凰般的鸣叫声是不现实的,这见解自然不错,不愧为著名的战国四公子之一,但随后却马上接着对春申君的否定,颇有智谋的春申君门客朱英既有感叹又仍想劝之说:"君知枭之不可以食易其性而为凤矣,而君之门下,无非狗偷鼠窃无赖之人也,而君宠荣之。食之以玉食,荐之以珠履,将望之以国士之报。以臣观之,亦何异乎以梧桐之实养枭,而冀其凤鸣也?"①朱英认为春申君只知其一不知其二,当局者迷。春申君知道动物性的枭,却不知那些如枭一般的门人食客。若将文中朱英之见识置于《战国策》中亦毫无违合之感。同为战国四公子之一的孟尝君则胜过春申君,虽然他开始时说话不算话,嘴上说将用泗水之滨的美石来建宗庙,"以崇宗庙之祀",后来却"置石于外朝",并"将以为下宫之碍",结果一系列的连锁反应差点引发了极大的政治危机,幸好他及时觉悟,并迅速补过,才得以使齐国复强。②

《千里马第一·献马》中芮伯与芮季的智慧判然,其中包含着"当不当献马"的纵横家之判断与逻辑。芮季认为不能献马,因为"王欲无厌,而多信人之言。今以师归而献马焉,王之左右必以子获为不止一马,而皆求于子。子无以应之,则将晓于王,王必信之,是贾祸也"③。但芮伯不听,仍然要献马,结果周厉王怒而逐之。《蝼蚁第七·齐伐燕》里,齐国用了田忌的谋略,取得了"燕人皆争归之"这样很好的效果,但很快被纵横家苏厉所破,他知道"齐王非能行仁义者,必有人教之。……齐王急近功而多猜,不能安受教;其将士又皆贪,不能长受禁",便用了个计谋,"燕人遂不复思降齐"。④

《天地之盗第八·养民之道》中艾大夫说"民不可使佚也。民佚,则不可使也。故曰:有事以勤之,则易治矣"。郁离子直接反驳他:"是术也,非先王之道。……子之所行者,无非朝三暮四之术也。"⑤《蛇蝎第十四·盗

① 刘基.郁离子[M].吕立汉,等注释.郑州:中州古籍出版社,2008:33.
② 刘基.郁离子[M].吕立汉,等注释.郑州:中州古籍出版社,2008:95-96.
③ 刘基.郁离子[M].吕立汉,等注释.郑州:中州古籍出版社,2008:33.
④ 刘基.郁离子[M].吕立汉,等注释.郑州:中州古籍出版社,2008:125-126.
⑤ 刘基.郁离子[M].吕立汉,等注释.郑州:中州古籍出版社,2008:128.

犨》之中,盗的办法是"中其肯,扼其害,操其机而运之",其细节是"以如芒之钩,系八尺之丝,钩牛舌而牵之",石羊先生感叹"此古人制盗之道也。今人弗能,盗用之矣"①。《麋虎第十六·唐蒙与薛荔》中唐蒙与薛荔皆是攀缘类植物,它们对所依附之树有各自不同的选择,唐蒙认为朴树不如松树值得依附,薛荔则认为松树不如朴树,"美之所在,则人之所趋也",知松树"戕不久矣"。没过多久,事实验证了薛荔的判断。②《公孙无二第十三·僰人养猴》中巴童因妒忌,将茅栗仍向衣冠楚楚、有规有矩、颇有"教养"的猴子,让僰人大为沮丧。③《蠚藿第十七·大智》中说:"智而能愚,则天下之智莫加焉。"④此外,刘基也不乏《老子》式的智慧,如"时未至不可以强争,势方来不可以力""善扑火者,不迎其烟;善防水者,不当其急"等。

如上所转述的一系列例子皆颇具纵横家色彩,但更为重要的是,刘基是超越了纵横术的,如:

> 仆愿与公子讲尧禹之道,论汤武之事。宪伊吕,师周召,稽考先王之典,商度救时之政,明法度,肆礼乐,以待王者之兴。若夫旁途捷歧,狙诈诡随,鸣贪鼓愚,侥幸一时者,皆不愿也。⑤

很明显,刘基心之所契者,乃孔孟之道,纵横家之类是被他看成"旁途捷歧、狙诈诡随、鸣贪鼓愚、侥幸一时"的。因此,笔者以为,作为坚持传统儒家立场的刘基,其战略性思想资源主要体现为在君王格局及士大夫品格才干两方面的战略:如《猰第十二·楚巫》熊蛰父用"因而亢之"的策略,智除楚巫,"无一人敢复言鬼"。他所用的是"予夺"的捭阖术,先让群巫推一大巫,恢复祠宇,表面上非常尊重大巫,国有要事都向大巫请教,同时又实实在在地在政绩方面做了很多实事,通过切实比较,让民众真切体会到巫之虚妄,从而达到得人心而除巫的效果。

---

① 刘基.郁离子[M].吕立汉,等注释.郑州:中州古籍出版社,2008:196.
② 刘基.郁离子[M].吕立汉,等注释.郑州:中州古籍出版社,2008:210-211.
③ 刘基.郁离子[M].吕立汉,等注释.郑州:中州古籍出版社,2008:180.
④ 刘基.郁离子[M].吕立汉,等注释.郑州:中州古籍出版社,2008:220.
⑤ 刘基.郁离子[M].吕立汉,等注释.郑州:中州古籍出版社,2008:242.

三、刘基之于圣王理想的"德量战略"

在漫长的历史长河中,亲为帝师者毕竟凤毛麟角,刘基的"帝者师"之实其实也颇具偶然性。在元朝的"四仁四已"后,刘基事实上处于一种接近绝望的状态,尽管他具有百折不回的品德,即便在报国无门时,仍未自暴自弃,而只是换种方式报国,在对元朝绝望后仍未息其经世之心,退而求其次,谋求一种间接的影响,即努力靠近"不在位的帝者师"的角色。他精心构架《郁离子》,"本有望于天下后世,讵意身亲用之?"①比如黄宗羲之著《明夷待访录》,他就无法"访"到一位他可以直接对其有影响的圣王。所以本质上刘基只能怀"纵不能救当时之失,亦可以垂警戒于后世"之旨。

没有天生的帝师,"一编书是帝王师"那种"得天书"类的传说自然不是真相,事实上帝师是需要长期磨炼的,比如张良即经过了长久的打磨,"在下邳城的那十年,既是张良将自己的个人命运融入社会大众命运的十年,使他的狭隘的贵族视野变换成更加广阔的社会视野;也是他精细观察形势、判断历史前进方向、精通人情世故以及积累起深厚政治军事经验的黄金十年,因为社会就是一个大课堂"②。相较而言,刘基打磨及沉淀的时间比张良还要长很多,在元朝二十几年的"四仁四已"及数年时间的《郁离子》之写作,远比张良更为不易。杨守陈评论道:"汉以降,佐命元勋多崛起草莽甲兵间,谙文墨者殊鲜,子房之策不见辞章,玄龄之文仅办符檄,未见树开国之勋业而兼传世之文章如公者,公可谓千古之人豪矣。"③的确,"子房之策不见辞章",更遑论有《郁离子》之类的立言之作。翰林国史院编修官诸生吴从善序中所赞誉的"近世以来,未有如《郁离子》之善者""讵止度越诸子而已耶"等,并非只是简单的溢美之词。

然而,刘基在写作《郁离子》之时,元末群雄激战正酣,鹿死谁手还完全是个未知数,所以"身亲用之"的万一之可能性还是有的。因此各雄主

---

① 徐一夔.郁离子序[M]//刘基.郁离子.吕立汉,等注释.郑州:中州古籍出版社,2008:246.

② 龚留柱,张靖人.中国古代的"帝师"文化——以张良为中心的考察[J].军事历史研究,2017(2):49.

③ 杨守陈.重锓诚意伯文集序[M]//刘基.刘基集.林家骊,点校.杭州:浙江古籍出版社,1999:681.

的德量与品格便很自然地进入了刘基的思考范围,对于陈友谅、张士诚、朱元璋等所谓的群雄,刘基是有相当的认识的,但在"真假仁义"方面,刘基非常清醒地认识到:"诚胜假,假胜无。天下之至诚,吾不得见矣。得见假之者,亦可矣。"①

笔者以为,刘基的德量战略主要指面向"圣王"候选人的经世战略。所以尽管"旨归孔孟"是刘基心目中如何成为圣王的德量战略之重要考量,但又有一定的灵活性。所谓"日月劳其躯,而寒暑成。君相劳其心,而天地位"②,君相角色特别重要,尤其是对君的角色要求更高。在君相观方面,刘基有令人赞叹的"相才相器"论,即"宪有相才而无相器。夫宰相者,持心如水,以义理为权衡,而已无与者也"③,对宰相的要求如此,对圣王的要求自然会更高。在传统政治模式中,圣王的重要性是至高无上的。《郁离子》人才战略的出发点是治国平天下,这种为公的经世大业需要经由圣王或准圣王这类中介,而"德量战略"则是重中之重。

有学者指出,《郁离子》可谓一部寓言体的自传,里面许许多多的短文主角皆是郁离子的变体,或曰刘基的自我变形④,体现出明显的互文性。刘基非常自信,相信"国有老臣,不必求诸野"。资质高又经过长期打磨及沉淀的刘基,他心目中的圣王呼之欲出。刘基特别强调天子的德量,"德与量俱",是刘基心目中的理想圣王。《郁离子·蜻蜓第七·德量》里说"天子,海也;公、侯、卿、大夫,江河也,川泽也……"强调君王需要有大海一般的德量,又说"君人者,惟德与量俱,而后天下莫不归焉。德不广,不能使人来;量不弘,不能使人安"⑤。这样的德量,直是其理想君王的大纲。又如《郁离子·鲁般第二·德胜》中反复详议:

> 大德胜小德,小德胜无德。大德胜大力,小德敌大力。力生敌,德生力。力生于德,天下无敌。故力者,胜一时者也;德,愈久而愈胜者也。夫力,非吾力也,人各力其力也。惟大德为能得群力,是故德

① 刘基.郁离子[M].吕立汉,等注释.郑州:中州古籍出版社,2008:49.
② 刘基.刘基集[M].林家骊,点校.杭州:浙江古籍出版社,1999:196
③ 刘基.刘基集[M].林家骊,点校.杭州:浙江古籍出版社,1999:646.
④ 周松芳.自负一代文宗——刘基研究[M].广州:广东人民出版社,2006:183,187.
⑤ 刘基.郁离子[M].吕立汉,等注释.郑州:中州古籍出版社,2008:116.

不可穷而力可困。①

刘基不仅在理论上说明君王德量战略的高度重要性,在关于对待人才的态度关乎国运方面,还举了实例,如《郁离子·公孙无人第十三·盼子说齐宣王》中写宣王由于听取了盼子的劝导,得以成就霸业,很有说服力:

> 宣王豁然大寤,投案而起,下令放禽兽,开沼泽,与民共之。礼四方之贤士,立盼子以为相。齐国大强,秦楚致伯,盼子之力也。②

刘基这种全局性战略决策的逻辑起点是"大器非一人之私,大事非独力所建"。一个好汉三个帮,一位君王需要无数的各级人才。"君不自强,士多则强。士隐而君独。"③"德不可徼,德盛则集。功不可幸,人归则成。"④在聚贤与聚人方面,刘基以鱼鸟的物性"鱼无定止,渊深则归;鸟无定栖,林茂则赴"为例,指出"以道养贤,则四方之民听声而来;以德养民,则四方之贤望风而慕"⑤。"以道养贤"是对君王说、并劝君王去做的。当国者应有自身独特的德量,"君纳众然后保其荣"⑥。另外,还要铭记"人非大圣,鲜有全材,君欲任贤,当如用器,惟能避短而庸长,乃克奏功而济事"⑦。刘基还十分强调以能力为基础的"量",即要有类似司马穰苴与鲁班那样的能力:"穰苴治师,智勇贪愚,咸宜其任;公输构厦,栋梁枅桷,各得其良。"⑧在言路方面,要宽容、要上下畅通:"君不忌言,则上下之情无蔽"⑨,当然君王也应当明白"乐言己之长者,不知己;乐言人之短者,不知人"。

作为德量不足的反例,在《郁离子·瞽聩第五·越王》里,越王说夫差

---

① 刘基.郁离子[M].吕立汉,等注释.郑州:中州古籍出版社,2008:49.
② 刘基.郁离子[M].吕立汉,等注释.郑州:中州古籍出版社,2008:188.
③ 刘基.刘基集[M].林家骊,点校.杭州:浙江古籍出版社,1999:196.
④ 刘基.刘基集[M].林家骊,点校.杭州:浙江古籍出版社,1999:196.
⑤ 刘基.刘基集[M].林家骊,点校.杭州:浙江古籍出版社,1999:196.
⑥ 刘基.刘基集[M].林家骊,点校.杭州:浙江古籍出版社,1999:198.
⑦ 刘基.刘基集[M].林家骊,点校.杭州:浙江古籍出版社,1999:197.
⑧ 刘基.刘基集[M].林家骊,点校.杭州:浙江古籍出版社,1999:195.
⑨ 刘基.刘基集[M].林家骊,点校.杭州:浙江古籍出版社,1999:199.

因杀伍子胥而亡国,此论断本身是没错的。但子余作为后笑者,他说越王"杀大夫种而走范蠡,四方之士掉首不敢南顾,越无人矣"①。这体现出越王的德量与格局不够。《枸橼第六·淳于猇入赵》也讲了一个格局的故事,西河守认为让才干不足的魏人淳于猇入赵国为将是对魏国有利的,公子仪反驳他并举了个例子,因为由余的贤能,秦国不敢轻视戎族,说怕赵国因为淳于猇而轻视魏国。《郁离子·枸橼第六·韩垣干齐王》中,田无吾劝齐王要有格局和气度,不要杀因以话语激怒齐王的韩垣:"夫以策干人,不合而怨者,非也;人有言不察,恚而仇之,亦非也。臣闻之,江海不与坎井争其清,雷霆不与蛙蚓斗其声。"②

所以在选用人才方面,一定要有格局,如《郁离子·鲁般第二·鲁般》:"取材也,惟其良,不问其所产。"③同时也得摒弃"非冀产"④之类狭隘的观念。再者,既然已经知道是良琴,就不要嫌它"弗古"了,如果非得逼人"谋诸漆工,作断纹焉;又谋诸篆工,作古窾焉,匣而埋诸土。期年出之"⑤的话,这时当你再称它为稀世之珍时,此良琴早已非彼良琴,早就伤透人才的心了。此外也不能养枭逐凤凰,刘基尤其强调还要"去噬狗":

> 臣少尝游燕,假馆于燕市。左右皆列肆,惟东家甲焉,帐卧起居、饮食器用,无不备有,而客之之者日不过一二,或终日无一焉。问其故,则家有猛狗,闻人声而出噬,非有左右之先容,则莫敢蹑其庭。今王之门,无亦有噬狗乎? 此士所以艰其来也。

只有退去了噬狗,即清除了嫉贤妒能者,才会有更多的人才靠近。在特殊的时代背景下,即在乱世用人时,很难有完美的人才,所以还提出要有分清主次的、辩证的度量,如《郁离子·枸橼第六·捕鼠》:"吾之患在鼠,不在乎无鸡……无鸡者,弗食鸡则已耳,去饥寒犹远,若之何而去夫猫也!"⑥

---

① 刘基.郁离子[M].吕立汉,等注释.郑州:中州古籍出版社,2008:83.
② 刘基.郁离子[M].吕立汉,等注释.郑州:中州古籍出版社,2008:105.
③ 刘基.郁离子[M].吕立汉,等注释.郑州:中州古籍出版社,2008:45.
④ 刘基.郁离子[M].吕立汉,等注释.郑州:中州古籍出版社,2008:25.
⑤ 刘基.郁离子[M].吕立汉,等注释.郑州:中州古籍出版社,2008:30.
⑥ 刘基.郁离子[M].吕立汉,等注释.郑州:中州古籍出版社,2008:110.

《郁离子·蝼蝂第七·荀卿论三祥》中说"王者之祥有三,圣人为善",由文中举了个楚王不用屈原的反例可以看出,此处的"圣人"意指贤臣。《郁离子·天地之盗第八·力与智》举了个形象的例子,"虎之食人不恒见,而虎之皮,人常寝处之",原因是"虎用力,人用智",所以"利之用一,智之用百",若能得贤臣之用,对于王者、对于国家,都将是第一等的祥瑞,所以需要大量的经世人才作为储备。《郁离子·天地之盗·韩非子为政》明示"栋梁之利缓,而薪之利速",所以对栋梁之材一定要有耐心,要学会"待其老成",否则,栋梁之材竭时,一旦房屋坏了,束薪为梁是支撑不住的。当然,也要懂得辩证,最好的办法是合辩证与统一之法的"栋梁与薪俱种之":

> 树之材者,松楠梧柏,可以为栋梁,种之必三五十年而后成;其下者为柽柳朴樕,种之则生,不过为薪。故以日计之,则栋梁之利缓而薪之利速;以岁计之,则薪之利一而栋梁之利百。臣俱种之,世享其利,是以富甲于韩国。①

当然,战略归战略,圣王最重要的还是仁善之心,如《郁离子·灵丘丈人第四·云梦田》中所强调的:"志利而忘民,危之道。"②圣王的目的是爱民。遗憾的是朱元璋"圣贤、豪杰、盗贼之性,实兼而有之"③。刘基提到过"古今之通禁"与"一代之私禁",若借用这一说法,朱元璋的废相可谓开了一个不该开的"一代之私禁"。黄宗羲曾一针见血地指出,"有明之无善政,自高皇帝罢丞相始也"④。钱穆亦断言:"明代是中国传统政治之再建,然而恶化了。恶化的主因,便在洪武废相。"⑤此处不必争辩废相的利弊,但朱元璋的私心是昭然若揭的。又如刘基多次提醒朱元璋"凤阳不可都",但朱元璋一意孤行的结果是极度的劳民伤财。

知天命之年的刘基在经世未济、立言待时之时所制的郁离华章,堪称

---

① 刘基.郁离子[M].吕立汉,等注释.郑州:中州古籍出版社,2008:135.
② 刘基.郁离子[M].吕立汉,等注释.郑州:中州古籍出版社,2008:78.
③ 赵翼.廿二史札记[M].曹光甫,校点.南京:凤凰出版社,2008:562.
④ 黄宗羲.明夷待访录[M].段志强,译注.北京:中华书局,2011:27.
⑤ 钱穆.国史大纲[M].北京:商务印书馆,1996:665.

他那个时代的治世妙方,试想朱元璋若真能实行刘基的"郁离之制",文明之世诚可期也,呈现在世人面前的明朝必定是另一番面貌的明朝。"数英雄人物,还看今朝",在古代优秀思想资源的基础上,我们期待着更加完善的制度创新。

[作者简介]

胡正裕(1983—),男,浙江文成人,2021级中国社会科学院大学博士,研究方向:刘基文化、民间文学等。

刘基法治教化思想的当代表达与实践展开

——基于积极一般预防理论的视角

陈　汇　明　天　董津函

摘　要：刘基继承和发展了中国古代法治与刑罚理论，突破"德主刑辅"的传统法治理念，提出"刑期于无刑"的法治教化思想，其内涵可以概括为"立法以德以确保法治之善、明刑导民以实现人心教化"。积极一般预防理论对近代刑罚理论进行扬弃，主张以刑罚教化民众，确证规范的有效性，最终培养民众的规范忠诚。刘基法治教化思想与积极一般预防理论在"良法、公开、教化"三个维度上具有内涵的一致性。良法及其运行过程只有公开并被民众所知，才可充分发挥教化作用，因此有必要在中国当代法治实践中推动司法公开向更大范围走深、走实。

关键词：刘基；法治教化；积极一般预防；司法公开；刑罚

刘基作为我国古代杰出的政治家、军事家、思想家，其倡导的"刑期于无刑"理念突破了儒家"德主刑辅"的法治思想，已具备现代刑法理论中的部分特质，对明朝以后的法治发展产生了巨大影响。但目前关于刘基思想的研究主要集中在文学和政治两个领域，对其意蕴丰厚的法治理念鲜有提及。本文以现代刑法中积极一般预防理论为视角，结合刑罚正当性演进的历程，分析、解构刘基"刑期于无刑"之论中的"法治教化"思想，从"良法、公开、教化"三个维度开展理论间的同频共振，从中汲取法治中国建设所需的精神养料。

一、"刑期于无刑"之论中的法治教化思想

刘基有言:"刑,期于无刑,是故制刑,期于使民畏,刑有必行,民之犯之之必死也,则死者鲜矣。"(《郁离子·刑赦》)由此,制刑的目的并不在于用刑,而在教化人民自发遵守法律,从而达到不用刑罚的最高境界。这种理念已具有现代刑法积极一般预防理论的萌芽,对明代的法治思想产生了深远影响。

（一）"刑期于无刑"的理论沿革

在中国古代,通常认为法即是刑、刑即是法,关于刑的功能(即法的功效)早在先秦就有许多研究,当时各派思想家普遍认为刑法的基本功能在于"禁暴止邪"。随着时代的发展,在此基础功能之上,人们愈加关注道德的教化功能,法律与道德,或一致而相益,或抵牾而互碍,其理念经由"明德慎罚"到"德主刑辅"再到"明刑弼教",最后形成"刑期于无刑"的法治理念。

"明德慎罚"自西周时期起就成为立法指导思想,其要求君主将教化与刑罚相结合、道德与宽缓刑罚手段并重来治理国家。[1] 作为奴隶制时期的法治思想,其无疑是极具进步性的理念,也奠定了之后数千年法治思想的基调。"德主刑辅"理念继承自"明德慎罚",体现了儒家德政思想,强调执政者要实行德治,以达到"居其所而众星共之"(《论语·为政》)的效果。孔子曾言,"道之以政,齐之以刑,民免而无耻,道之以德,齐之以礼,有耻且格"(《论语·为政第二》),意思是以政令、刑罚治民,民虽不敢为恶,但无耻辱之心;以德和礼教化民,民行为正当,且有羞恶之心。刑罚之治的外在性、强制性、压迫性强,而德治的内在性、自觉性强,是一种内发政治。[2] 可见,该思想强调不仅要先德后刑,而且要德主刑辅,法律应服务于道德的需要及其追求的价值目标。这些主张逐渐成为封建社会长期标榜的治国原则和法制模式,也逐渐形成了中国古代法制的基本面貌。[3]

---

① 顾彧.古代司法制度中"恤刑"主义的体现、作用及当代意义[J].社会科学动态,2022(3).
② 刘国民,董仲舒."德主刑辅"的治理路线及其当代价值[J].孔子研究,2022(4).
③ 李龙.良法论[M].武汉:武汉大学出版社,2007:50.

随着封建制度由盛转衰,为解决经济、社会发展遇到的新情况,新的法治理念应运而生,由宋代朱熹新解的"明刑弼教"理念开始盛行。"明刑弼教"一词,源于《尚书·大禹谟》:"帝曰:皋陶,惟兹臣庶,罔或干予正。汝作士,明于五刑,以弼五教。"①通常认为该理念的首次提出是在魏晋时期,但彼时统治阶级虽认识到刑罚的惩戒性功能可用来辅助治理,但真正将该思想加以运用是在宋朝至明朝时期。宋朝的朱熹认为刑罚与教化在现实的治国中乃表里关系,"若夫道德性命与刑名度数,则其精粗本末虽若有间,然其相为表里,如影随形,则又不可得而分别也"②。在他看来,无论是德还是刑,都是"天理"的具体表现形式,在维护"三纲五常"等统治秩序过程中本质是相同的。这也使刑的地位首次被提升到了与礼和德相当的地位,人们更注重刑本身的作用。至明朝刘基时,"明刑弼教"的内涵更加丰富,在教化和刑罚的关系中更强调刑罚对推进教化的巨大作用。基于这种阐述,刑罚便具备了和教化一样重要的作用,法律自身的教化功能也愈加受到重视。正如朱元璋所言,"君之养民,五教五刑焉。去五教五刑而民生者,未之有也""民有不循斯教者,父子不亲,君臣不义,夫妇无别,长幼不序,朋友不信,……凡有此者,五刑以加焉"③。至此,刑与德的关系不再是"德主刑辅"中的从属、主次关系,德对刑不再有制约作用,而只是刑罚的目的,刑罚也不必拘泥于"先教后刑"的框框,而可以"先刑后教"行事。④这样一来更强调了刑罚对推进教化的巨大作用,"刑期于无刑"的思想也得到了确立与大范围践行。

(二)"法治教化"思想的意蕴表达

古人有"礼防"之论,强调的是礼"禁乱止恶"的功能,"夫礼,禁乱之所由生,犹坊止水之所来也"(《礼记·经解》)。"德主刑辅"也好,"明刑弼教"也罢,突出的都是礼对于法的优先性、法对于礼的服从性。"刑期于无刑"理念在注重道德教化功能的同时,更关注德与法的辩证关系,强调刑

---

① 孔颖达.尚书注疏:卷3[M]//文渊阁四库全书.上海:上海古籍出版社,1987:164.
② 朱熹.朱子语类:卷78[M]//文渊阁四库全书.上海:上海古籍出版社,1987:641.
③ 吴晗.朱元璋传[M].北京:人民出版社,2004:222.
④ 陈应琴."明刑弼教"思想的渊源、发展及其运用[J].海南大学学报(人文社会科学版),2007(1).

的教化功能,认为制刑的目的在于教化民众,让民众自觉遵法、守法,从而使内心良善,形成内心认同,最终自觉遵守并信仰法律。其具体体现在以下两个方面。

1. 立法以德以确保法治之善

"法令者,民之命也,为治之本也。"(《商君书·修权》)法治的精神不仅在于依"法"而治,更在于所依之法为良善的法律。那么何为良善之法?按照党的十八届四中全会决议,良法"要恪守以民为本、立法为民理念,贯彻社会主义核心价值观",要"符合宪法精神反映人民意志、得到人民拥护"。[①] 而早在数百年之前,刘基就提出"胜天下之道在德",因"力生敌,德生力,力生于德,天下无敌",故"力者胜,一时者也,德愈久而愈胜者也"(《郁离子·鲁般》)的论述。刘基强调法与德的辩证统一关系,认为要立法以德,通过制定惠及大多百姓的良法来获得百姓内心的认同,并且其向朱元璋谏言:"秦用酷刑、苛法以箝天下,天下苦之,而汉承之以宽大,守之以宁壹。"(《郁离子·喻治》)他希望以秦朝严刑峻法导致灭亡、汉初休养生息使国富民强的例子表明,需要宽仁对待国民,制定保护普通百姓利益的法律,来达到国家富强的目标。

2. 明刑导民以实现人心教化

刘基提出"法贵简、严"的理念。其中"简"是指法律要简单明了,采用普罗大众容易理解的话语进行表达,用朱元璋的话来说,就是要使"所定律令,艾繁就简,使之归一,庶几人人易知而难犯"。因而在大明律颁布之后,国家花大气力进行宣传,以使所辖之民尽知。"严"是指要严厉打击严重影响统治秩序的犯罪,从而达到使民众不敢轻易触犯刑律的目的。正如刘基所言,"宋、元以来,宽纵日久,当使纪纲振肃,而后惠政可施也"。通过严厉的刑罚来正风肃纪,使人不敢再犯,因而以"简"使民知晓法律内容,以"严"处罚,以刑罚威吓使民自觉守法,从而实现"刑期于无刑"的至高境界。

---

① 王利明.法治:良法与善治[J].中国人民大学学报,2015(2).

二、"法治教化"思想与积极一般预防理论的同频共振

(一)从报应刑到积极的一般预防:刑罚正当性基础的演进

刑罚系国家对犯罪人所施行的一种"必要之恶",因此自刑罚诞生以来,对刑罚正当性的追问便从未停止。在启蒙运动前的文明蒙昧时代,刑罚的正当性基础集中在报应和威吓,前者由国家执行"以牙还牙、以眼还眼"的残酷刑罚,响应民众同态复仇的原始冲动,后者则是国家通过尽可能残酷的肉刑威吓,迫使被统治者不敢反抗专制统治。启蒙运动后,随着社会契约论、自由主义、人权保障等思想的兴起,上述两种刑罚观念逐步脱离刑罚的残酷性、专制性和恣意性,发展成为报应刑论(绝对论)和预防刑论(目的论)。后者随着工业革命后社会形态的嬗变,同时受近代生物学与社会学发展的影响,从最初的消极一般预防理论演进为特殊预防理论,并在近现代通过对报应刑论、消极一般预防理论和特殊预防理论的反思和扬弃,形成了积极一般预防理论。

1. 近代刑罚理论之扬弃

报应刑论旨在以国家刑罚权的发动,对实施犯罪的恶行施加反作用,代行复仇、恢复正义。刑罚并非为威吓或预防等其他目的,适用刑罚制裁犯罪人本身就是刑罚的目的,这也是正义的要求。报应刑论根植于德意志哲学中,其代表者康德以自由观念为基础,认为理性人之犯罪违反了以社会契约为前提的国家性法规,刑罚是所谓实践理性的定言命令,对犯人科处刑罚是正义的当然要求。① 在《道德形而上学》中,康德甚至主张"在市民社会,即便是根据所有成员的合意要解散社会时,也应当把监狱中最后的杀人犯处死刑之后才解散",因为这是正义的要求而非社会的功能。黑格尔则认为犯罪是对刑罚规范之否定,而刑罚是对否定之否定,从而使刑罚规范得以恢复。然而,绝对的报应刑论存在下列缺陷,因而逐渐被一般预防理论所替代:其一,报应刑面向已然之罪,难以预防未然之罪,无法满足社会治理需求。其二,报应刑可能走向"有罪必罚"的刑罚积极主义。

---

① 大塚仁.刑法概说(总论)[M].冯军,译.北京:中国人民大学出版社,2003:34.

国家否定不正义犯罪的方式有很多种,公开宣告或谴责犯罪行为亦可确证正义,为何必须以恶制恶? 同时,国家刑罚权的介入也不是通往正义的唯一道路。比如,在某些情况下,在非正式的社会制裁及民事规则足以提供周到保障的情况下,针对轻微财产犯罪等行为,为何必须以刑罚来干预?[1] 又比如,刑事和解中犯罪人真诚赔偿并道歉,犯罪人也能感受到正义的实现,此时国家刑罚权仍应当发动吗? 由此,报应刑论回答了刑罚的正义性,但没有界定刑罚的必要性何在,因而可能导致刑罚的机械适用。

为满足社会预防犯罪需要,同时进一步厘定刑罚的必要性,预防刑论登上历史舞台。预防刑论最初表现为消极的一般预防,通过刑罚的明文宣告和执行,使潜在的理性犯罪人经过权衡而不敢犯罪。刑罚的本质在于对潜在犯罪人的威吓,使后者被动遵守法律规范,因而谓之"消极";刑罚的效果针对一般民众,将一般民众视为潜在的犯罪人加以阻吓;刑罚的目的在于预防犯罪,面向未然之罪,刑罚仅为手段或工具。消极一般预防理论根植于功利主义,正如贝卡利亚所言,快乐和痛苦是支配人(感知物)的两种动机,[2]刑罚通过以恶害相通告,并以刑罚执行予以确证,使潜在的犯罪人理性权衡苦乐,进而放弃犯罪;刑罚设置的量也应当与犯罪所带来的快乐一致。该学说之代表费尔巴哈提出的心理强制说,认为人有趋利避害之本能,主张使人们预先知道因犯罪而受刑的痛苦大于犯罪所能得到的快乐,才能抑制其心理上萌发犯罪的意念。[3] 但消极的一般预防理论面临下述挑战:其一,趋利避害的理性人不具有现实性,犯罪很多时候也不是理性权衡的产物。其二,个体对犯罪得失的认知不同,刑罚对于抑制犯罪的效果也难以进行科学验证,对在多大程度上适用刑罚足以遏制犯罪难以把握,国家反而可能以预防犯罪之名恣意扩大刑罚权。事实上,即使加重刑罚,其威慑效果也难以得证,例如美国加州曾出台"三振出局法",对于再犯大幅加重刑罚,但犯罪率下降的幅度并未大于其他未制定类似法案的州。大量经验性研究表明,法定刑的严重程度对犯罪实

---

① 黄河. 犯罪现实与刑罚的社会控制——基于刑罚目的论的反思[J]. 中外法学,2021(3).
② 贝卡里亚. 论犯罪与刑罚[M]. 黄风,译. 北京:北京大学出版社,2008:65.
③ 马克昌. 近代西方刑法学说史略[M]. 北京:中国检察出版社,1996:83.

施影响不大,规范的道德约束力和非正式社会控制机制反而更重要。① 其三,消极的一般预防有漠视人的尊严之嫌。康德在《实践理性批判》中提出"人为目的而非手段"这一道德准则,而"通过刑罚威吓,是将人作为手段看待,是把罪犯当作工具使用"②。

进入 19 世纪后半叶,随着欧洲诸国工业革命的开展,贫富差距扩大,无产者、失业者激增,并诱发了常习犯、累犯、少年犯的增加;同时,受达尔文进化论等前沿科学影响,学界开始认为人的行为受遗传及环境等因素的影响。传统刑罚论以人的自由意志为基础,并主张刑罚与行为相适应的观点受到挑战。在这样的背景下,特殊预防理论作为社会防卫的理论根基出现,主张对犯罪人处以刑罚是为了改造(治疗)犯罪人,防止其再次犯罪。刑罚并非责任非难,而是与犯罪人危险性相适应的社会负担。③ 该理论滥觞于龙勃罗梭,他通过研究服刑犯罪人的头盖骨,提出"天生犯罪人"假说,主张犯罪人生来具有一定的身体及精神特征,具有不可抗拒之必然性,必定会实施犯罪,因而须社会性地隔离、排害。菲利、加鲁伐洛进一步完善了决定论的犯罪观,提出刑罚应与疾病治疗等而观之,刑罚不具有报应与非难性质。李斯特则明确主张,为了达到防卫社会之实,"应受处罚的不是行为而是行为人"。特殊预防理论一经提出便饱受争议:其一,以人身危险性而非责任来发动刑罚,有剥夺人权之嫌,也与一般民众的感情相抵牾。同时,人身危险性也很难科学衡量,容易为滥刑提供借口。其二,特殊预防以决定论为基础,完全否认人的自由意志,对人之理性视而不见。其三,特殊预防仅面向犯罪人,对于潜在的犯罪人则没有预防效果。其四,刑罚改造犯罪人、抑制其再次犯罪的效果受到质疑。实践中,刑罚的犯罪标签、羁押的交叉感染、监狱的体制化禁锢都不可避免地存在负面影响,使犯罪之人难以复归社会。④ 因此,特殊预防难以单独成为刑罚的正当性基础,而往往表现为他种刑罚理论的补充。

---

① 黄河.犯罪现实与刑罚的社会控制——基于刑罚目的论的反思[J].中外法学,2021(3).
② 施特拉腾韦特,库伦.刑法总论 I[M].杨萌,译.北京:法律出版社,2006:11.
③ 西田典之.日本刑法总论[M].王昭武,刘明祥,译.北京:法律出版社,2013:20.
④ 徐伟.论积极一般预防的理论构造及其正当性质疑[J].中国刑事法杂志,2017(4).

2.积极一般预防理论的内涵

如前所述,预防刑论总体上适应了社会治理的需求,但无论消极一般预防抑或特殊预防,均系动用国家刑罚权以强制手段预防未来的犯罪,暗含着国家刑罚权扩张的隐忧,使民众与刑罚呈现紧张的对立立场。事实上,外在强制的刑罚威吓或刑罚改造,都没有民众基于内心对法律规范的认同而自觉守法的效果好;民众不应是刑法警惕、提防或处置的对象,而是刑法的忠诚者、拥护者。由此,为克服前述理论的弊端,重塑刑罚的消极、强制色彩,回应现代法治社会对法规的真诚信仰而非被动接受的要求,积极一般预防理论应运而生。该论主张通过刑罚的宣示与执行,唤醒民众的规范意识,确证规范的存在,建立民众对规范的认同与忠诚,从而使民众自始不愿犯罪。相较于消极一般预防,"积极"体现于刑罚并非旨在威吓民众,而在于引导民众形成规范意识和对规范的认同;其作用对象为忠诚于法的民众。罗克辛将该过程分为三个层面,即通过对刑法宣示和刑事司法活动使民众知对错、形成规范意识;通过贯彻执行刑法、惩罚犯罪使民众确信法律秩序得到维护;通过刑罚使被扰乱的生活平复,使民众的法律意识得以抚慰。①

积极一般预防追求两个目标,即规范有效性与规范忠诚性,前者系后者的必要前提。首先,一个能让人信赖并忠诚的规范,必定是有效的规范。雅各布斯认为,社会是一个交往的有机结构体,建立在具有同一性的规范之上,而刑法致力于规范同一性的确证。② 犯罪是对规范的违反,刑罚通过惩罚犯罪,确证规范的有效,维持规范的同一性。因此,稳定规范是刑罚的目的,是赋予罪责的目的。③ 其次,通过前期对刑罚的宣示并实现规范的有效性与安定性,使民众信赖规范并基于规范开展社会交往,逐渐培养民众对于规范的忠诚与信仰。正如韦尔策尔所言,刑罚显示着法规范的"不可侵犯的效力",塑造着"市民的社会伦理性判断",并且强化着

---

① 罗克辛.德国刑法总论(第一卷)[M].王世洲,译.北京:法律出版社,2005:42-43.
② 雅各布斯.行为·责任·刑法——机能性描述[M].冯军,译.北京:中国政法大学出版社,1997:107.
③ 雅各布斯.罪责原则[J].许玉秀,译.刑事法杂志,1996(2).

"他们经久不变的忠诚于法律的情感"。① 现代观点进一步认为,规范忠诚还需要刑罚外的因素,比如道德教化、刑事政策、法治教育等;规范自身的说服力也至关重要。② 由此可见,积极一般预防理论将民众视为交往、培养对象而非威吓、改造对象,削弱了人的工具性,取而代之的是对民众人格的尊重,激发民众内生的守法动力,因而是现代法治社会最为理想的一种刑罚选择。

(二)良法的公开教化:理论间的内涵互动

法治不是西方的舶来品,我们不仅要勇于,更要善于阐发中国话语中的法治意蕴,正视中国漫长的法治实践中的宝贵经验。尽管相距几百年,但比较考察刘基法治教化思想与现代的积极一般预防理论,可以发现两者在良法、公开、教化三个维度实现了理论上的同频共振,具有内涵上的互动性。同时,我们应当在这种比较中看到,在刘基法治思想形成的 14 世纪,西方世界仍在中世纪蒙昧的残酷刑罚下瑟瑟发抖,文艺复兴的破晓还需一个世纪的漫长等待,而法治的晨曦已在东方的古老王朝冉冉升起。

第一,规范之所以能让人产生信仰,必定是公正合理的,这是积极一般预防的题中应有之义。法治社会的刑罚较之原始蒙昧时期,关键区别在于刑罚所捍卫的规范是否为公正合理的良法,即该规范是否旨在维系社会交往的平等和谐,维护民众的利益,反映民众的广泛意愿。正如前文所述,规范自身的说服力对于人们对规范的忠诚度至关重要,只有良法善治才能形成民众对规范的信赖。同时,民众也应当忠诚于良法,如果民众所忠诚的法律是维护社会秩序、反映公众意愿的良法,其结果的确有助于正义的实现,否则忠诚法律会成为纵容邪恶、欺压良善的愚民手段,③纳粹德国即是例证。刘基之法治思想固然有服务封建统治的历史局限性,其明法施政之时代也难称作法治社会,但刘基正确认识到了良法是法治教化之必要前提。何谓良法? 在刘基看来,良法有二:一是包括立法在内

① 周光权.刑法学的向度[M].北京:中国政法大学出版社,2004:345.
② 帕夫利克.人格体·主体·公民:刑罚的合法性研究[M].谭淦,译.北京:中国人民大学出版社,2001:27.
③ 徐伟.论积极一般预防的理论构造及其正当性质疑[J].中国刑事法杂志,2017(4).

的法治要严明公正,才能真正达到教化目的,这与《大明律》所体现的"明刑弼教"的思想是一致的。"好生虽圣心,明刑亦王政","明刑"两字应该理解为两层意思:法律制度的明确、明白晓畅与执法的严明公正。① 二是立法以德、宽仁待民,通过制定反映百姓利益、惠及百姓的法律来获得百姓的内心认同。由此,刘基对"法治教化"之前提的思考,与积极一般预防理论对规范公正合理性要求不谋而合。

第二,刑罚的教育引导机能有赖于刑罚的公开宣示,通过向公众传递违反规范的错误性,遵守规范的正确性,促使公众形成守法确信。② 用中国古代的话语体系来表述,就是明是非、知荣辱之功用。刑罚的公开宣示有静态与动态两种路径:一是规范文本的公开宣示,二是刑罚适用的公开宣示。前者即罪刑法定,旨在以明确的罪刑规范通告民众,何者当为、何者不当为,后者则以刑罚的实际执行过程确证罪刑规范的有效性,进一步强化民众的是非观念。英美法系将刑罚的无价值评价机能理解为一种羞辱罪犯以明耻的行为,公众借助适当的具有刑罚性质的羞辱获得再保险,并且相信即使有人违反规范,规范仍然是有效的。③ 两者的核心既在于国家刑罚权对行为的价值判断,那就有义务将此价值判断尽可能地有效传递给民众,其手段主要包括文本的简明性、宣传的广泛性及刑罚的公开性。针对规范文本,刘基提出"法贵简",主张立法简明,行文表达应易于民众理解,借朱元璋的话来说,就是要使"所定律令,艾繁就简,使之归一,庶几人人易知而难犯"。而在刘基等编纂《大明律》后,朱元璋下令大力宣传以晓谕民众。"律令之设,所以使人不犯法,田野之民,岂能晓其意,有误犯者,赦之则废法,尽法则无民。尔等所定律令,除礼乐制度、钱粮、选法之外,凡民间所行事宜,类聚成编,直解其义,颁之郡县,使民家喻户晓。"洪武五年,朱元璋令各地建"申明亭",凡境内之人犯法,将其所犯罪行公布于亭上,以惩戒与教育其他人。④ 此时,距刘基请辞还乡不过一

---

① 俞美玉.刘基与《大明律》刍议[J].浙江工贸职业技术学院学报,2006(2).

② 金德霍伊泽尔.论犯罪构造的逻辑[J].徐凌波,蔡桂生,译.中外法学,2014(1).

③ 达博.积极德一般预防与法益理论——一个美国人眼里的德国刑法学的两个重要成就[M]//刑事法评论(第21卷).北京:北京大学出版社,2007:451.

④ 毕英春.刘基法治思想及其实施[J].丽水学院学报,2005(6).

年,大明法制是否仍受刘之影响,亦可大胆假设。总而言之,"法治教化"思想对于刑罚之公开宣示,有着与积极一般预防相似的考量与重视。

第三,从阻吓犯罪到培养、引导民众的规范认同、规范忠诚,预防刑罚论实现了由消极向积极的实质演进。主动守法较之被动守法,不仅更具有经验上的有效性,同时也更符合先验的正义性。威吓的前提是人不是自由的,因而要用祸害(刑罚)观念来强制他们,然而法和正义必须在自由意志中。① 因此,以威吓尤其是残虐刑罚威吓的刑法是缺乏正义基础的。"明礼以导民,定律以绳顽",刘基的法治思想虽仍存留了原始威吓的底色,但也体现出超越消极一般预防的积极色彩。刘基延续并发展了唐宋以来的德主刑辅思想,主张德刑并举、以德为先,"以仁心行仁政",反对一味酷杀,而将刑罚作为道德教化(明礼)的重要手段谨慎适用,以期教化万民,匡正元末乱世后的道德秩序(德治)。由此,刘基"法治教化"在目标上与道德教化是一致的,刑罚是达致德治的一种手段或路径,而"无刑"是德治的副产品、是道德得以匡正的治理成果之一。以刑杀之威令,明是非、存道义,为道德教化提供价值环境、制度保障,使之能禁犯罪于未萌,即所谓"其法致于杀,而生人之道存焉";同时,刑罚也无须过于严苛,并可赦免部分罪犯,刑罚只要达到教化百姓、恢复道德之目的足矣,因此"其意在于生,而杀人之道存焉"。通过刑罚等不同手段教化民众,最终达致民众通晓道德是非而不犯法之局面,即"民之所以敢犯法者,以其不知人伦也。圣人之教行,则人伦明矣"。可以说,"法治教化"思想在具体路径上与积极一般预防有所差异,但殊途同归,最终都以形成民众心中之"人伦"为归宿。

三、司法公开的第二面向——"法治教化"的实践展开

"刑不可知,威不可测。"其本义是指刑事法律如果不向社会民众公开,那么法律的威力将会是无穷的,因为一般民众无法预知在何种情况下会遭受刑罚制裁,进而倒逼他们循规蹈矩。但这种不公开法律进而达到

---

① 黑格尔.法哲学原理[M].范扬,张企泰,译.北京:商务印书馆,1961:102.

约束民众的做法早已被时代摒弃,"罪刑法定"作为当代刑法的基本原则与"法无明文禁止即为许可"的私法原则也已深入人心。践行这两项法治原则的关键是让普罗大众知晓成文法的内容,而非以法律的不可测实现威慑目的。国家通过及时公布成文法并借助广泛的司法公开,使一般民众知晓、熟悉并遵守成文法,进而规范自身行为,避免受到法律制裁。在此过程中,司法公开发挥了至关重要的作用。

(一)司法公开对"法治教化"机能的证成

司法公开意义深远,最主要的功能是保障司法公正,因为不公开则无所谓正义。中国古代的县衙断案即完全向民众敞开,县令通过公开审问触犯刑律的犯罪嫌疑人,并要求各方当庭质证,以掌握案件真相,再根据律令当众宣判并交付衙役执行。因为庭审、质证、宣判和执行过程完全公开,可以最大限度地避免秘密审判和司法专断。

除保障司法公正外,司法公开的"法治教化"机能同样关键。亚里士多德曾言,法律有规诫和教化的双重作用,即法律具有培养人的美德和良习的作用。伯尔曼也指出:"法院审判应当帮助人们实现精神净化。"[①]公开的司法程序应当发挥对一般民众的教化作用。

"教化"可解释为"教育"和"感化"。"教育"一义容易理解,因为只有民众知晓法律的威严并亲眼见识到刑罚的强制性,即目睹其他社会个体因违法刑法遭受刑罚制裁,且这种刑罚耻辱的信息传递效果达致个人时,[②]每个人才会自发形成一种内心约束,使自身行为始终处于合法范围,法律才得以发挥教育指引作用。又如,当民众亲眼看见侵犯自身合法权益的他人遭受刑罚惩戒时,内心的约束将会更进一层,这种约束本质源于对法律和法治的信仰,相信法律是评判是非曲直的重要标准,亦是维护合法权益的兜底工具,进而在受到外界侵害时选择主动运用法律武器维护权益。"感化"则注重以言语和行动引导个体内心产生积极力量,进而

---

① 伯尔曼.法律与宗教[M].梁治平,译.北京:生活·读书·新知三联书店,1991:59.
② 徐伟.论积极一般预防的理论构造及其正当性质疑[J].中国刑事法杂志,2017(4).

塑造恰当的行为模式。① 因为法律作为活的社会制度,在适用过程中是具体、主观和关乎个人情感的。② 诸多见义勇为的英雄事迹因构成"正当防卫"而未被追究刑事责任,社会公众也因庭审公开和裁判文书公开得以知晓,在感动于他人正义行为的同时,也会对自身行为模式产生积极作用。对于犯罪者及旁听人员而言,通过聆听司法人员释法说理、接受当庭教育和亲身体验司法程序的仪式感,可形成对法律有效性、公正性和严肃性的切身感受,法律的感化作用得以彰显。

由此可见,刑罚不仅具有惩戒功能,还具有教育违法者和教化一般民众的深远意义,公开司法过程除了可以保障公平正义外,亦是将诉讼程序仪式化传达的重要方式,将刑罚对违法者的否定评价有效传达给一般民众,使其感受到法律规范的有效性和价值导向,并为民众形成对法律规范的信赖奠定基础。因此,如何将以刑法为代表的静态法律文本和以刑事诉讼程序为代表的动态司法过程公开展示给社会公众,发挥法治的教育感化作用,使一般民众可以感知法律威严进而奉法而行,成为新时代一体化建设法治国家、法治政府、法治社会的重要任务。

(二)司法公开的当代实践路径

新中国的司法公开制度起源于土地革命时期,当时颁布的《中华苏维埃共和国裁判部暂行组织及裁判条例》就明确规定审判必须公开,若有秘密关系的可秘密审判,但宣判仍应公开进行。③ 新中国成立后,司法公开成为社会主义法治的重要法律原则,现行宪法和三大诉讼法均有条款专门规定司法公开制度。④

最高人民法院于 2004 年起出台系列司法解释,正式将司法公开作为法院工作的一项规范化、制度化要求,即对立案、庭审、执行、听证、文书和审务等全过程进行公开。通过对六大环节的整体化公开,既可以增强人

---

① 张皓. 论大学生思想政治教育中的道德感化[J]. 湖北理工学院学报(人文社会科学版),2017(6).

② 伯尔曼. 法律与宗教[M]. 梁治平,译. 北京:生活·读书·新知三联书店,1991:101.

③ 张莉. 中国司法公开制度的发展[J]. 中国司法,2011(9).

④ 参见《中华人民共和国宪法》第 130 条,《刑事诉讼法》第 11 条、第 188 条、第 202 条,《民事诉讼法》第 10 条、第 137 条、第 151 条,《行政诉讼法》第 7 条、第 54 条、第 65 条、第 80 条.

民群众对法院工作的认识,满足民众的知情权需要,亦可推动普法工作向纵深迈进,促进人民群众法治意识的提高,进而营造出全社会知法、崇法、用法、守法的良好氛围。① 因此,推动更大范围和更深层次的司法公开,对实现刘基法治教化思想具有深远意义。新时代人民法院贯彻落实司法公开要求的具体路径有以下几种。

1. 强化数字赋能,拓宽司法公开主要渠道

建设"移动微法院"可以推动司法向数字化、智能化迈进,除了提升司法质效之外,还可便于民众知晓司法程序中的各环节信息,有利于实现司法的全流程公开。如,立案是司法程序中的首个环节,人民法院通过及时公开重特大案件的立案信息,便于公众了解案件在司法程序中的具体进展并帮助其熟悉诉讼程序。庭审是司法公开的重点环节,除法定不公开和涉及当事人隐私且本人申请不公开的案件外,人民法院都应公开开庭审理。一般民众可申请旁听庭审,切身感受法庭的庄严和法律的严肃性,庭审公开可树立民众对法治的信仰,对提高司法权威性和司法公开透明度有深远意义。② 大范围文书公开有利于民众根据已有判决判断自身若触犯相同法律会遭受何种制裁,进而约束自身行为,充分发挥裁判文书承载的普法和法治教化作用。因此,人民法院应当积极响应数字化改革号召,借助现有"移动微法院"具备的信息推送、庭审直播、文书上网、线上司法公告等功能,探索集立案、庭审、文书等六大环节公开功能为一体的"人民法院在线服务"平台,以数字化赋能司法公开工作,使线上公开成为司法全流程公开的主要渠道。

2. 细化公开标准,明确司法公开关键要素

虽然广泛的司法公开可培养和树立民众对法治的信仰,但鉴于司法程序的特殊性和保密性要求,人民法院应当明确各环节的公开标准,在确保涉密信息不被披露的前提下最大限度地保障民众知情权。具体而言,

---

① 潘月德,冷峰.谈司法公开对法律信仰培养的意义[J].辽宁公安司法管理干部学院学报,2014(3).

② 黄琼.司法公开机制创新研究[D].湘潭:湘潭大学,2014:15.

对于一些社会关注度高的刑事案件,检察机关一般会公布该案已审查完毕并进入公诉阶段,此时法院可通过官方网站、微信公众号或数字平台等公告立案具体日期,但不应涉及当事人信息及案件基本情况。在庭审环节,对于涉及国家秘密、商业机密及未成年人犯罪的案件,不能公开审理,同时应注重保护庭审公开案件中的当事人隐私信息。文书公开具体事项由《最高人民法院关于人民法院在互联网公布裁判文书的规定》中的第 4 条规定,人民法院应当严格参照执行。执行环节公开区分刑事、民事和行政案件,刑事案件的执行内容一般通过裁判文书公布,具体的执行日期、程序则可视案件情况和民众关注度选择性地向社会公开,民事和行政案件的执行信息公开则严格遵照《中华人民共和国民事诉讼法》和《中华人民共和国行政诉讼法》中关涉执行的规定进行。法院听证一般旨在明晰争诉各方的争议焦点,除法定情形和当事人申请不公开外,听证程序也应向公众公开,这样可增加案件的透明度,实现对一般公众的普法效果。审务主要包括法院的工作报告、通知公告、规章制度及执行司法公开制度的相关信息,一般通过法院官网公开,使公众能快速了解某法院的基本情况、机构设置、人事信息等。综上,通过明确规定司法各环节信息公开的标准及内容,可以为提升司法公开的质效奠定基础。

3. 优化服务理念,提升司法公开质量效果

司法公开质效始终是民众关切的话题之一。各级法院应当坚持以主动公开、依法公开、及时公开、全面公开和实质公开为原则,努力打造高质量"阳光法院",[①]其关键是转变并优化服务理念,将司法公开作为高质量法律服务的关键一环予以重视。具体而言,人民法院应发扬追求极致的精神,逐步完善承载司法公开功能的"人民法院在线服务"数字平台,通过定期征集人民群众和"两代表一委员"的意见建议,不断升级优化,始终将群众的满意度和认可度作为评判数字法院建设成效的关键因素。同时,还要主动"拥抱"媒体舆论的新发展变化,逐步构建集官方网站、官方微博、官方微信公众号和官方抖音号"四位一体"的宣传模式,变传统媒体的

---

① 崔亚东.司法公信力指数的探索与建立[J].中国应用法学,2017(3).

常态化报道为新媒体平台的个性化播报,将法院工作动态、重大案件审理、先进典型经验和最新法律法规作为司法公开的主要内容。此外,还可借助"法院开放日""院长接访日"等方式,使民众"沉浸式"体验阳光司法,近距离体验法治文化,让法治的种子在民众心中扎根,使司法公开的"法治教化"机能落到实处。

[作者简介]

陈汇,浙江省杭州铁路运输检察院检察官助理。明天,浙江省人民检察院检察官助理。董津函,浙江省人民检察院检察官助理。

刘基的易道养生及其生态美学思想

蔡洞峰　殷洋宝

摘　要：刘基养生及生态美学思想与《周易》《黄帝内经》重视"气"的养生理论是一脉相承的，即人与大自然要保持和谐一致，从而达到"天人合一"。无论是养生还是地理风水中的理想住居之地，其核心是保留"气"，这种气本论思想是中国传统养生学的核心，刘基在此基础上提出了养生及风水理论，契合了生态美学思想和人居环境美学，也包含了民间辟邪趋善的传统。刘基养生思想及其生态美学思想对当下构建美好社会具有现实意义。

关键词：刘基；养生；天人合一；生态美学

刘基(1311—1375)，字伯温，浙江温州文成县南田(旧属青田县)人，元末明初著名的政治家、思想家、文学家、军事家，以辅佐朱元璋完成帝业、开创明朝而驰名天下。其主要著作有《郁离子》《覆瓿集》《犁眉公集》《写情集》《春秋明经》等，均收录于《太师诚意伯刘文成公集》，今有学者汇编成《刘基集》。刘基思想学术丰富，学宗多元。其早年受周敦颐创立的理学学派濂洛之学的影响，继承了宋元以来哲人们讨论的基本命题，其中的养生思想及其生态人居理论值得我们关注，对构建美好生活有着重要的意义。

一

在刘基生活的年代，理学占据统治地位。中国传统学术文化是以儒、释、道为主体的。比较而言,儒家主张积极入世,肯定现实人生的价值。自北宋周敦颐起,哲学化的儒学——理学形成,迄至南宋,理学内部主要分为朱、陆二派,其思想来源于易学。

虽然强调君臣之别、父子之分、长幼之序,有"君者,国之隆也;父者,家之隆也"的说法,但自产生时起,就有"民惟邦本,本固邦宁""君以民存,亦以民亡"的民贵君轻的思想。因此,同是笃信儒学的士人,由于对儒学思想的内容取舍有别,往往对不同人思想的影响也迥然相异。道家及道教形似消极遁世,而与儒学思想有天壤之别、泾渭分明,但道家的悲观厌世是因"至德之世"不可求,对现实社会的不满而产生的。老、庄思想,形似高蹈远慕,羽化登仙,实则充盈着对人生的肯定和热望,体现着心灵解放的人格理想和对个性的张扬。因此,儒、道之间,儒家注重人的社会属性,强调在社会中、群体中实现人的价值,修齐治平,内圣开外王;而道家注重人的自然属性,强调人的独立和自由。道家理论是对儒家"穷则独善其身"的开拓。因此,儒、道神韵相通,进可儒、退可道。佛教产生于古印度,它认为人的生存只不过是为了永生做准备而已,着眼于虚无缥缈的彼岸世界。现实世界、现实人生是苦海,是微不足道的,因此,佛教与中国固有的儒、道思想乖隔颇多。刘基是一位具有强烈现世情怀的学者,"措诸用"是其论学的特色。因此,刘基对于着眼于彼岸世界的佛教基本采取抨击的态度。儒道互摄,以儒为主,是其论学的基本特质。

在中国文化传统中,无论是儒家还是道家,都可归根溯源到《易》。易学是大道之源、百家之宗。《周易·乾·象辞》云:"乾道变化,各正性命。保合太和,乃利贞。"其意指万物在宇宙自然中各有自己的本性和位置,形成一个至高的和谐状态,万物各遂其生,各得其所。

以易学这一大道之源为逻辑起点,中国传统文化无不渗透强调着人与自然、人与社会、人与人、人自身的和谐思想。

从养生的视角而言,这种和谐思想即强调人们应该顺应自然变化,其中《周易》对其养生思想有所启发。刘基从"天地之大德曰生""生生之谓易"思想中得到启发,对《周易》思想中的生生之德加以发挥。在刘基看来,任何事物顺应天道则能生长、发展,而违背天道则会枯萎、消亡,即"所以覆载间,物物熙阳春,动植蛮走辈,生长咸及辰"①。若"失其性""遏天生",则"生意灭矣"②。因此,天地万物要追求和谐,才能颐养天年。追求和谐,是人类追求的理想境界,是人与自然理想的相处方式,和谐是美的极致,是美的最高境界。和谐,不仅是一种最美丽的心灵境界,同时又是自然界、社会、人自身获得发展的最高境界。

自北宋周敦颐起,哲学化的儒学——理学的形成,迄至南宋,理学内部主要分为朱、陆二派。除此,尚有陈亮、叶适为代表的事功学派。理学以"性与天道"为论究的中心问题,而《易》乾卦彖辞曰"乾道变化,各正性命,保合太和,乃利贞",说的便是"性与天道",因此理学家研究的儒学经典首先是《易》,刘基幼时即习《春秋》学,后又师从郑复初习濂洛之学,受理学的浸润较深。周敦颐是理学开山祖师,论学融摄儒道,刘基可谓得其"心法",但对周氏具体理论的师法并不见著。而"洛学"与"闽学"经历两宋的承祚演变而成理学正宗——程朱理学。刘基受朱学的浸润在在可见,而受张载的心性理论、邵雍的象数学及陆氏心学的影响也有迹可循,因此,幼时从郑复初得"濂洛心法"之旨归刘基受理学家影响较深,论述较多的是心性理论及道德修养方法。在论及人性时,刘基曰:"人也者,天之子也,假乎气以生之,则亦以理为其心。气之邪也,而理为其所胜,于是乎有恶人焉,非天之所欲生也。"这基本继承了张载的"天地之性""气质之性"与朱熹人性论的思想。如朱熹说:"人之性皆善,然而有生下来善底,有生下来恶底,此是气秉不同。"朱熹依据各人禀于气质的不同,将人分成四等,这种气质之异,决定了人的一生。而张载认为"气质之性""善反之"便会回复到"天地之性"。

理学强调人在万物中的独特地位:"惟人也,得其秀而最灵。"③在《郁离子》中,刘基以"天地人"三才说为基础,他认为万物之灵的人作为天地自然的一部分,也是秉气而成。他说:"天以其气分而为物,人其一物也。"并且"天以阴阳五行为人也,阴阳五行之精是为日月木火土金水之曜,七

---

① 刘基.刘基集[M].杭州:浙江古籍出版社,1999:76.
② 刘基.郁离子[M].北京:蓝天出版社,1999:89.
③ 周敦颐.周敦颐集[M].北京:中华书局,2009:6.

曜运乎上而万形成于下。人也者,天地之分体,而日月水火土之分气也"。"夫气,母也,人,子也。"刘基认为人是由气生成的,养生重在养气:

> 或曰:"天之降祸福于人也,有诸?"曰:"否。天乌能降祸福于人哉!好善而恶恶,天之心也,福善而祸恶,天之道也。为善者不必福,为恶者不必祸,天之心违矣。使天而能降祸福于人也,而岂自庚其心以穷其道哉?天之不能降祸福于人亦明矣。"曰:"然则祸福谁所为与?"曰:"气也。"曰:"气也者,孜孜焉为之与?"曰:"否。气有阴阳,邪正分焉。阴阳交错,邪正互胜,其行无方,其至无常,物之遭之,祸福形焉,非气有心于为之也……正气福善而祸恶……善恶成于人,而祸福从其所遇,气有所偏胜,人不能御也。"(《天说上》)①

刘基受周敦颐"太极"学说影响,将太极与气结合,形成"太极—气"养生理论,认同气生万物的元气生成论,元气生成万物,与周敦颐"太极"说类似。太极生两仪,在理学中,太极不仅是世界生成的本源,也是一种世界观,其中蕴含着丰富的养生思想。在"天人合一"传统中,人生于天地之间,一切生命活动都与大自然息息相关。因此人与大自然要保持和谐一致,从而达到"天人合一"。人的生命活动与机能状态、四时季节相关,同时机体的协调也是《黄帝内经》践履天人相参的"参照系"。自然世界是一种阴阳化的存在,生命机体中的机构组织也同样是一种协同存在。人的机体组织与造化世界是一种协调存在,《灵枢·邪客》曰:"天圆地方,人头圆足方以应之。天有日月,人有两目;地有九州,人有九窍;天有风雨,人有喜怒;天有雷电,人有音声;天有四时,人有四肢;天有五音,人有五脏;天有六律,人有六腑;天有冬夏,人有寒热;天有十日,人有手十指;辰有十二,人有足十指……此人与天地相应者也。"②天人相应相参,在《郁离子》中,刘基以天地人三才说为其理论依据,强调天人合一。

对于"天人合一",学界论争得比较多,主要是对"天"的不同理解,有自然之天、神道之天与意志之天的不同说法。但从中国古代文化传统来

---

① 刘基.诚意伯文集[M].何镗,编校.台北:台湾商务印书馆,1967.
② 鲁枢元.自然与人文——生态批评学术资源库[M].南京:学林出版社,2006:51.

看,"天人合一"是中国古代农业文化的一种主要传统,是中国人的一种理想和追求。钱穆先生认为"天人合一"是中国文化的归宿,其思想蕴含在儒释道各家思想传统之中,儒家倡导"天人合一"的重点在人,道家的"天人合一"重点则在天,即强调道法自然,佛家的"天人合一"重点也在天,即关注成佛涅槃之道。从养生视角来看"天人合一",即是"生生哲学",《易传》将之归于"气交",即天地与阴阳两气相交而生万物,也就是泰卦中"天地交而万物生也,上下交而志同也",阴阳二气相交而生万物,两气相交即为"天人合一"。在刘基的风水地理学理论中,包含着"天人合一"思想,《郁离子》中强调天地人三才之人"配天地而为三也""夫天之生人,参地而为三,为其能赞化育也""财成天地之道,辅相天地之宜",强调人是由天地阴阳二气化育而成,因此要"知天""能参"①。《系辞下传》中提及:"古者包牺氏之王天下也,仰则观象于天,俯则观法于地,观鸟兽之文,与地之宜,近取诸身,远取诸物,于是始作八卦,以通神明之德,以类万物之情。"因此人与天为一体,揭示天、地、人三才的本质,刘基精通易学,吸收易学三才之道,并在此基础上发挥了生化之理的天道观,认为"有元气乃有天地,天地有坏,元气无息"(《天说下》)。因此,"'气'在刘基的哲学思想中,是天道运行的基本要素",而"人是气的分体,又是天地的分体"②。从刘基易道养生思想出发,养生即养气,并且他从理的角度认为要学会"知命"。依据宋明理学理一性一命三个概念代表事物本质的三个层次,人对它们的穷和尽也是一个由浅入深的过程,是知与行统一的过程,因此"穷理尽性,以至于命",既是对宇宙内蕴的体认,同时也是对道德的实践和展现,是主观能动性和客观规律性的统一。《中庸》说"天命之谓性,率性之谓道,修道之谓教",即将认识和践行道视为教育的主要内容和最终目的,这个过程正是修身养性、与天相合的过程。人的生命状态与四时节气息息相关。刘基养生思想与《周易》《黄帝内经》重视"气"的养生理论是一脉相承的,将天地之气化生自身个体的生命,达到顺境而生。

---

① 刘基.郁离子(卷上)[M].北京:蓝天出版社,1999:49.
② 周群.刘伯温[M].南京:南京大学出版社,2012:51.

二

中华养生学对于人体养生和疾病最根本的观点即强调预防和治未病——确保人体自身的免疫系统正常运作,抵御疾病的侵扰。如何保证机体免疫系统的正常功能,在中医看来,就要与天地之道的运行规律相一致,即顺境养生。《素问·四气调神大论》曰:"是故圣人不治已病治未病,不治已乱治未乱,此之谓也。夫病已成而后药之,乱已成而后治之,譬犹渴而穿井,斗而铸锥,不亦晚乎!"①

《黄帝内经》在对导致人的机体发生病变的根源进行探讨的过程中,将身体对于自然世界周流运行的逆反性行为作为首选,当生命机体顺应了自然之节律,符合自然之道就可以保养生命,否则生命很快将衰竭消亡。刘基在《多能鄙事》中论述了春、夏、秋、冬的养生之道,其核心思想正是来源于《黄帝内经》,指出在不同时节养生所注意的事项。

"春三月,此谓发陈,天地俱生,万物以荣。夜卧早起,广步于庭,被发缓形,以使志生……夏三月,此谓蕃秀。天地气交,万物华实,夜卧早起,无厌于日,使志无怒,使华英成秀,使气得泄……秋三月,此谓容平。天气以急,地气以明。早卧早起,与鸡俱兴,使志安宁,以缓秋刑;收敛神气,使秋气平……冬三月,此谓闭藏。水冰地坼,无扰平阳。早卧晚起,必待日光,使志若伏若匿。"②在中国传统思想中,如果说以老庄为代表的道家追求的是与天地精神的自由交往,《黄帝内经》作为中医经典,看重的则是"精气神",即"气"对"精""神"的影响。受《黄帝内经》养生思想影响,刘基养生思想中十分重视"气"论之说,认为"元气"是天地万物的始基,无论养生还是传统堪舆都强调"气"的作用。刘基在《天说上》中谈道:

> 气有阴阳,邪正分焉。阴阳交错,邪正互胜,其行无方,其至无常,物之遭之,祸福形焉,非气有心于为之也……正气善福而祸恶……善恶成于人,而祸福从其所遇,气有所偏胜,人不能御也。③

---

① 鲁枢元.自然与人文——生态批评学术资源库[M].南京:学林出版社,2006:45.
② 鲁枢元.自然与人文——生态批评学术资源库[M].南京:学林出版社,2006:44.
③ 刘基.刘基集[M].杭州:浙江古籍出版社,1999:56.

刘基的养生理论十分重视阴阳观念,他在《春秋明经》里大谈天人感应之理,并在《赠徐仲远序》里说:"天台徐仲远以七曜、四余推人生祸福,无不验,予甚异之,而赠以言。"①他在《天说》《雷说》篇中也承认有自然神异之理。从修身养性层面来看刘基的阴阳观念,其主要受道家的养身之术影响。刘基曾说过:"予弱冠婴疾,习懒不能事,尝爱老氏清静,亦欲作道士,未遂。"②阴阳是中国传统文化中的一对核心范畴,是上古时代中国解释自然界阴阳两种物质对立和相互消长的理论依据,以及说明世界万物的起源和多样性的哲学概念依据。

中国哲学认识论认为:"天道生阴阳,阴阳成五行,五行变化成万物,而万物的存在方式和相互关系一直在追求一种'和谐'。"③人是由阴阳二气形成的,因此人要适应阴阳而不能违背阴阳。养生的宗旨最重要的就是维护生命的阴阳平衡,阴阳平衡是生命的根本,如果阴阳平衡,人体就会健康;如果阴阳失衡,人就会患病,甚至死亡。刘基养生理论受儒道思想影响,一方面重视养气之说,另一方面重视道德。《易传》强调,唯有品德高尚才能将养生引入正道,故修德性比养形体更重要。这与"太上养神,其次养形"的观点是一脉相承的。因此养生不是纯粹的个人行为,而首先是履行一种道德的责任。儒家认为,爱惜自己是一种孝道,自己身上的毛发都是父母所生,孝敬父母就应该爱自己的身体,健康的身体是施行仁义、精忠报国和传宗接代的保证。因此养生从属于道德,那么修德自然重于养体。因此阴阳之道也是天地大德。人作为天地的君心,要使物、人得以生息,就必须有意识地促其生命力生生不息,随后人类本身之用也就不会穷尽,就应该顺应天地四时规律,善于养生,这样就可以达到与天地同序,即"天地之善生,而后能容焉""天地之生愈滋,庶民之用愈足"的和谐状态。道家认为,"天地与我并生,而万物与我为一",认为人与自然本是浑然一体的,人的本性与自然无为的天道应是和谐一致的。"道大,天大,地大,人亦大。"域中有四大,而人居其一焉。人法地,地法天,天法道,

---

① 刘基.刘基集[M].杭州:浙江古籍出版社,1999:80.
② 刘基.刘基集[M].杭州:浙江古籍出版社,1999:213.
③ 江泛.道与生态家居[M].北京:团结出版社,2008:122.

道法自然。在这里通过四大和谐并存而达到自然而然,人与天地自然及自我之间达到和谐,这是养生的要旨。

无论是养生还是地理中的理想住居之地,其核心都是保留"气",这种气本论思想是中国传统养生学和生态美学的核心,"刘基认为真正的宇宙本体乃是"元气"。而所谓"元气",乃是指未有天地之"先","理""气"浑然为一、混沌不分的总体和谐状态。① 从气的角度而言,人和自然相类似,追求阴阳平衡,人要适从于阴阳,不得违背阴阳。太极生万物,在朱熹看来,气即理,或气的生化过程即理。人最基本的特征是生命,推己及物,古人认为生命也是宇宙万物的基本属性。而人的生命是以呼吸为首要条件,天地万物必然以气为基本前提。

三

道家思想以黄老学说为基础,核心是"道",而"道"的重要特征即是自然万物的和谐,道家的出发点是主客关系、物我关系,追求的是人与自然的和谐。道家的创始人老子提出"万物负阴而抱阳,冲气以为和"。道家非常重视顺应自然,遵循自然规律,与自然和谐相处,以达到"天地与我并生,而万物与我为一"的境界,不仅乐在物我一体,而且乐在人我一体,是个人与宇宙万物、人类社会的交融合一、协调发展。刘基深受儒道的深刻影响,秉承儒道传统,同样认为美好的社会应当是和谐的。人的生存与发展离不开自然,自然界是人类生产生活资料的最终源泉。

自然界的万事万物都有一定的规律,人们一定要顺应自然的发展规律,"制天命而业用之""春耕、夏耘、秋收、冬藏四者不可失时,故五谷不绝,而百姓有富裕也"。刘基精通天文历法堪舆,熟悉自然界的发展变化,掌握动植物的生长规律,比如,菜农种菜时要"沃其壤、平其畦,通其风日,疏其水潦,而施艺植焉",还要根据作物的生长习性因地制宜,"洼隆干湿各随其物产之宜,时而树之,无有违也",在作物管理时应当注意"相其奉脊,取其多而培其寡,不伤其根,撷而溉之,疏忘其撷",才能有好的收成,

---

① 陈立骧.刘基"天道论"初探[J].浙江工贸职业技术学院学报,2007(2).

达到"庖日充,而圃不匮"的目的。

刘基认为,虽然自然资源是可以再生的,"天可以尽其力以生之",但是人们应该对它取之有道,不能违背资源的规律,否则,天也可以"尽其力以歼之"。他说:"人,天地之盗也。天地善生,盗之者无禁。惟圣人为能知盗,执其权,用其力,而归诸己,非徒发其藏,取其物而已也。庶人不知焉,不能执其权,用其力,而遏其机,逆其气,暴夭其生息,使天地无所施其功,则其出也匮,而盗斯穷矣。"因为"天地善生",能生产出供人类所必需的各类物质,但是我们应该像圣人一样"善盗",才能不使资源"物尽而藏竭"。如何做到这一点呢?刘基的办法是"遏其人盗,而通其为天地之盗,斯可矣"①。天地之盗思想充分反映了刘基合理利用自然资源,顺应自然规律的思想,这是他对"天人关系"的理解。刘基以"气"为核心,天以气而分为物,人只是物的一种而已,而不能凌驾于天之上,他说:"人,天地之盗也。天地善生,盗之者无禁,惟圣人为能知盗,执其权,用其力,攘其功而归诸己。非徒发其藏、取其物而已也。"(《郁离子·天地之盗》)

刘基认为,人绝不能无节制地向自然索取,否则生态遭到破坏,最终人类自己也会受到自然的惩罚。从生态养生视角来理解刘基的"天地之盗"观点,则可以看出其受道家思想的影响。"天人合一"是中国自然哲学最突出的特点,它所追求的最高目标是使自己与终极的实在归于统一。老子认为"道法自然",中国古代自然哲学始终关注人与自然的协调和运作。对人类影响最大的就是居住环境,居住环境生态的好坏对人类的健康和智力发展均有重大影响。古人在长期的生活实践中考察人与自然的关系,提出要顺应自然,通过有节制地改造自然,创造良好的人居环境来赢得天时、地利、人和,达到天人合一的理想境界。这与古人风水理论有着密切的关系。

《汉书·艺文志》将中国术数文化概括为六大类:天文、历谱、五行、蓍龟、杂占、形法。风水就属于形法,也称堪舆。中国传统堪舆理论强调的是"气"的概念,认为天地间有一股不可遏止的气。郭璞《葬书》云:

---

① 刘基. 刘基集[M]. 杭州:浙江古籍出版社,1999:30.

> 经曰:"气乘风则散,界水则止。"古人聚之使不散,行之使有止,故谓之风水。风水之法,得水为上,藏风次之。①

古人坚信,气是永恒的、不死的,所谓"无气""死气"是指"气"的分散状态,气是到处存在的,没有"无"和"死"的时候。气是人的命脉,是最重要的。刘基的生态美学理论的"气"是核心,在其《天说》《雷说》中都有涉及。在《天说》中刘基强调他的天地产生于"元气",这与传统风水理论中强调藏风聚气相契合。

> 有元气,乃有天地。天地有坏,元气无息。尧、舜、汤、武立其法,孔子传其方。方与法不泯也,有善医者举而行之,元气复矣。作《天说》。②

以元气论作为养生和生态人居环境的基础,显示了刘基养生思想和风水理论中所蕴含的丰富的中华传统文化。古人讲究迷信风水,本来是要"趋吉避凶",向往吉祥平安的生活愿景。风水理论"一方面讲究'命里注定',即论语所谓的'死生有命,富贵在天'(畏天),另一方面,又强调'天命可移,神功可夺,历数可变'。如果我们把古代风水学、风水术的'命理'思想去除,那么所剩下的,大约便是朴素的环境学与生态学的思想因素"③。刘基的养生理论和风水思想产生于古代,但其所蕴含的传统文化中"气本论"的哲学思想和朴素的生态意蕴都有着现实的意义和价值。

四

在中国传统的养生学中,养生是一个整体概念,按照天人合一的观念,养生既要养己,又要养人,还要养物,关乎全民和万物,使万物和谐,共存共荣,是合乎天德的养生之道。刘基的养生与生态美学思想依照天人合一、阴阳相生的道理,提出时气演化的原则,究其实质而言,乃是追求身心养护的平衡和人居环境的和谐宜居。而这一切都与周易、儒道思想相

---

① 王振复.中国巫文化人类学[M].太原:山西教育出版社,2020:296-297.
② 周群,郑文清.坐论南山[M].北京:人民出版社,2019:60.
③ 王振复.中国巫文化人类学[M].太原:山西教育出版社,2020:322-323.

契合,其理想模式与人文之根无不包含了丰富的审美意蕴。其养生理论与生态美学思想最终走向了审美。

人乃天地之灵,长留天地间,与天地并生,三才并立。其中暗示的是"身体"的美学,从某种程度上说,天地自然是一种"身体美学",在"天人合一"哲学中,天地自然与人的"身体"是一种异质同构,如同生命的涟漪不断向外扩张的印痕,世界其实是那种生气洋溢、超然于物性的诗趣空灵,与天地自然之间构成了一种均衡之美。刘基的养生及生态美学究其实质而言,是在中国农耕社会历史环境中实现美好生活、安居乐业的愿景。综观中国社会"大历史"发展变迁的进程,中国历代人民在中华传统文化的孕育下,积极进取,与人为善,追求幸福安宁的生活和生生之美,"天人合一"走向"生"之生命哲学与美学,易传将其归于"气",即泰卦所说的"天地交而万物生也,上下交而志同也"。两气相交即"天人合一",基于这样的文化传统,刘基建立了他的养生及生态美学思想,也反映出了民间辟邪趋善的传统。

当下社会处于一个"百年未有之大变局"的时代,也是一个呼唤"人类命运共同体"的时代,如何将中国人追求美好生活、建设美好社会的方案、智慧以和平、共享的方式传向世界。如何构建美好社会,实现美好社会的图景,美好社会的世界性与历史性在于其在这个变动的世界中是变(时代)与不变(传统、客观规律)的和谐统一。在这样的时代语境中,传统文化作为一项重要的精神文化资源和生活美学的直观呈现,能为构建当下中国的美好社会提供一种有益的参照,这正是刘基及其所承载的传统文化对当下的意义所在。

[作者简介]

蔡洞峰,男,苏州大学文学博士,安庆师范大学人文学院副教授,硕士生导师,目前已发表相关论文50余篇。殷洋宝,女,安庆师范大学讲师。

从刘基诗词看其心路历程

刘亚轩

摘　要：刘基富有文采，创作了大量诗词。从刘基的诗词中，可以窥探到他风云一生的心路历程。刘基自幼接受儒家教育，23 岁高中进士，少年得志。但在踏上仕途之后，他始终得不到元朝的重用，伤心之下归隐田园。胸怀大志的刘基无法释怀自己的理想，背叛元朝而投靠了朱元璋。辅佐朱元璋打天下的那段时间，是刘基最惬意心情最为舒畅的时刻，也是他向着心中的梦想大步前进的时刻。明朝建立后，刘基在淮西集团的迫害与朱元璋的刻薄寡恩之夹缝中举步维艰，诚惶诚恐，到头来落了个剥夺俸禄，抱病而死的凄惨下场。在元末明初的大变革时代，刘基踯躅于兼济天下和独善其身的矛盾状态之中，始终无法走出。刘基用诗词书写着自己的矛盾人生，记载着自己的心路历程。

关键词：刘基；朱元璋；诗词

刘基，字伯温，是元末明初著名的政治家、文学家、军事家、思想家、哲学家。他是明朝开国功臣，被誉为张良、诸葛亮之类的聪明才智之士。刘基少年苦读，考中进士，在元朝做过几个地方的官员。他目睹了元朝的黑暗，辞官回到老家浙江文成县南田镇武阳村。在即将五十岁时，他受朱元璋的邀请出山，辅佐朱元璋争霸天下。明朝建立后，刘基受到朱元璋的猜忌并被以李善长为首的淮西集团排挤，在忧愁苦闷中度日，最终被迫害致死。他富有文采，创作了大量诗词。从刘基的诗词中，可以窥探他风云一生的心路历程。

一、快乐童年

武阳村地处群山环抱之中,山清水秀,环境优美,陶冶了刘基幼小的心灵。多年后,刘基回忆儿时故乡生活,写下了这样的诗句:

> 我昔住在南山头,连山下带清溪幽。
>
> 山巅出泉宜种稻,绕屋尽是良田畴。
>
> 家家种田耻商贩,有足懒踏县与州。
>
> 西风八月淋潦尽,稻穗崿比无蝗螽。
>
> 黄鸡长大白鸭重,瓦瓮琥珀香新篘。
>
> 芋魁如拳栗壳赤,献罢地主还相酬。
>
> 东邻西舍迭宾主,老幼合坐意绸缪。
>
> 山花野叶插巾帽,竹箸漆碗兼瓷瓯。
>
> 酒酣大笑杂语话,跪拜交错礼数稠。
>
> 或起顿足舞侏儒,或坐拍手歌瓯篓。
>
> 倾盆倒榼混醢酱,烂熳沾渍方未休。
>
> 儿童跳跃助喧噪,执遁逐走同俘囚。
>
> 出门不记舍前路,颠倒扶掖迷去留。
>
> 朝阳照屋且熟睡,官府亦简少所求。

刘基传神地描写了武阳村的地理、物产、民俗,还原了他幼年时所生活的其乐融融的环境。一条发源于山顶的小溪从武阳村潺潺流过,溪水灌溉了村庄周围的农田。农田土质肥沃,出产的物品令村民自给自足,他们因此不经商,不去县城。秋天到了,这是一个丰收的季节:稻穗饱满,没有虫害;鸡肥鸭壮,香芋大如拳头;左邻右舍轮流做东庆祝丰收。他们在帽子上插着野花,喝着新酿的美酒,载歌载舞,尽情欢笑。儿童被大人愉快的情绪所感染,也前来助兴,在村里随便溜达,不会迷路。人们一觉睡到天亮,不会有人打扰。和睦的环境培育了刘基健全的人格,在无形之中影响着他的成长。

二、丽水求学

14岁那年,刘基第一次走出武阳村,来到丽水求学。丽水是一座山城,市内有梅山、檡山、万象山,檡山上有一座始建于南唐的孔子庙。丽水四周皆山,城东少微山,城西桃山、天王山、石僧山,城南南明山,城北白云山、丽阳山。山上多有亭台楼阁、摩崖石刻、名人故居等景观。李白、高适、陆游、姜夔、谢灵运、秦少游、范成大等文化名人都曾经到过丽水并留下了墨宝和故事。作为处州路的文化、经济、政治中心,丽水无论是人文景观还是自然景观,都是大山深处的武阳村所无法相提并论的。第一次来到繁华都市的刘基,细心地观察着周围的一切,眼界为之大开。他在丽水努力学习,业余时间跟着名儒郑复初学习理学。理学培养了他的哲学思辨能力,为他日后成为护国军师奠定了思维基础。

在读书之余,刘基时常到山里面游玩。他最喜欢去的地方就是位于少微山麓的紫虚观。紫虚观观主吴梅涧是一位知名的道士,学识渊博,被称为教门高士、金阙紫衣,被授号崇德清修凝妙法师。吴梅涧精通术数,主持紫虚观事务长达50年。刘基在武阳村时就对术数感兴趣,"凡天文、地理、阴阳、卜筮,诸子百家之言,莫不涉猎"①。共同的爱好促使刘基与吴梅涧成了忘年交。吴梅涧用心指导,刘基刻苦钻研。刘基多次到吴梅涧修道的晚翠楼谈经说法,并写了《题紫虚道士晚翠楼》一诗送给吴梅涧:

> 晚翠楼子好溪南,溪山四围开蔚蓝。
>
> 微阴草色尽平地,落日木杪生浮岚。
>
> 岩畔竹柏密先暝,池中芰荷香欲酣。
>
> 闻说仙人徐泰定,骑鸾到此每停骖。

在诗中,刘基描写了晚翠楼秀丽的景色:溪、山、草色、落日、浮岚、竹柏、芰荷。这样的美景非常适合修道,连知名道士徐泰定都被吸引来了。徐泰定是南宋道教的代表人物,吕洞宾传授他炼丹的秘诀,并赠送他一支画笔。徐泰定不但道行高深,而且是丹青高手。徐泰定在紫虚观修道,80

---

① 刘基.刘基集[M].杭州:浙江古籍出版社,1999:640.

岁才坐化而去,离世之际,仍鹤发童颜。《浙江通志》《处州府志》《丽水县志》对徐泰定均有记载。刘基以徐泰定来衬托紫虚观的重要,由此可见刘基在紫虚观学习时的快乐心情。彼时刘基的年龄相当于现在的高中生,正是无拘无束猎取知识的大好年华,处于三观形成的关键时期。在与吴梅涧的交往中,刘基自然而然地汲取了道教的思想观念、练功法门。刘基的术数为朱元璋建立明朝立了大功。封建时代的帝王比较迷信天文占卜之术,朱元璋也不例外。刘基抓住朱元璋这个特点,在建言献策时经常辅以术数来神化,常为朱元璋所采纳。30年后,吴梅涧去世。刘基闻讯,不胜悲痛,撰写了墓志铭。在墓志铭中,刘基回忆了与吴梅涧交往的点点滴滴,字里行间透露出对吴梅涧的怀念。

三、初入仕途

刘基奋发图强,考中了进士。1336年秋,元廷任命刘基为江西高安县县丞。刘基从浙江老家出发,经由丽水、金华、龙游、衢州、铅山、弋阳、安仁、南昌到达高安。少年高中的刘基春风得意,沿途写下了不少诗作,如《发龙游》《早行衢州道中》《发安仁驿》《铅山龙泉》《弋阳方氏寿康堂》等。

发龙游

微飙献轻凉,客子中夜发。

秋原旷无际,马首挂高月。

草虫自宫商,叶露光可掇。

狭径非我由,周行宜如发。

扬鞭望南天,晴霞绚闽越。

早行衢州道中

草际生曙色,林端收暝烟。

露花泣啼脸,风叶弹鸣弦。

农家喜铚艾,行歌向东阡。

大道无狭邪,平原多稻田。

客行良不恶,敢曰从事贤?

发安仁驿

鸡鸣发山驿,天黑路弥险。

烟树出狷声,风枝落萤点。

江秋气转炎,嶂湿云难敛。

伫立山雨来,客愁纷冉冉。

铅山龙泉

兹山近南服,胜迹冠朱方。

石骨入海眼,地脉通混茫。

金精孕清淑,水德融嘉祥。

寒含六月冰,润浃九里长。

鲸腮狷猎起,虎只呿呀张。

发窦既窈窕,流渠遂汪洋。

洞彻莹玉鉴,锵鸣合宫商。

静含玄机妙,动见大智藏。

养德君子类,膏物农夫望。

野僧向我言,其功殊匪常。

饮之祛百邪,能使俗虑忘。

漱咽入灵府,喉舌生清香。

爽浙动毛发,飘忽凌风翔。

何当扬湛洌,尽洗贪浊肠。

弋阳方氏寿康堂

先生筑堂依林皋,绕屋杉松浮翠涛。

乌皮灵寿扶鹤发,项有千岁双垂绦。

小孙踉蹡竹马戏,大孙彩衣花底翱。

有耳不聆阛阓音,有目不识簿领曹。

莺啼燕语日高起,羽觞沉沉浮春醪。

君不见非熊老人钓清渭,九十鹰扬亦劳瘁。

这些诗歌表现了初入仕途的刘基披星戴月,昼夜兼程,期望早日赶到高安县一显身手的迫切心情。"秋原旷无际,马首挂高月"传神地描绘出秋日的夜晚,月亮高挂,刘基策马扬鞭,奔驰在一望无际的原野上的动态画面。刘基听到了秋虫的悲鸣,看到了草原的曙光,见到了萤火虫在树林中飞舞,经历了为山雨所阻的焦虑。刘基具体描述了在途中见到的山泉和寿康堂。山泉名曰龙泉,在铅山县。龙泉发源于山中泉眼,逐渐流淌成一条长达九里的小溪。龙泉刺骨凛冽,清澈见底,叮咚作响。有僧人告诉刘基,龙泉有着非凡的功效,饮之可以治疗百病,让人忘却尘世间的烦恼。他不由得感慨:"何当扬湛冽,尽洗贪浊肠。"他的感慨一语双关,表明了他试图用清正廉洁来治理官场腐败的抱负。寿康堂在弋阳,为方氏所建。弋阳方氏是当地的名门望族,根在河南,唐朝时迁徙到弋阳。大名鼎鼎的方志敏就是弋阳方氏的杰出代表。寿康堂四周绿树环绕,一位精神矍铄、白发垂髫的老先生正领着两个孙子玩耍。大孙子在老人的衣服底下钻来钻去,小孙子骑着竹马蹦蹦跳跳。老人摆脱了世俗的一切烦恼,尽享天伦之乐。心情舒畅的老人拿出美酒,在鸟鸣声中开怀畅饮。老人的生活让刘基发自内心地羡慕。刘基把老人与姜子牙对比,"君不见非熊老人钓清渭,丸十鹰扬亦劳瘁"。姜子牙在渭河岸边钓鱼时是何等的快乐啊,一旦辅佐周武王打天下,就很快因操劳过度而撒手人寰。儿孙绕膝的老人的生活状态契合寿康堂的名字。刘基对赴任途中所见所闻的描写,淋漓尽致地展示了他对未来美好生活的憧憬。

四、无聊官职

刘基在高安县县丞任上,秉公执法,刚直不阿,得罪了当地的豪强势力,被罢免职务,转任江西行省职官掾吏。"高安五年,对于刘基的从政实践来说,或许是不可或缺的,同时,也使他体味了人生的磨难和仕途的艰辛。"[①]

掾吏是一个八品的小官,没有什么权力,每天所做之事就是抄抄写写。刘基饱读诗书,有着远大的志向。对于不得重用,刘基借助诗歌吐露心迹。

---

① 吕立汉.千古人豪:刘基传[M].杭州:浙江人民出版社,2005:36.

题太公钓渭图

璇室群酣夜,璜溪独钓时。

浮云看富贵,流水澹须眉。

偶应非熊兆,尊为帝者师。

轩裳如固有,千载起人思。

这是一首借物言志的诗,借给《太公钓渭图》题诗的机会,刘基表明了期盼遇到明主的心情。在商纣王荒淫无道之时,姜子牙正在璜溪垂钓。姜子牙视富贵如浮云,耐心地等待着明主的出现。周文王在渭水之滨遇到姜子牙,应验了非熊的梦兆。他邀请姜子牙出山,姜子牙从而得以大展宏图。"轩裳如固有,千载起人思"含有双关之意,一方面暗示刘基怀才不遇的寂寞状况,另一方面也显露出刘基希望遇到周文王那样的伯乐,实现梦想的心境。

琴清堂诗

亭亭峄阳桐,斫为绿绮琴。

缅之朱丝弦,弹我白雪音。

虚堂夜迢迢,华月耿疏林。

凤凰天上来,虬龙水中吟。

由罢起太息,无人知此心。

这首诗充满了惆怅和无奈。刘基自视甚高,认为自己是天上的凤凰、水中的虬龙,怎奈空有一身治国安邦之术,却无法施展。在漫漫长夜中,刘基独自弹奏着阳春白雪之音。清冷的月光照耀着稀疏的林木,刘基感到孤独寂寥。深受儒家建功立业思想影响的刘基满腹经纶,却得不到朝廷的赏识。他对朝廷忠心耿耿,才华横溢,可就是始终得不到升迁,无法在更高的平台上展现平生所学。"由罢起太息,无人知此心"是刘基苦闷境况的写照,他的彷徨失意溢于言表。

五、辞官游学

既然仕途不顺,那就纵情山水。刘基辞官,回归故里。故乡的山水浇灌了刘基干涸的心灵,他游学江浙,结交朋友,体验社会,增加阅历。其间刘基也去过南京。也许刘基不会料到,南京日后会成为他生命中挥之不去的梦魇。作为六朝古都,南京名胜古迹甚多。刘基在深秋登上了钟山。立于钟山之巅,刘基俯瞰着长江、秦淮河、玄武湖、莫愁湖,观赏着秋景,抚今追昔,感慨颇多,写下了《钟山作十二首》。

其三

九月江南叶未黄,空山松柏夜深凉。
玄蝉且莫催徂景,留取幽兰作晚香。

其四

玄武湖中草自秋,石头城下水长流。
繁华过眼成今古,更与牛羊竞一丘。

其五

春去秋来荣复衰,花残叶落总堪悲。
谁能句曲山中去,乞取茅君一虎骑。

其七

一炷清香一卷经,世间无事是山僧。
何须更卓飞空锡,长使时人恨不能。

其九

白雁萧萧柿叶红,野花开尽六王宫。
空余一道秦淮水,著意西流竟向东。

其十二

槁叶含风弹夜弦,蟪蛄凄唳答寒蝉。
鸡鸣埭上繁华子,莫向秋霜惜盛年。

从诗中可以看出,刘基不止一次登临钟山。秋季,草木萧瑟,容易使人悲伤,更何况是在六朝古都。六朝的繁华已经随风而去,王宫中花残叶落,野花开尽,牛羊遍地,白雁萧萧。"空余一道秦淮水,著意西流竟向东",秦淮河虽在,但物是人非。刘基感受到了世事无常。但他的金陵怀古并没有停留在感慨阶段,而是独辟蹊径,从秋景中看到了希望。秋蝉悲鸣催促刘基下山,他却要停下来细品幽兰的香味。山中的和尚就着一炷清香读经,这样的生活状态是多么令人羡慕呀!这里的山僧应该指的是蒋山寺的僧人。蒋山寺是孙权为纪念忠于职守的东汉秣陵尉蒋子文而建。孙权封蒋子文为蒋侯,把钟山改名为蒋山。在忠于职守上,刘基与蒋子文有相通之处。要珍惜大好年华,奋发有为,"莫向秋霜惜盛年"。可以说,南京之行激发了刘基心底潜藏的建功立业的夙愿。

六、努力平乱

元末天下大乱,丽水也不例外,农民起义此起彼伏。朝廷任命刘基担任从五品官员,协助丽水守将石抹宜孙维护丽水治安。刘基一下子自八品升任到从五品,直接跃了四级,他兴奋不已,心中多年的郁闷一扫而光,下定决心要肝脑涂地报效朝廷的知遇之恩。他明白眼前形势严峻,遍地烽火,朝廷正处于风雨飘摇之中,于是振奋精神,希望能够通过自己的努力来挽救元朝摇摇欲坠的统治,为元朝续命。刘基尽心尽力出谋划策,协助石抹宜孙平乱。意气风发的《沁园春·和郑德章暮春感怀呈石末元帅》就写于这个时期。

沁园春·和郑德章暮春感怀呈石末元帅

万里封侯,八珍鼎食,何如故乡。奈狐狸夜啸,腥风满地,蛟螭昼舞,平陆沉江。中泽哀鸿,苞荆集鸮,软尽平生铁石肠。凭栏看,但云霓明灭,烟草苍茫。

不须踽踽凉凉,盖世功名百战场。笑扬雄寂寞,刘伶沉湎,嵇生纵诞,贺老清狂。江左夷吾,关中诸葛,济弱扶危计甚长。桑榆外,有轻阴乍起,未是斜阳。

在上阕中,刘基以反问的口吻指出,万里封侯的功名利禄和八珍鼎食的荣华富贵,都不如故乡的安居乐业。然而,故乡回不去了。故乡"腥风满地",已经不再是乐土。当时危害南田镇一带的是山寇吴成七和反复无常的方国珍。"狐狸夜啸,腥风满地"指的是吴成七像半夜拉长声音叫唤的狐狸一样暗中骚扰,把南田镇周遭弄得腥风血雨。"蛟螭昼舞,平陆沉江"形容方国珍像张牙舞爪的恶龙一样明目张胆地肆虐,致使南田镇生灵涂炭,沉入江中。刘基笔锋一转,形象地描绘了元末的社会动荡。"中泽哀鸿,苞荆集鸨",形容兵荒马乱之中的老百姓背井离乡、到处流浪,如同沼泽里奄奄一息发出阵阵悲鸣的大雁,也好似躲藏在灌木丛中的一群群茫然失措、提心吊胆的鸨鸟。这样的景象纵使是铁石心肠的人也禁不住心有戚戚焉。云霓乃指彩虹,古人认为彩虹是不祥之兆,它的出现意味着灾难和天下大乱。烟草意为烟雾笼罩的草地,古代把反抗朝廷的民间势力称为草寇。刘基凭栏远眺,看到天降异象,农民起义烽火燎原。

面对混乱的时局,该何去何从呢?刘基在下阕中给出了答案。在刘基看来,此时此刻,正是驰骋于疆场,效命于国家,建立盖世功名的好时机,千万不要躲在后面"踽踽凉凉"。为了证明自己的观点,刘基举出了四位当看客和两位立下不朽功勋的历史名人的例子。"扬雄寂寞"中的扬雄是西汉的文学家和哲学家。他对于王莽改制一言不发,在空虚寂寞中度过了余生。"刘伶沉湎"中的刘伶作为竹林七贤之一,在魏晋鼎革的关键时刻借醉酒来躲避社会,其放浪形骸的举止为刘基所不齿。"嵇生纵诞"写的是竹林七贤的精神领袖嵇康。嵇康行为纵诞,主张越名教而任自然,在魏晋鼎革时隐入尘世,最终被司隶校尉钟会构陷害死。"贺老清狂"写的是唐朝著名诗人贺知章。贺知章官居高位,为人狂诞不羁而又嗜酒如命。贺知章明知道唐玄宗沉溺于酒色致使朝纲日乱而不加以制止,相反却迎合唐玄宗,请求度为道士。扬雄、刘伶、嵇康与贺知章都是历史名人,他们在历史转折的紧要时刻没有挽救天下苍生的勇气,只知道放纵自我,他们的行为是不值得提倡的。故此,刘基嘲笑他们。"江左夷吾"写的是管仲。管仲是春秋时期的政治家、军事家、哲学家、经济学家,也是法家的代表人物。管仲辅佐齐桓公,对内发展生产,富国强兵,对外尊王攘夷,纵横捭阖,齐桓公最终成为春秋五霸之一。管仲被后人称为"春秋第一相"。"关中诸葛"指的是汉初三杰之一的萧何。萧何在任沛县小吏的时候多次帮助刘邦,月下追韩信为刘邦挽留军事人才,在楚汉战争中抚百姓、给饷馈、不绝粮道助力刘邦战胜项羽,汉朝建立后呕心沥血制定规章制度。萧何对汉朝功莫大焉。在刘基看来,管仲、萧何所行的"济弱扶危"之事才是盖世功名。盖世功名需要从长计议,不能一意孤行,因为"桑榆外,有轻阴乍起,未是斜阳"。丽水城外,反抗元朝的势力风起云涌,方兴未艾,不能够以"斜阳"等闲视之,需要全力以赴与之斗争。下阕写得慷慨激昂,充满了乐观主义精神。刘基以管仲、萧何为榜样,力图建立盖世功名,成为元朝的顶梁柱。

七、应邀出山

在刘基与石抹宜孙的努力下,丽水的混乱局面被平息了。踌躇满志的刘基原以为会在仕途上更进一步,元朝却把刘基的官职降回了原来的八品。立了大功不但没有得到奖励,反而受到了降职的惩罚,这对于自命不凡的刘基来说是莫大的侮辱和打击。刘基对元朝彻底失去希望,辞官回到武阳村。

朱元璋听闻刘基的大名,就邀请他出山。尽管对元朝绝望,但刘基的建功立业之心并没有彻底消失。在隐居武阳村的日子里,刘基一直观察着天下形势。综合各种信息,刘基认为朱元璋心怀雄才大略,有望一统天下,是一个值得自己辅佐的明主。于是他写了一首古乐府《圣人出》来表达自己激动的心情。

圣人出

圣人出,临万方,赤若白日登扶桑。

阴灵韬精星灭芒,群氛辟易归大荒。

暗暖寒谷熙春阳,枯根发苗畅幽藏。

潜鱼跃波谷鸟翔,花明草暖青天长。

青天长,圣人寿,北斗轩辕调气候。

北辰中居环列宿,八风应律九歌奏,圆方交格神灵辏。

> 圣人出,阳道开。
>
> 亿万年,歌康哉。

刘基热情讴歌了朱元璋,把朱元璋比作千年难遇的圣人。在天下大乱的时候,唯有像圣人一样的朱元璋可以安定局势,给百姓带来希望与和平。朱元璋如同旭日一样从东方冉冉升起,月亮和星星都黯然失去光芒,躲避到遥远的地方。寒冷幽暗的山谷艳阳高照,埋在地下多年的枯木生根发芽,鱼高兴地跳跃出水面,鸟欢乐地在山谷飞翔。一望无际的蓝天下,草色青青,花朵鲜艳。刘基以丰富的想象力描绘朱元璋带给社会的光明前景。月亮和星星当指陈友谅、张士诚等朱元璋的对手,凶气则指腐败不堪的元朝。刘基高瞻远瞩,预料到元朝会败退到蒙古草原。"暗暖寒谷熙春阳,枯根发苗畅幽藏。潜鱼跃波谷鸟翔,花明草暖青天长"描绘出朱元璋治理下社会的欣欣向荣与百姓的安居乐业。刘基衷心地祝愿朱元璋这样的圣人应该像青天一样长寿,因为他能够带来万世太平。他拥戴朱元璋、为朱元璋出谋划策的豪情壮志由此可见。

八、峥嵘岁月

刘基为朱元璋制定了正确的战略方针,消灭了各地的割据势力,推翻了元朝。在此过程中,刘基最难忘的就是与陈友谅的鄱阳湖之战。这是一场恶战,朱元璋以少胜多。在《赠杜安道》一诗中,刘基叙述了鄱阳湖之战的惨烈。

赠杜安道(节选)

> 冯夷蹋浪群水飞,巨鳌掉首三山舞。
>
> 云随太乙拥锋旗,鼍为丰隆作灵鼓。
>
> 将军金甲箭攒猬,战士铁衣汗流雨。
>
> 火龙熺焰绛天衢,熛象飐烟煎地府。
>
> 鲸鲵既翦挽抢落,草木熙阳鱼出谷。

战斗中,双方百舸云集,充塞湖面。阵阵鼓声中,士兵用大炮对轰,用火铳、弓箭对射,在甲板上短兵相接,不时有人倒下。激烈的战斗把水中的巨鳌与河神冯夷都吓跑了。朱元璋的船一度搁浅,差一点儿为敌军所俘。朱元璋采用火攻,最终击败了陈友谅。陈友谅在混战之中为流矢射死。刘基禁不住欢呼:"鲸鲵既殪挽抢落。"在中国水战史上,鄱阳湖之战是与赤壁之战齐名的以弱胜强的战役,奠定了朱元璋争霸天下的基础,确立了朱元璋在群雄中的地位,在一定程度上可谓明朝的开国之战。刘基身为朱元璋的第一谋士,参与了鄱阳湖之战的整个过程。鄱阳湖之战的胜利,离不开刘基的运筹帷幄。刘基壮怀激烈,施展平生所学。对于刘基来说,鄱阳湖之战是何等的意气风发。那是刘基的峥嵘岁月。

九、避祸归乡

明朝开国后,"朱元璋对勋臣的疑忌心理日渐浓重,刘基耿介的性格与明朝的新贵们发生了新的矛盾,因此,明王朝建立不久,刘基便又步入了艰难的仕宦之途"①。淮西集团是朱元璋开创基业的中坚力量,朱元璋一方面依靠他们,另一方面又担心他们尾大不掉,影响到自己的统治。朱元璋采用了制衡的手法,让以刘基为首的江南文人集团来制约淮西集团。江南文人集团在与淮西集团的较量过程中,劣势明显,最终双方两败俱伤。这样的结果是朱元璋乐意见到的,因为这样可以使国家大权牢牢掌控在他的手中而不会旁落。

刘基本质上是一个儒生,忠君报国是他的行动指南。刘基把朱元璋当成了心目中的圣主,兢兢业业地开展工作。刘基严格执法,不讲情面,处理了不少淮西集团的骄兵悍将,引起了他们的反扑。朱元璋对于身处险境的刘基并没有伸出援助之手。"农民皇帝朱元璋最担心的就是那些与他一同打拼创业的元老功臣会觊觎他的皇帝宝座,以他们的实力,是随时可以造反的。所以,他费尽心思地提防权大势大的功臣,特别是那些才能出众之人。礼贤下士那只是立国时的策略和需要,而立国以后那些士却反过来对朱元璋构成了威胁。"②刘基清高孤傲、多谋足智、廉洁自律,有着广泛的百姓基础,这样的人是朱元璋颇为忌惮的。朱元璋巴不得刘

---

① 　周群.刘基评传[M].南京:南京大学出版社,1995:91.
② 　郭梅,毛晓青.刘基传:风云国师[M].上海:上海远东出版社,2008:148-149.

基在与淮西集团的斗争中身陷囹圄。屡经磨难的刘基彻底看清楚了朱元璋的真实面目,厌倦了官场的险恶,于是辞官回到故乡。

刘基是在秋天踏上返乡之途的。他的心情无疑是沉重和凄凉的。他写了《旅兴五十首》,从中可以看到他的心灰意冷。

> 侥福非所希,避祸敢不慎。
>
> 富贵实祸枢,寡欲自鲜吝。
>
> 疏食可以饱,肥甘乃锋刃。
>
> 探珠入龙堂,生死在一瞬。
>
> 何如坐蓬荜,默默观大运。

> 上古人一心,生荣死同哀。
>
> 末世自为心,骨肉多嫌猜。
>
> 沉沉十日雨,漫漫百亩苔。
>
> 苔深车轮没,平路生蒿莱。
>
> 呜呼张仲蔚,衡门何由开。

刘基不希望得到朱元璋的垂青,伴君如伴虎,稍有不慎,就会大祸临头。刘基把“富贵”看作“祸枢”,将“肥甘”视为“锋刃”,认为这是名利的象征。名利会使人欲望膨胀,走上不归之路。身居高位表面上风光,实际上高处不胜寒,在权力斗争中一旦失败就会身首异处。既然如此,还不如退隐乡间,避祸保身。自古以来,长生不老、享受荣华富贵就是人们普遍的追求。在朝政混乱的时代,骨肉之间都会相互猜疑,何况是君臣之间呢?张仲蔚是西汉的一名隐士。他能文擅诗,安贫乐道。张仲蔚不图虚名,一心隐居,所住之处草长得比人还高,把人都掩没了。张仲蔚住在这样的地方,几乎没有人认识他。刘基见到路边没过车轮的野草,不由得想起了张仲蔚。“呜呼张仲蔚,衡门何由开”真实地表达了刘基的心声。他多么希望像张仲蔚一样,远离官场的是是非非,过着自由自在的隐士生活。

刘基路过丽水,见到了侄子刘宗文。长谈之后,刘基赋诗送给刘宗文:

> 朝露白如玉,我不敢躏,恐湿我足。
>
> 夕露光如珠,我不敢逾,恐湿我裙。
>
> 谁谓河弗广? 可航可荡。风波无期,不如勿往。
>
> 谁谓林弗幽? 可遨可游。豺虎无虞,不如勿由。
>
> 中田有禾,园有树麻。发石有泉,可以为家。
>
> 中田有麦,园有树核。采山有蔬,可以为宅。

刘基明白无误地告诉了刘宗文官场的险恶。全诗充斥着看透世事的悲凉。刘基在官场上举步维艰,动辄得咎。官场的钩心斗角、尔虞我诈让聪明过人的刘基心生寒意。都说皇恩浩荡,但是浩荡的皇恩是靠不住的,随时会像风波一样把船打翻,像豺狼虎豹一样把人吃掉。既然皇帝无情,翻脸不认人,还不如像陶渊明一样归隐田园。只有无忧无虑的田园生活可以安抚刘基受伤的心灵,给他带来慰藉,带来温暖。

十、风烛残年

刘基隐居故里,无论是朱元璋还是淮西集团,都对他不放心。淮西集团甚至构陷刘基意图谋反。为了自证清白,刘基孤身一人拖着老病之躯待在京城。对于刘基这样一个待罪之臣,朝中大臣大都明哲保身,几乎没有人敢与他来往。风烛残年的刘基在京城的凄惨状况可想而知。刘基在此期间填了不少词,其中《尉迟杯·水仙花》颇有代表性。

> 凌波步,怨赤鲤、不与传椷素。空将泪滴珠玑,脉脉含情无语。瑶台路永,环佩冷、江皋荻花雨。把清魂、化作孤英,满怀幽恨谁诉。
>
> 长夜送月迎风,多应被、彤闱紫殿人妒。三岛惊涛迷天地,欢会处、都成间阻。
>
> 凄凉对、冰壶玉井,又还怕、祁寒凋翠羽。盼潇湘、凤杳篁枯,赏心惟有青女。

这首词写得如泣如诉、哀婉曲折,把刘基的心境暴露无遗。水仙花是凌波仙子的人间化身,刘基以水仙花自喻。水仙花虽美,赤鲤却从中阻碍,不把水仙花的真实情况告诉住在瑶台的神仙。在荻花纷纷落下的秋日,水仙花幽怨满腹。水仙花尽职尽责,却被人说三道四,想到仙山遁世,又被恶意阻拦,只好洁身自好,又时时担心被小人诬陷。水仙花的遭遇正是刘基在现实中的缩影。水仙花冰清玉洁,招致嫉恨,刘基不也是如此吗?"多应被、彤闱紫殿人妒"指的是胡惟庸诬陷刘基谋反之事。朱元璋凭胡惟庸一面之词就无端地怀疑刘基,致使刘基待罪京城无法回家,刘基心酸异常,"满怀幽恨谁诉"。"空将泪滴珠玑,脉脉含情无语"描绘出了刘基对朝廷的忠诚之心,但是朱元璋看不到刘基的忠心,刘基只好"把清魂、化作孤英"。"盼潇湘、凤杳篁枯"指的是娥皇女英的故事。娥皇女英是舜帝的妃子。舜到南方巡视,死于苍梧,葬在九嶷山。娥皇女英千里寻夫,在湘江边对着九嶷山哭泣,泪珠滴在竹子上,"斑竹""湘妃竹"的称呼由此产生。娥皇女英投湘江而死,被后人尊称为湘妃。刘基以娥皇女英的典故暗示自己是忠于朝廷的。作为忠臣,无端遭受猜疑,刘基无处诉说,"赏心惟有青女"。刘基托物言志、借景抒情,他的愤懑、悲伤、痛苦、失落、孤独、寂寞,跃然纸上。

刘基在京城待罪两年后,因为身体多病,被朱元璋恩准回家。回到武阳村才一个多月,刘基就驾鹤西去,巨星就此陨落。

十一、结语

作为文学家,刘基的诗词在其作品中所占比重比较大,这些写于不同阶段的诗词反映了他的心路历程。刘基自幼接受儒家教育,饱读诗书,满腹经纶,23岁高中进士,可谓是少年得志。踏上仕途之后,刘基始终得不到元朝的重用,伤心之下刘基归隐田园。胸怀大志的刘基经过激烈的思想斗争,背叛元朝而投靠了朱元璋。辅佐朱元璋打天下的那段时间,是刘基最惬意、心情最为舒畅的时期,也是刘基向着心中的梦想大步前进的时期。明朝建立后,刘基在淮西集团的迫害与朱元璋的刻薄寡恩之夹缝中举步维艰,进退失据,诚惶诚恐,到头来落了个剥夺俸禄、抱病而死的凄惨下场。在元末明初的大变革时代,刘基踯躅于兼济天下和独善其身的矛盾状态之中,始终无法走出。刘基用诗词书写着自己的矛盾人生,记载着自己的心路历程。

[作者简介]

刘亚轩,河南财经政法大学教授,2009 年于浙江大学获得历史学博士学位。出版学术专著 1 部,主编教材 10 部,主持省部级课题 5 项,主持厅级课题 20 余项,在核心期刊发表论文 30 余篇,荣获河南省社会科学优秀成果二等奖 1 项,厅级社会科学优秀成果一等奖 4 项。

民间传说与刘伯温史传类文本的书写

胡正裕

摘　要:改革开放后,关于刘基的具有俗文学性的作品越来越多,据不完全统计,已有50多种,尽管存在横向的"盗版"、托名,也包括作者本人不动声色地修改书名、改换版本,这种"互文性"奇观所形成的热度,反映了刘伯温传记在俗文学市场上的份额与分量。减去其中不少雷同的文本,还是有相当可观的原创性作品。写人物传记是件很有难度的事,能广泛搜集材料且有良好的文字功底只是基本的要求,此外还需要高超的史识,得知人论世。细读这数量众多的史传作品,我们能发现两大书写范式,一是直接收编传说作为全书的主体内容,简单地将传说当成"史料"与"程式",二是史实与传说双线并叙。这两大范式、诀窍使这类传记的书写变得比较容易。在商业性说书思维的影响下,史传类作品中对于民间传说的收编与征用形成了一种富含民间传说内核的叙事模式。

关键词:俗文学视角;互文性;说书性;叙事模式

一、俗文学视角下当代刘伯温史传类作品的"互文性"奇观

署名黄伯生的《诚意伯刘公行状》可谓刘基史传类写本的"源文本",官修的《明太祖实录·刘基传》、具有浓重官方色彩的张时彻《诚意伯刘公神道碑铭》及《明史·刘基传》的表述总体上皆源自《诚意伯刘公行状》,如果将《诚意伯刘公行状》看成一种内部定本,那么,诚然如陈泳超所说:"内

部写本的终端,同时又是外部写本的开端。"①

尽管廖道南的《殿阁词林记》、雷礼的《国朝列卿纪》、项笃寿的《今献备遗》、何乔远的《名山藏》、过庭训的《本朝分省人物考》、陈元素的《古今名将录》等皆写到过刘基,但都不成规模,即便《英烈传》《续英烈传》等也远非以刘基为主角的演义,"游武庙"之类的戏曲也只是聚焦某一个点,大体上,在传统社会尚未出现通俗类的以刘基为主角的演义文本。然而在改革开放之后,关于刘基的具有俗文学性的作品越来越多。

互文性又称文本间性,着眼于不同文本之间的关系。互文性理论最先由克里斯蒂娃正式提出并确立,脱胎于索绪尔的结构主义语言学和巴赫金的对话主义思想,通常被用来指示两个以上文本间发生的互文关系,包括:(1)两个具体或特殊文本之间的关系;(2)某一文本通过记忆、重复、修正,向其他文本产生的扩散性影响。② 自 20 世纪 90 年代开始,市场上出现了一大批刘伯温史传类作品,笔者已购买到的即有 50 来种,这些关于刘伯温的"当代版"传记,并非都是很严肃的写作,不乏所谓的"庸俗化、低俗化、神秘化、雷同化",不过如果换一种眼光,从俗文学的视角来看的话,其中的一大部分在某种程度上可谓当代的俗文学作品,自有特定的"隐形手与无弦琴"③在起作用。所谓的"50 来种",其实是要做很多减法的,因为有很多版本的内容几乎完全一样,既存在横向的"盗版"、托名,也包括作者本人不动声色地修改书名、改换版本。

如李薇主编的《刘伯温全传》、张欣武主编的《刘伯温全传》、"唐浩明"④编著的《刘伯温全传》、宋海峰主编的《刘伯温》、马健编著的《诸葛亮传·刘伯温传》、国学经典文库编委会编著的《刘伯温传》、李然主编的《刘伯温传奇》,这 7 本书的主体部分几乎一模一样,仅略做增删,并稍微调整了下目录,有所不同的是,前 4 本的女主角名为苏琪,后 3 本的女主角则改成了朱珠。稍微隐蔽一些的,有本昌义编著的《帝师刘伯温》,此书中的

---

① 陈泳超.背过身去的大娘娘[M].北京:北京大学出版社,2015:300.
② 陈永国.互文性[J].外国文学,2003(1):75.
③ 陈定家.隐形手与无弦琴[M].北京:中国社会出版社,2007.
④ 明显属托名唐浩明。——作者注

女主角姓名为桑琳,另外章节目录有所合并,且略有删减。按出版时间及内容看,这8本都源自霍光辉所著的《刘伯温》,其女主角的名字苏琪非常稳定地被前面4本沿用着。

华惠主编的《神机妙算:刘伯温》与姜正成主编的《帷幄奇谋——刘基》的文本内容完全一样,除了书名不同,找不出其他内容上的差别,甚至两书的"前言"也毫无二致。若将文本向前追溯,我们能发现它们与耿夕娟编著的《刘伯温传》特别像,只是姜正成加了两页"前言",另外在目录上动了下"手脚",即简单理了理小标题,并在每章的右侧写了几句相关的话而已。然而勿轻易以为就是华惠抄袭了姜正成、姜正成抄袭了耿夕娟,因为耿夕娟的文本又几乎与高福锁著的《刘基》一模一样,除了全书结尾部分略有不同,其他部分全部照单全收,只是删去了高福锁所著《刘基》中的"引言""刘基生平简表"及"本书主要参考书目",并在目录上稍加调整。

贺俊杰的《国家智囊刘伯温》袭自张晓珉的《大明神算师:刘伯温》,他所做的主要是加了个"引言",删了张晓珉的"序言",其目录二十二章的大框架不变,不过具体的文字表述大多数都改换过,此外在正文方面进行了很多的加加减减,需进行较细致的对读才能发现。与贺俊杰相比,丁当的成书容易多了,丁当的《神机妙算刘伯温》与陆杰峰的《大明第一推手刘伯温》雷同,正文改动极少,最用心的地方是仿写了个相当时尚漂亮的目录,"前言"和"引子"都只截取了一部分,书末的"附:谁杀死了刘伯温"与"刘伯温年表"都没收入书中。

顺便提一句,李浩白著的《帝国谋臣——刘伯温》(重庆出版社,2016)不属于刘伯温的传记类作品,它只是刘基斩李彬一案的演义,内容与他先前出版的《打虎哥刘伯温》(人民日报出版社,2013)完全一样,但他在再版时未做相关说明。类似这样的再版问题,在作者获得商业利益的同时,其实也有个明显的缺点,比如度阴山的《帝王师:刘伯温》(江苏文艺出版社,2014)与《深不可测:刘伯温》(江苏凤凰文艺出版社,2018),以及张晓珉的《大明神算师:刘伯温》(中国工人出版社,2014)与《大明神算师:刘伯温》(台海出版社,2018),它们的出版社与书号都不相同,再版也不加任何说明,这样一来,后出的版本几乎像是一本新书,其隐患是如果在这两个版本之间,有抄袭者在这个时间段内出版了一部书,那些先看到这个抄袭者的版本而后看到原作者再版的那个本子的话,反而会认为原作者抄袭了真正的抄袭者,笔者就曾以为张晓珉抄袭了贺俊杰,直到看到张晓珉的第一版。度阴山也是,笔者曾对他非常"失望",以为他名气这么大的才子也抄袭别人,幸好后来买到了他的首版,才消除了觉得他抄袭的误会。

我们能发现在某种意义上,这种"互文性"奇观所形成的热度,同时也反映了刘伯温传记在俗文学市场上的份额与分量。

尽管直接署名"京城说书人""丁当"等艺名,或托名唐浩明之类的文本并不多,但我们很容易从中体会出浓郁的俗文学的色彩,比如"主编""编著"等字眼,一望而知是与"传记"作者身份不搭的。"传记"与"编者"的奇特搭配,很能反映出"非学者"写作。邓广铭曾说钱彩等人编写的《说岳全传》"不配称为历史著作,连历史小说(如上举的《三国演义》)的水平也够不上"①。

作为俗文学性质之一的商业因素,即稿费经济问题,在这些刘伯温传记中,真正获得较多利益的可能还是盗版商、出版社等,这种追责官司就和名人作家的相关标准不一样了。学者中真正翻阅这些文本的人大概不多,作为娱乐性消费者的读者也未必会重复地购买各个版本加以对比,即使有人发现了雷同本,估计也会把它当成一种普通的市场乱象而已,不会去深究,因此这些略加改头换面的雷同作品,几乎不见笔墨官司,作为文化快餐,颇似说书时代时的听过就算,或许这些俗文学作品也是翻过就算、读过就算,因而没有引发像郭敬明《梦里花落知多少》的盗版案那么大的动静。

二、作为"史料"及"程式"的刘伯温传说

前述的版本问题只是顺便提及,本文关注的重点是另一个层面上的"有所本",即作为"史料"及"程式"的刘伯温传说。

写人物传记是件很有难度的事,广泛搜集材料且具有良好的文字功

---

① 邓广铭.岳飞传[M].北京:人民出版社,1983:自序 4.

底只是基本的两项要求,此外还需要有高超的史识,要知人论世。北宋名相富弼德才兼备,是范仲淹推行"庆历新政"时的左膀右臂,在北宋,与富弼并称的一流政治精英很多,如"富欧韩范""范富""富韩""富文""青州三贤""嘉祐四真"等,所涉名人分别为范仲淹、韩琦、欧阳修、文彦博、胡瑗、包拯。北京历代帝王庙配享的各朝文武功臣共 79 位,富弼为其中之一。就是这样一位中华民族的伟人,至今还没有一部单独的传记。据笔者所知,许多年前不少富弼后裔想聘请宋史专家写一本《富弼传》,但至今无果。又如李一冰写《苏东坡新传》花了八年时间,邓广铭写《岳飞传》一改再改,等等。尽管只是作为历史人物传记书写难度的参考,但严肃的传记撰写诚为难事实属自不待言。因此,若是人物传记的写作难度有所降低,除非是一种非严肃性的俗文学写作。

富弼的故事也不少,诸如"诟如不闻"、晏殊快婿、出使辽国、青州救灾等,但谈不上形成数量众多的"富弼传说",相比之下,刘伯温传说的数量则称得上"海量",因此关于富弼与刘基俗文学类传记的写作,自然是"刘伯温传"容易写得多。因为民间传说的收编与征用是一种很容易上手的叙事模式。

上官先觉编著的《奇人奇才刘伯温》是一本较早的具有刘伯温传记色彩的专书。上官先生未必具有突出的史才,因为该书只是在框架上有点像历史人物传记而已,如果没有细看该书,或不熟悉刘伯温传说的文本,则不容易了解该书的知识生产过程,如管成学、张洁 2005 年的论文《刘基考述三题》即认为上官先觉的《奇人奇才刘伯温》是对刘基生平较为深入的研究:

> 刘基的学术研究,发展得已经比较广泛和深入。对刘基生平的研究,已有上官先觉的《奇人奇才刘伯温》(广西人民出版社 1993年);周群的《刘基评传》(南京大学出版社,1995 年);郝兆矩的《刘伯温评传》(作家出版社,1998 年)等。①

由于印刷技术的高度发展及出版业的商业模式变化,改革开放后出

---

① 管成学,张洁.刘基考述三题[J].温州师范学院学报(哲学社会科学版),2005(4):22.

书变得越来越容易,在某种程度上,许多历史演绎类的书皆可视为当代俗文学。上官先觉的《奇人奇才刘伯温》主体上其实是对吴孟前、杨秉正《刘伯温传说》中绝大多数传说的汇编整合,主要体现在调整次序、拟定新的目录框架、取用新的篇名等,大体如此。此外他也加了一些其他的常识性内容,如《烧饼歌》、谶纬学等。上官先觉的作品,就其创作加工而言,是他的个人创作,署了名;但就其基础而言,还是民间集体创作所形成的刘伯温传说。

笔者并非出于对上官先生的无礼,事实上他的作品颇具当代俗文学的特色,该书具有较强的可读性,称其为开卷有益并不为过,在某种意义上,它也成了一种俗文学的范式。

那么,该书何以称得上范式,又是怎样的范式?笔者以为它借用了作为"程式"的传说"小品",形成了具有口头散体叙事特征的俗文学范式。程式不是口头史诗的专利,也是口头散体叙事的重要方式。一篇篇相对短小的传说故事可以作为创编基点,这种创编技巧在口头演述中是合法的、常见的。文学中的传统成分意味着从过去承继下来的东西而并非作者自己的创造。传统可以被认为是对文学程式整体的继承。因此上官先觉编著的作品具有传统的"口头性"内核,事实上是一种口头文学遗产。口头性不追求独创性或新颖性,观众或读者也并不做这样的要求。

《奇人奇才刘伯温·后记》中有明确说明:

> 该书的编撰,资料主要来源于下列著作:《明史·刘基传》、陈抱成的《明代人物轶事》、吴孟前的《刘伯温传说》、张英基与董文林的《郁离子译注》、关庚等人的《朱元璋的传说》、侯修文的《刘伯温卸甲》,以及浙江丽水、温州地区群众艺术馆搜集的民间传说等等。

我们不必一一核对所提文献,仅比照吴孟前、杨秉正选编的《刘伯温的传说》一书即可知其主体部分所用刘伯温传说比例之高(见表1)。

表1 《奇人奇才刘伯温》的目录及其目录大纲所用刘伯温传说的备注

《奇人奇才刘伯温》 （上官先觉）	《刘伯温的传说》 （吴孟前、杨秉正选编）
引言	（1）磨垟降生
第一篇 天降大任	（2）千里求师
——刘伯温出世的传说（1）	（3）凤阳巧遇（一）
第二篇 绿野仙踪	（3）凤阳巧遇（二）
——刘伯温与无字天书	（4）出山（一）
一、百岁禅师（2）　　二、仙姑赠天书	（4）出山（二）
第三篇 天下第一谋士	（4）出山（三）
一、大道剖鸡盼刘基（3）　四、二请刘伯温（4）	（5）寻遇春
二、初遇"天子"（3）　　五、三请刘伯温（4）	（6）深山访贤
三、一请刘伯温（4）	（7）破爿山之战
第四篇 监往祭来，言无不验	（8）百里坊
——刘伯温的推算术	（9）智歼陈友谅
一、贵人到场破不吉　　五、平地龙卷风	（10）少年救乡亲
二、乌鸦兆祥不兆凶　　六、察言观色以推命	（11）狗坟逐霸
三、无雨砍了刘伯温的头　七、正月初四好登基	（12）高安县判案
四、遇春花落来（5）　　八、身后之计	（13）百里坊
第五篇 运筹帷幄 决胜千里	（14）中秋月饼
——刘伯温的武略精神	（15）走洪都
一、招贤擢奇（6）　　七、火神百瘟	（16）巧设"诸葛碑"
二、脱困之法（7）　　八、就地取物（9）	（17）圆梦
三、绝招制胜（8）　　九、草木皆兵	（18）母牛认犊
四、一言兴邦　　十、神降天兵	（19）双关妙语救徐达
五、扭转乾坤　　十一、降人引路	（20）蜈蚣街的由来
六、阳谋阴谋	（21）太乙盆
第六篇 深谋远虑，游刃有余	（22）哑巴殿
——刘伯温的智慧系统	（23）半副銮驾
一、初试锋芒（10）　八、圆梦呈祥（17）	（24）章旦
二、狗坟逐霸（11）　九、牛通人性（18）	（25）黄金路碑
三、智审窃贼（12）　十、巧谏洪武	（26）蓑衣县令
四、竖碑止戮（13）　十一、百猫守鱼	（27）刘青天
五、月饼藏机（14）　十二、夜游秦淮河	（28）国师鱼
六、洪都脱险（15）　十三、计助马娘娘	（29）赠石章
七、巧设诸葛碑（16）　十四、妙语救徐达（19）	（30）六月笋

续表

《奇人奇才刘伯温》 （上官先觉）		《刘伯温的传说》 （吴孟前、杨秉正选编）
第七篇　但行好事　莫问前程 　　——刘伯温广施善行		(31)半个鸡头一杯酒 (32)矮凳桥 (31)国清寺画虎 (34)九世同居 (35)潮水留步
一、龙泉斩蟒(20)	六、为民请命(24)	
二、埋葬太乙盆(21)	七、黄金路碑(25)	
三、挽救毛老汉	八、警告襄衣县令(26)	
四、爱民如子(22)	九、振纪杀贪官	
五、讨封童养媳(23)	十、京城除害(27)	
第八篇　隐语道破天机 　　——刘伯温的谶纬学		
一、谶纬学举要	三、天机不可泄	
二、一箭之地	四、烧饼歌释例	
第九篇　芳名永在人间		
一、军师鱼(28)	五、矮凳桥(32)	
二、青田石章(29)	六、猛虎图(33)	
三、六月笋(30)	七、刻字箸笼(34)	
四、半个鸡头一杯酒(31)	八、瓯江潮水(35)	
第十篇　飞鸟尽　良弓藏 　　——刘伯温遁世		
一、淡泊功名	三、再别京都	
二、显隐两难	四、走入混沌	
附录：明史刘基传		
帝师问答歌（烧饼歌）		
后记		

很明显，其主体部分所用刘伯温传说比例之高是一目了然的。同一年出版的谭吉人的《预言与谋略大师——刘伯温》（花城出版社，1993）也直接收编了很多民间传说，不过编排方式大异其趣，作者按照传记式的人生时序组织全书，并采用了章回体的目录。与《奇人奇才刘伯温》最为类似的是李家晔、吴玲编著的《一代人豪刘伯温：功彪千秋 德炳万古的智慧大师》（中国社会出版社，2008），这也是一本主要由四十几个传说组成的书，本质不是传记类作品，只是收编传说，并融入了一些《郁离子》的内容。

全书有章无节，仅有小标题。不过在目录里，设了章前小序，但这些章前小序实际上具有很明显的随意性、疏离性，章的名称及章前小序无法涵盖下面的故事群，只是简单编个箩筐，大致装一装相关传说，并未关注其逻辑混乱与时序混乱。全书主要就是采用了直接的传说"程式"，外加一些常识性的叙述。

郭梅与毛晓青著的《刘基传：风云国师》（上海远东出版社，2008），附录有"刘基简谱"及"参考书目与资料来源"，若仅看其目录，第一印象会觉得该书应该挺有分量，作者得花不少精力写作，而且学术功底应该也很不错（按：猜测线索为：第一，书名为《刘基传》，按部分学者的判断，凡写"刘基传"的偏历史，而写"刘伯温传"的则偏传说；第二，作者后面的署名方式是"著"而不是"编著"），但当笔者通读完全书之后，先前的印象荡然无存了，发现支撑该书的主干几乎尽是民间传说，不过编纂方式不同于上官先觉的《奇人奇才刘伯温》与李家晔的《一代人豪刘伯温》，其目录规规矩矩的，很有史传特色，而且其第八章与第九章这最后两章似乎专门收编传说，而这恰恰会让人觉得前面七章写得接近"正史"，认为最后两章不过是一种"叙事的否定"之策略罢了，但事实是全书满注了民间传说，本来前七章通篇传说也就罢了，已经可以收尾，但它还另有传说的专章，真是吃定了"传说饭"。仅仅串联一下民间传说，出本书真是比较容易。此外，京城说书匠的《刘伯温传：大明帝师开国记》（中国法制出版社，2015）中民间传说的数量虽不算多，但因其体量小（才5万余字），比例却是很高的，称其主干为民间传说并不为过。

总的来说，通常作为"史料"直接使用的民间传说，以刘基中进士前的传说最为密集，因为这段时间内史料所记载的事最少，这种缺失形成了数量较多的传说。但通篇传说的书稿自然例外，作者们能巧妙地找出刘基各个人生阶段的相关传说。这些作为"程式"的传说小品都极具俗文学品性，一般都相当脍炙人口。当代俗文学里的"新书会才人"们融会优质传说、选择性地以民间传说为素材加以串联，廉价地对传说加以征用，这种串联集成本质上可谓另一种形式的传说集成，在某种程度上比散乱的小品式的传说集更具阅读趣味，因此"新书会才人"一次又一次地复述在客观上也起到了某种传承的作用。

三、从史实与传说的双线并叙到传说比例的弱化

可以说"文史不分家"曾是中西之通例,中西自古就有许多非常著名的渗透了"文学性"的历史著作。如中国"史家之绝唱、无韵之离骚"的《史记》,西方的《荷马史诗》、希罗德的《历史》等。然而在西方现代历史学家看来,历史的特质就是真实,在所有的叙事文本中,历史文本才是最客观、最真实的。受这种"科学"思维的影响,国人也常对历史与传说作简单的二元划分,认为历史是真实的,传说则是虚构的。

以海登·怀特"历史诗学"为代表的新史观重新为历史学注入了"文学性",他认为"历史知识永远是次级知识,也就是说,它以对可能的研究对象进行假想性建构为基础,这就需要由想象过程来处理,这些想象过程与'文学'的共同之处要远甚于任何科学的共同之处"[①]。此外,"就历史写作继续以基于日常经验的言说和写作为首选媒介来传达人们发现的过去而论,它仍然保留了修辞和文学的色彩。只要史学家继续使用基于日常经验的言说和写作,他们对于过去现象的表现以及对这些现象所做的思考就仍然会是'文学性的',即'诗性的'和'修辞性的',其方式完全不同于任何公认的明显是'科学的'话语"[②]。的确,历史在某种程度上可谓活在叙事里,诸如偶尔考古得来的材料,最终还是需要进入叙事的领域才能佐证或重写历史,另外,口述历史本质上也需要经由叙述的途径来表达。

相比于西方漫长的中世纪,中国的讲史传统生发得很早,如唐代的变文、宋元的话本、明清的弹词及曲艺等,最具"历史精神"的传统中国不仅有世上独一无二的汗牛充栋的正史典籍,极具俗文学性质的讲史类、演义类文本亦是层出不穷的另一翼。

吴趼人在《月月小说》创刊号《历史小说总序》里解释道:

> 秦、汉以来,史册繁重,庋架盈壁,浩如烟海,遑论士子购求匪易,

---

① 怀特.元史学[M].南京:译林出版社,2013:前言6.
② 怀特.元史学[M].南京:译林出版社,2013:前言1.

即藏书之家,未必卒业。坐令前贤往行,徒饱蠹腹,古代精华,视若覆瓿,良可哀也。窃求其故,厥有六端:绪端复杂,艰于记忆,一也。文字深邃,不有笺注,苟非通才,遽难句读,二也。卷帙浩繁,望而生畏,三也。精神有限,岁月几何,穷年龁龁,卒业无期,四也。童蒙受学,仅授大略,采其粗范,遗其趣味,使自幼视之,已同嚼蜡,五也。人至通才,年已逾冠,虽欲补习,苦无时晷,六也。有此六端,吾将见此册籍之徒存而已也。①

这里明确指出了普通人对于历史文本的需求大多不是正史,而是通俗性强的历史小说。历史书写是一项难事,它需要很多条件,如钱穆先生所说的史才、史识等,所以历来都是文人多、史家少。然而,又有文史不分家的说法,结果是历史演绎相对比较简单,因为它不需要十分严格地考证史料,也不用详细注明材料的各种出处,此外由于有相对稳定的叙述框架,以及许多互文性成品的参考,历史演绎的写作门槛得以大大降低。

诸葛亮的形象经过千余年来历代的累积,再加上《三国演义》的塑造定型,已几近高峰,相对而言,刘伯温的形象则要年轻得多,当下诸葛亮的重新演绎已没有太多的市场与空间,而关于刘伯温的书写则正在不断出新。

高福锁著的《刘基》出版于1996年,称得上一部好书,史料与传说兼顾,很流畅,可读性很强,此前我们已知道好几种基于它而改头换面的书稿,这也从侧面反映了高福锁版的受欢迎程度,其出版年份分别为1996年(高福锁)、2002年(耿夕娟)、2015年(姜正成)、2017年(华惠),时间跨度有21年,笔者最先买到耿夕娟编著的《刘伯温传》,阅读体验颇佳,据笔者所知,该书的读者群颇多。那么,"高福锁体系"的优点在哪? 笔者以为其中史实与传说的双线并叙是一个关键。高福锁在"引言"中提到刘基"正史有载,野史有传",在书末所列的主要参考书目里就有好几种关于刘伯温的传说集子。全书所收录的传说有二十多则。

然而称得上具有范式意义的是郝兆矩的《刘伯温大传》(大连出版社,

---

① 转引自王记录.中国史学史[M].郑州:大象出版社,2012:294.

1994),该范式由俞慈韵在其书评中提出,即"一真二杂",《刘伯温大传》"没有回避民间传说中的种种传奇,新辟一真二杂的传记蹊径,以事系义,以理传真,或叙或评,或析或议,多角度立体地再现了'亦庄亦谐'的刘伯温的真实形象。《刘传》的'真',是以正史为经,以家谱和实地考察为纬;'杂',是指材料杂、体裁杂,广采博收了稗史、家乘、传闻,但大都有出处,且进行评析"①。所谓"大传",或指其杂糅性,因此文本较为摇曳多姿,颇具阅读趣味。"一真二杂"中的"杂",即民间传说这条副线,他至少采用了三十多则传说,单单这个规模已远远超过了京城说书匠的《刘伯温传:大明帝师开国记》。这种范式的操作性也很强,当然其难度要高于单纯收编传说的模式。刘素平的《刘伯温:道破天机》(华文出版社,2017),本质上与郭梅、毛晓青的《刘基传》及京城说书匠的《刘伯温传:大明帝师开国记》类似,但在结构上要复杂一些、立体一些,她在"引言"里写道:"本书以史实为基,又不拘泥于史实,融合民间传说,丰富情节,以更好更全面地理解主人翁。"②

　　另一方面,我们又不必把史事叙事想得难度过高,因为正史中关于刘基的情节主干是固定的,作者也很容易得到前文本、小传、年谱等材料。因此,作为史传节点的这类稳定性知识并不稀缺,称得上具有一种恒定性的互文关系。新一批"书会才人"尽管不改说书性、俗文学性,但在文本风格上发生了很大的变化,比如从度阴山、陆杰峰、燕山刀客、张晓珉等这些写手开始,在史料上运用民间传说的方式起了较大的变化。一是民间传说的整体比例开始减少,二是在用民间传说来加强叙述时,总体上也呈现出了另一种风格,即不直接随手拿传说当材料往文本里塞,而是有一种"叙事的辨析"的写法,有肯定,有否定,也有姑且存之的叙述趣味。此时的双线并叙整体上已偏向历史表述,但叙述风格是俏皮化的,因为"无厘头化"叙事是非常受欢迎的商业技巧。此时的传说成了史事主干之外的点缀,信手拈来。时代在发展,近年来幽默与时尚成了极为突出的卖点,文本虽然对传说的依赖性不强了,但仍会有如"刘基之死""刘基传奇"等

---

① 俞慈韵.评《刘伯温全传》[J].社会科学战线,1996(5):280.
② 刘素平.刘伯温:道破天机[M].北京:华文出版社,2017:引言 3.

话题性的专章。比如度阴山的《帝王师：刘伯温》的最后一章就是"传奇故事在民间"。

　　大体上，民间传说与刘伯温史传类文本之间的书写关系有两种，第一种最简单的范式是直接收编传说作为全书的主体内容，简单地将传说当成"史料"与"程式"，利用这种简单的书写范式成书特别容易，非常像初级层次的"说书人"，贩卖一些传说，获得一些商业利益。第二种稍微复杂一些的范式是史实与传说的双线并叙，并且整体上呈弱化传说比例的趋势，但又永远不会彻底驱逐传说，即便像吕立汉的学术性专著《千古人豪：刘基传》也选录了十几则传说。因为从学术角度而言，很多时候，传说是真实的投影，是广大民众的"心灵史"，所以真实的刘基与传说中的刘伯温是有着许多相通之处的。适当合宜地选录部分传说，很能为文本增色，并为读者所喜欢。曾有学者说："《刘伯温全传》《刘基评传》《刘伯温评传》《刘基传》等，若从事实考证、思想诠释、语言风格、体例设计等角度赏析，尚不令学人满意。"很期待一部真正的"最完整、最全面、最可靠的刘伯温大传（评传）"，笔者不知道这"最完美的刘基传"将是一部怎样的作品，但笔者以为没有必要完全摒弃传说，而且事实也不可能完全弃传说而不顾，合理地选用、化用民间传说才是最好的书写方案。

［作者简介］

　　胡正裕(1983—　　)，男，浙江文成人，2021级中国社会科学院大学博士研究生。研究方向为刘基文化、民间文学等。

文学、史学视域下的"刘基死因三说"

——读传记文学经典《明史·刘基传》

苗体君

摘 要:《明史·刘基传》秉承了《史记》纪传体的格式,把文学、史学完美地糅合在一起。近代后,中国的学者用西方史学的方法,把文学与史学区分开来。文学可以借助虚构、夸张等方式记录生活,用直笔直接、真实地叙述历史的本来面貌,用曲笔让读者回味无穷。历史学是一门科学,讲究有一分证据就说一分话。这样就出现了刘基死因三说:文学直笔视域下的胡惟庸下毒说;文学曲笔视域下的朱元璋授权胡惟庸下毒说;史学视域下的病死说。

关键词:刘基死因三说;文学史学视域;传记文学;朱元璋;胡惟庸

在中华历史上,刘伯温绝对是一个传奇式的人物,他与姜子牙、诸葛亮一样,成为传奇文化的一个代名词。无论是在学术界还是在民间,刘伯温都家喻户晓,凭其在政治、文学、谋略等诸多方面的卓越成就,从明代至今,关于刘伯温的研究长盛不衰,成为明史研究的一个亮点。而刘伯温的死因,更是蒙上了神秘的色彩。

历史上,关于刘伯温死因存在着三种说法:第一种说法是胡惟庸下毒;第二种说法是朱元璋授权胡惟庸下毒;第三种说法是病死。可以说三种说法都源自《明史·刘基传》。《明史》是一部关于明朝历史的权威史书,也是中国古代二十四史的最后一部,《明史》共332卷,包括本纪24卷、志75卷、列传220卷、表13卷。其中第128卷,也就是列传第16卷为《刘基传》。《刘基传》用有限的篇幅对刘基进行了介绍,其写作笔法秉承了《史记》纪传体的格式,把文学与史学完美地糅合在了一起,把司马迁《史记》中的"文史不分家"淋漓尽致地展现了出来。所以每个读者读完《刘基传》后,都会在刘基三种死因中,按照各自的理解,选择自己认可的一种说法。

一、在文学视域下,以直笔的修史方法,还原了"胡惟庸下毒说"的全过程

(一)"直笔"叙述刘基喝了胡惟庸送来的药,四个月后去世

"直笔"是传统史学修史的一种方式,就是直接、真实地叙述历史的本来面貌。粗略阅读《刘基传》,文中有"基在京病时,惟庸以医来,饮其药,有物积腹中如拳石"①。翻译成今天的白话文,是说刘基在京城南京生病时,胡惟庸派来了医生,喝了胡惟庸的药后,刘基就有了拳头般大的石块一样的东西积在腹中。又过了三个月,病情转坏。随后,朱元璋遣使护送刘基返回青天,回到老家后,刘基病情继续恶化。"居一月而卒,年六十五。"②刘基在老家居住了一个月就死了,享年 65 岁。从这几句话可以清晰地看出,《刘基传》的作者以直笔的书写方式告诉读者,刘基喝了胡惟庸送来的药,四个月后去世。

(二)"直笔"叙述刘基与胡惟庸结怨的原因

胡惟庸是安徽凤阳定远人,与朱元璋、李善长都是同乡。胡惟庸归附朱元璋后,担任宁国县(今宁国市)知县,当时李善长掌握实权,胡惟庸就以 200 两黄金贿赂李善长,从此,胡惟庸凭借李善长的关系青云直上,先后任吉安通判、湖广佥事。朱元璋称吴王后,在李善长的引荐下,胡惟庸先后担任太常寺少卿、太常寺卿。明朝刚刚建立时,随着政权的日益稳固,统治阶级内部的矛盾也逐渐暴露出来。当时构成朱元璋政权的基础有两支基本的力量——淮西集团和浙东集团。因为朱元璋得天下,很大

---

① 高占祥.二十五史(第十二卷)明史(上)[M].北京:线装书局,2007:753.
② 高占祥.二十五史(第十二卷)明史(上)[M].北京:线装书局,2007:753.

程度上是依靠淮西人的,所以朱元璋称帝后,淮西集团在政治、军事、经济上占据绝对优势,而浙东集团则处于被排挤、受打压的处境。浙东集团自然不甘心放弃,他们千方百计想获得朱元璋的信任。朱元璋就利用两派之间的矛盾,巩固自己的统治,在重用淮西人的同时,又利用浙东势力来监视淮西人,以加强和巩固自己的皇权统治。当时,淮西集团的领军人物是左丞相李善长,李善长德高望重,为众人敬仰。而浙东集团的领军人物则是刘基。可以说在当时的朝堂上,也只有刘基可以与李善长分庭抗礼。

后来李善长被罢免了丞相,朱元璋问刘基,让胡惟庸做丞相如何? 刘基的回答是:"譬之驾,惧其偾辕也。"①其中"偾"(fèn)意思是破坏,"辕"指车,以此比喻国家大事。翻译成白话文,刘基说的是:让胡惟庸为相,譬如用马驾车,就怕他弄翻了车子。而在《刘基传》中,关于刘基与胡惟庸结怨,就源自刘基对胡惟庸"譬之驾,惧其偾辕也"的评价。明朝建立后,有了李善长的引荐,胡惟庸春风得意,1370 年,胡惟庸入中书省担任中书参知政事。1373 年,右丞相汪广洋出任广东参政,随后,由胡惟庸担任右丞相。从 1373 年到 1380 年,胡惟庸担任丞相长达 7 年。胡惟庸担任丞相时,淮西集团的政敌浙东集团的杨宪已被杀掉,所以胡惟庸任丞相期间,除了朱元璋外,胡惟庸觉得在政治上唯一对他构成威胁的人便是刘基。也正是由于刘基与朱元璋讨论胡惟庸不能为丞相的那句话,使胡惟庸对刘基耿耿于怀,并伺机对刘基实施报复。

(三)"直笔"叙述刘基避祸,被胡惟庸陷害的全过程

朱元璋在明初,按照古代官制设立了左、右丞相制,并以左丞相为大,右丞相为"副相"。胡惟庸升任右丞相后,为了避祸,1371 年,刘基隐居在老家青田。对此,《刘基传》写道:"至是还隐山中,惟饮酒弈棋,口不言功。"②这是说刘基为了避祸,还乡隐居山中,只饮酒下棋,从来不提及自己过去为朝廷立下的功劳。青田当地的县令想求见刘基都不成,县令为了见刘基,特意换上便衣,装扮成农夫。刘基的侄子把扮成农夫的县令领

---

① 高占祥.二十五史(第十二卷)明史(上)[M].北京:线装书局,2007:752.
② 高占祥.二十五史(第十二卷)明史(上)[M].北京:线装书局,2007:752.

进茅舍,当时刘基正在洗脚。见面后,得知进来的农夫是青田知县时,刘基赶忙起身,向县令行礼,并连称自己为小民。后来,县令再去求见刘基时,刘基就闭门不见了。《刘基传》中说"其韬迹如此,然究为惟庸所中"①。意思是说,即便是刘基隐晦行迹如此小心翼翼,但终究还是被胡惟庸所害。

关于胡惟庸设计陷害刘基的方式,《刘基传》以直笔的方式,记述得很详细,因为是文言文,现代人阅读起来很不方便,而且有些地方很难理解,我们不妨分割开来,逐一解释一下。"初,基言瓯、括间有隙地曰谈洋,南抵闽界,为盐盗薮,方氏所由乳,请设巡检司守之,奸民弗便也。"②文中的"瓯"指温州,"括"指括苍山,"隙地"指是荒地,谈洋在今浙江青田县南。用现代的话说,谈洋本是一片位于闽浙边界的荒地,在温州与括苍山之间,因地处闽浙交界,而成为盗卖私盐的聚集地。元朝末年,方国珍兄弟曾以此为根据地,起兵造反,鉴于此处地理位置的特殊性,刘基请求明政府在此设立巡检司,如果设立了巡检司,想作乱的人就不那么方便了。"会茗洋逃军反,吏匿不以闻。"③其中"茗洋"是一个地名,在谈洋境内。用现代的话说,谈洋有一个叫茗洋的地方,出现了逃军反叛,对此地方官员却不上报。一向关心国事的刘基,"令长子琏奏其事,不先白中书省"④。用现代的话说,刘基让长子刘琏把这件事上报朝廷时,没有先奏报给中书省。接下来这句话非常关键:"胡惟庸方以左丞掌省事,挟前憾,使吏讦基,谓谈洋地有王气,基图为墓,民弗与,则请立巡检逐民。"⑤意思是说,当时的胡惟庸正担任左丞相,负责中书省的大小事务,因先前他对刘基有积怨,便趁机让手下的官吏诬告刘基,说谈洋是块风水宝地,有帝王之气,刘基想把这地方占为己有,充作家族墓地,因民众不答应,刘基就让朝廷设立巡检司,借朝廷之名驱赶民众。朱元璋得知此事后,给出了最

---

① 高占祥.二十五史(第十二卷)明史(上)[M].北京:线装书局,2007:752.
② 高占祥.二十五史(第十二卷)明史(上)[M].北京:线装书局,2007:752.
③ 高占祥.二十五史(第十二卷)明史(上)[M].北京:线装书局,2007:752.
④ 高占祥.二十五史(第十二卷)明史(上)[M].北京:线装书局,2007:752.
⑤ 高占祥.二十五史(第十二卷)明史(上)[M].北京:线装书局,2007:752.

终的处理意见:"帝虽不罪基,然颇为所动,遂夺基禄。"①用现代的话说,朱元璋虽然不责罪刘基,但被攻击刘基的官吏的言辞打动,于是剥夺了朝廷给予刘基的俸禄。

(四)"直笔"叙述刘基患病的原因

对朱元璋剥夺俸禄的处理办法,刘基心存畏惧,不得不到南京向朱元璋谢罪,并留在了南京。接下来这句话最为重要,交代了刘基生病的原因:是胡惟庸做上了丞相,让刘基非常忧愤,从而引发疾病。"未几,惟庸相,基大戚曰:'使吾言不验,苍生福也。'忧愤疾作。"②意思是,很快胡惟庸就做了左丞相,刘基非常悲伤地说:"假使我的话不应验,那就是苍生百姓的福分。"悲愤之中他患病了。随后,朱元璋派使者护送刘基回乡。回到家中,刘基自知时日不多,就开始安排自己的后事。他叮嘱已经在官场打拼多年的两个儿子,要格外警惕官场上的风吹草动。尽管如此,在刘基死后,刘基官场上的对手也没有放过他的两个儿子,长子刘琏被人逼迫,投井自杀;次子刘璟遭人陷害,在监牢内上吊自尽。

临终前的刘基"以《天文书》授子琏曰:'亟上之,毋令后人习也。'"③。这里的《天文书》就是占卜书籍,朱元璋忌惮刘基的占卜术,主动把占卜的书交给朱元璋,目的就是让朱元璋放过他后人。用现代的话说,刘基把《天文书》给了长子刘琏,并说:"赶快把《天文书》献给皇上,刘家后人不能看、不能学,以免遭到朝廷猜疑。"随后,刘基"又谓次子璟曰:'夫为政,宽猛如循环。当今之务在修德省刑,祈天永命。诸形胜要害之地,宜与京师声势连络。我欲为遗表,惟庸在,无益也。惟庸败后,上必思我,有所问,以是密奏之'"④。因为朱元璋喜爱刘璟,所以刘基叮嘱刘璟在官场上要懂得变通,否则就会引来灾祸。用现代的话说,刘基对次子刘璟说:"治国、理政要懂得刚柔循环并济。当今的要务是修德减刑,祈求上天为大明王朝增寿。我本想留个遗书,无奈胡惟庸权倾朝野。等胡惟庸身败,皇上

---

① 高占祥.二十五史(第十二卷)明史(上)[M].北京:线装书局,2007:752.
② 高占祥.二十五史(第十二卷)明史(上)[M].北京:线装书局,2007:752.
③ 高占祥.二十五史(第十二卷)明史(上)[M].北京:线装书局,2007:752.
④ 高占祥.二十五史(第十二卷)明史(上)[M].北京:线装书局,2007:752.

一定会想起我,到时候就把这个表密奏给皇上。"

二、在文学视域下,以曲笔的修史手法,把朱元璋杀害刘伯温的真相"藏"在了字缝里

曲笔是史家编纂史书时的一种写作笔法,与直笔截然相反。用曲笔写史,其目的一则是为当权者隐瞒历史的真相,二则是史家对于搞不清楚的或者模糊不清的历史,用文学的笔法进行撰写,在吸引读者阅读的同时,还可以让读者展开遐想。司马迁在撰写《史记》时,就采用了大量的曲笔,所以在《史记》成书后的 2000 多年里,一代代学者对《史记》中所写的一些内容,产生了不同的结论,而且相互间争论不休。

事实上,每一个阅读者初读《明史·刘基传》后,关于刘基的死因,都会非常认同"胡惟庸下毒说"这一观点。但重读《明史·刘基传》后,随着读者对《明史》的进一步了解及生活阅历的增多,再重新思索刘基死因时,可能会认同"朱元璋才是杀害刘伯温的幕后凶手"一说。出现这一结果的原因有以下几点。

(一)在对待小明王韩林儿的问题上,朱元璋认为刘基是一个阴谋家,并开始猜忌刘基

1363 年 2 月,另一支反元义军的首领张士诚,突然进攻红巾军首领小明王韩林儿和丞相刘福通的驻地安丰,安丰也就是今天的安徽寿县。韩林儿急忙向已是名义上的部下朱元璋求救。朱元璋找来刘伯温商议对策,刘伯温认为韩林儿已没有任何利用价值。其一,如果救回了韩林儿,以后该怎么处理,难道像三国时期的曹操,一辈子都伺候汉献帝不成?其二,如果去救安丰,另外一支反元义军陈友谅趁机带兵打进南京怎么办?在刘基看来,让张士诚进攻安丰,最好是灭掉韩林儿,这样就可以免去朱元璋以后弑君的恶名。刘基虽力劝朱元璋,但朱元璋最后还是"亲率大军驰援,安丰城已破,刘福通被杀"[1]。朱元璋率部拼死救回了小明王韩林儿。《刘基传》中写道:"初,太祖以韩林儿称宋后,遥奉之。"[2]元末农民大

---

① 俞美玉,何伟.刘伯温家族史研究[M].杭州:浙江文艺出版社,2016:186.
② 高占祥.二十五史(第十二卷)明史(上)[M].北京:线装书局,2007:752.

起义,有一支叫红巾军的起义军建立了一个国号为"宋"的政权,其领袖就是"明王"韩山童,后来韩山童牺牲,韩山童之子韩林儿被推为"小明王"。用现代的话说,当初,朱元璋因为韩林儿自称是宋王朝的后代,虽自己远在南方,还是尊奉了他。"岁首,中书省设御座行礼,基独不拜,曰:'牧竖耳,奉之何为!'因见太祖,陈天命所在。"①用现代的话说,一年之初,中书省摆下御座,让众人向韩林儿行礼,只有刘基一人不下拜,刘基说:"不过一个放牛小子,尊奉他干什么?"于是他去见朱元璋,讲明天命所在。朱元璋小时候也给地主家放过牛,刘基对小明王不下拜这件事,也成为朱元璋对刘基心存猜忌的一个开端。

1366 年,随着朱元璋的势力一天天壮大,小明王韩林儿的存在也成为朱元璋登基称帝的一大障碍。朱元璋让部下廖永忠把韩林儿接到南京来,结果韩林儿沉江身亡。1368 年,朱元璋顺势称帝,建立大明王朝。虽然后来的历史证明,刘基提出的不救韩林儿的策略是对的,但后来的朱元璋时不时想到这件事,总认为刘基是一个阴谋家,并猜疑刘基将来会不会对自己也这样。

(二)在刘基与李善长交锋时,朱元璋拉偏架,也是其放弃刘基的开始

明朝刚刚建立时,朝廷内部的大臣以地域分成两大派别,其实就是所谓的同乡会,朱元璋取得天下靠的是淮西集团,淮西集团的老大本来是朱元璋,但朱元璋做了皇帝后,李善长就成了淮西集团的会长。淮西集团人多势众,是朱元璋造反起家的班底,主要成员包括李善长、徐达、汤和、常遇春等人。而浙东集团的首领正是刘基。

淮西集团与浙东集团的第一次交锋发生在 1368 年,称帝不久的朱元璋赴汴梁期间,留守南京的是刘基与左丞相李善长。朱元璋仿照元朝建立了监察机构御史台,御史中丞由刘基担任,可以说,当时的刘基是言官的首领,其任务就是监督文武百官。刘基认为宋、元朝廷对官员过于放纵,导致吏治腐败,并最终亡国,所以大明应吸取前朝教训,严肃吏治,刘

---

① 高占祥.二十五史(第十二卷)明史(上)[M].北京:线装书局,2007:752.

基"令御史纠劾无所避,宿卫宦侍有过者,皆启皇太子置之法,人惮其严"①。意思是说,刘基下令御史台的工作人员,纠察弹劾不能有任何避忌,即便是皇帝身边的工作人员也不能例外,他们当中如果有人犯了罪,也要报告太子,并依法进行处理,官员们见状,都非常害怕刘基。

引发刘基与李善长之间的矛盾的,是一个叫李彬的人。李彬是李善长的亲信,在中书省任职,因贪污放纵被刘基抓了起来。刘基查清李彬的罪行后,决定杀掉李彬。李善长连忙去找刘基说情,刘基却软硬不吃,还将这件事报告给了朱元璋。朱元璋大怒,命令立刻处死李彬。对此,《刘基传》说:"中书省都事李彬坐贪纵抵罪,善长素?匿之,请缓其狱。基不听,驰奏。报可。"②而朱元璋的这份立刻处死李彬的回复刚好落在了李善长手里,李善长也不敢隐瞒,但为了救李彬一命,李善长就以南京城很久不下雨为由,提出此时不应杀人。而刘基的答复是:杀李彬,天必下雨!谁知道杀掉李彬后,很久一段时间还是没有下雨。当朱元璋回到南京后,李善长就向朱元璋告刘基,设坛求雨时,在坛下杀人,是对上天的大不敬。与此同时,那些怨恨刘基的人也交相谮毁刘基。"由是与善长忤。"③正是因为此事,刘基与李善长不合。虽然最后朱元璋没有为难刘基,但刘基知道,得罪了左丞相李善长,他在南京已经待不下去了,"会基有妻丧,遂请告归"④。刚好刘基的妻子离世,刘基就借机请求告假回青田奔丧,并得到了朱元璋的同意。

纵览《刘基传》,可以说刘基对大明帝国的创建起了很大的作用,可谓是功勋卓著,其功劳应该在李善长之上。所以《刘基传》中才说:"帝每恭己以听,常呼为老先生而不名,曰:'吾子房也。'"⑤用现代的话说,朱元璋都恭敬地听刘基讲话,常常称刘基为老先生,而不直呼其姓名,把他比作西汉开国功臣、谋略家、政治家张良。1370 年,朱元璋对大明帝国的开国功臣论功行赏时,李善长被封为韩国公,位居六个公爵的第一位。而刘基

---

① 高占祥.二十五史(第十二卷)明史(上)[M].北京:线装书局,2007:752.
② 高占祥.二十五史(第十二卷)明史(上)[M].北京:线装书局,2007:752.
③ 高占祥.二十五史(第十二卷)明史(上)[M].北京:线装书局,2007:752.
④ 高占祥.二十五史(第十二卷)明史(上)[M].北京:线装书局,2007:752.
⑤ 高占祥.二十五史(第十二卷)明史(上)[M].北京:线装书局,2007:753.

却被朱元璋封为诚意伯,俸禄也是伯爵中最低的,年俸只有240石,而李善长年俸为4000石,多出刘基十几倍。当然,这种封赏结果,也充分表明朱元璋对刘基的一种态度,就是通过封赏,让刘基心理陷入一种极度难过的状态,从心理上彻底压垮刘基。

(三)刘基的"臣疾恶太甚""天下何患无才,惟明主悉心求之",使朱元璋有了彻底除掉刘基的想法

明初,面对淮西勋贵的飞扬跋扈,朱元璋决定利用浙东集团去制衡淮西集团。朱元璋单独找到浙东集团领袖刘基。朱元璋选择以拉家常的方式进行谈话,就是为了化解先前因李善长而与刘基形成的不融洽的关系。谈话中,朱元璋突然以严肃的口气认真地问刘基,如果换掉李善长,谁可以做丞相?

对此,《刘基传》中有记载:"初,太祖以事责丞相李善长,基言:'善长勋旧,能调和诸将。'"①意思是说,当初,朱元璋因事斥责李善长。刘基没有趁机落井下石,却夸奖李善长是一位功勋卓著功劳的老臣,而且擅长调和诸将间的融洽关系。对此,朱元璋吃惊地说:"是数欲害君,君乃为之地耶?吾行相君矣。"②意思是说,李善长多次要陷害你,你还为他说好话?你这样的大度量足以担任左丞相职务。刘基一听朱元璋想让他代替李善长做左丞相,"顿首曰:'是如易柱,须得大木。若束小木为之,且立覆'"③。意思是,刘基立即向朱元璋叩头说:换丞相是国家的大事情,如同换房梁一样,要用大木换才行。如换小木做房梁,房屋会立刻倒塌。在这里刘基把自己比作小木头,把李善长比作大木头。这段话所展示出来的就是刘基因李彬案与李善长第一次较量惨败后,通过言语向李善长示弱,以展示自己的大度,求得朱元璋、李善长的谅解。但刘基接下来的对话,让朱元璋有了除掉刘基的想法。

朱元璋明知杨宪是刘基的学生,是浙东集团的主要成员,与刘基素来交往甚好,就试探性地问刘基,拜杨宪为相如何,刘基不假思索地进行阻

---

① 高占祥.二十五史(第十二卷)明史(上)[M].北京:线装书局,2007:752.
② 高占祥.二十五史(第十二卷)明史(上)[M].北京:线装书局,2007:752.
③ 高占祥.二十五史(第十二卷)明史(上)[M].北京:线装书局,2007:752.

止,并说:"宪有相才无相器。夫宰相者,持心如水,以义理为权衡,而己无与者也,宪则不然。"①意思是说:杨宪的才干可担丞相大任,但缺少丞相的大肚量。做丞相的人,要没有任何私心,像水一样淡泊名利,行事要以公平正义为标准,不掺杂任何个人的私心杂念,而杨宪却不是这样的人。接着,朱元璋又问刘基:让汪广洋为丞相如何?汪广洋既不是淮西集团的成员,也不是浙东集团的成员,但朱元璋怀疑汪广洋与刘基私下有勾结,但刘基的回答是:"此褊浅殆甚于宪。"②意思是,汪广洋心地狭隘,见识浅薄,恐怕连杨宪都比不上。随后,朱元璋又说,让胡惟庸为丞相如何?最后,朱元璋说:"吾之相,诚无逾先生。"③朱元璋的这句话意思是:您就是我要找的丞相,相比之下,没有人比您更适合这个位置了。而刘基对朱元璋的回答是:"臣疾恶太甚,又不耐繁剧,为之且孤上恩。天下何患无才,惟明主悉心求之,目前诸人诚未见其可也。"④刘基的这段话的意思是说,我极度憎恨坏人坏事,又承受不了繁重的事务,如果我做了丞相,恐怕要辜负皇上的圣恩。天下有才能的人多了去了,只等明主用心去寻找发现。现有的这些人当中,确实没有适合担任丞相的。可以说正是这句话惹恼了朱元璋,令其产生了除掉刘基的念头。

1371年,也就是洪武三年,朱元璋亲自下书给刘基,"赐归老于乡"⑤。致仕归里的刘基虽然小心翼翼地活着,但还是遭到了胡惟庸的诬告,朱元璋的处罚是剥夺刘基的俸禄。出于对朱元璋的恐惧,刘基进京谢罪,并留在京城,不敢归乡。接着胡惟庸升任左丞相,引发刘基患病。再接下来就是胡惟庸"以医来,饮其药,有物积腹中如拳石"。明初,朱元璋建立了严密的特务机构,每个官员的一举一动都在朱元璋的监控之下,如果胡惟庸真去害刘基,这不是给自己找麻烦吗?如果真有胡惟庸给刘基送药这件事的话,那毫无疑问,一定是朱元璋指使的。

① 高占祥.二十五史(第十二卷)明史(上)[M].北京:线装书局,2007:752.
② 高占祥.二十五史(第十二卷)明史(上)[M].北京:线装书局,2007:752.
③ 高占祥.二十五史(第十二卷)明史(上)[M].北京:线装书局,2007:752.
④ 高占祥.二十五史(第十二卷)明史(上)[M].北京:线装书局,2007:752.
⑤ 高占祥.二十五史(第十二卷)明史(上)[M].北京:线装书局,2007:752.

三、在史学视域下,刘基是病死的,属于自然死亡

中国进入近代后,西方史学的研究方法进入了中国。特别是新文化运动前后,中国的学者开始尝试用西方史学的研究方法,来研究中国的历史,并开始把文学与史学分开。文学可以借助虚构、夸张等方式来记录生活,可以用曲笔让读者回味无穷。但历史学是一门科学,讲究有一分证据就说一分话,没有证据就不能胡乱说。所以,我们今天看古代二十四史的话,就要认真区分哪些是文学的元素、哪些是史学的元素。

譬如刘基的死因,站在文学的视域下,直观地看《刘基传》一文,刘基就是被胡惟庸下毒害死的,而且文字上的证据链条非常完整。但如果对朱元璋及明初的历史进行一番深入了解的话,再加上生活阅历的积累,会确信给刘基下毒的背后指使者是朱元璋。当然这里面还包含着只有中国人才读得懂的文化信息,就是一个人服毒四个月后才死去的荒诞与传奇。

站在史学的视域下,刘基应该是常年过度劳累,加上本应该封为公爵,却被朱元璋连降两级,封为伯爵,俸禄又是伯爵里面最低的 240 石,因此感到耻辱与压抑。再加上朱元璋又借助胡惟庸的诬告,剥夺 240 石俸禄的愤懑,在南方湿热的环境下,刘基患肝病就成了一种必然。因为处在一种长期的压抑与愤懑中,刘基的肝病最后发展成了肝癌。洪武八年(1375)正月,刘基开始卧床不起,早期没有症状,史载是"偶感风寒"。朱元璋得知消息后,对年迈的刘基非常关心,于是派胡惟庸带领太医去给刘基看病,太医诊断后开了药方;随后,照方拿药治病,但吃过药后,或许是偶然,刘基"有物积腹中如拳石"①。其实,这时刘基已处于肝癌晚期,有物积腹中如拳石就是肝硬化、肝缩水的症状。中国人讲究叶落归根,"八年三月,帝亲制文赐之,遣使护归"②。1357 年 3 月,朱元璋亲自撰文,赐刘基归乡,同时还派人护送。4 月 16 日,刘基病逝。综合刘基患病的所有文字记录,刘基完全符合患肝癌的条件。而从胡惟庸送药给刘基,到刘基病逝,这期间刚好有四个月左右,符合肝癌晚期死亡的时间。所以,我

---

① 高占祥.二十五史(第十二卷)明史(上)[M].北京:线装书局,2007:752.
② 高占祥.二十五史(第十二卷)明史(上)[M].北京:线装书局,2007:752.

们说刘基是患肝癌而死,属于自然死亡。

综上所述,《明史·刘基传》用文学的笔法承载历史,使人在阅读文字的过程中,对历史产生极其浓厚的兴趣。在文学视域下,《明史·刘基传》用直笔所传达出的信息,胡惟庸无疑就是害死刘基的"真凶",而且证据链非常完整。曲笔是史家编纂史书常用的一种文学笔法,《明史·刘基传》在记载刘基死因时,巧妙地使用了曲笔,在吸引读者阅读的同时,让读者陷入无限的遐想之中,并从字缝里得出朱元璋授权胡惟庸下毒说。进入近代后,中国的学者开始用西方史学的方法,研究中国的历史,抛开《明史·刘基传》中文学的元素,重新审视刘基的死因,从而得出史学视域下的病死说。

[作者简介]

苗体君(1969—),男,河南鹿邑人,广东海洋大学马克思主义学院教授,中国明史学会刘基研究会会员,研究方向为中国历史。已发表文章中有 2 篇被《新华文摘》转摘,19 篇被人大复印报刊资料全文转载,3 篇被《高等学校文科学术文摘》转摘,百余篇分别被《北京大学学报》《历史教学》等报刊转载。

刘基的天文星相之学及其实践论述

张保见

摘　要：天文星相之学与刘基一生的立身处世、建功立业关联密切。此类学问当来自师承传授、个人天赋与后天的精研苦思，史料记载多有传奇成分。天命观是其核心，在乱世中令刘基自我保全，并指引他选择加入了朱元璋集团。刘基信奉天文星相之学，并加以实践，特别是在军事上。但他对天文星相之学，尤其是对天命观念的信奉，并非宿命式的，而是意识到主动作为才能体现天德意志，并获得成功。刘基利用天文星相之学参与机密谋议，并在临终时将其上进朱元璋，世无流传，其具体操作细节，今天已不得而知。此外，刘基的天文星相之学也存在一些问题。

关键词：刘基；天文星相；实践

刘基（1311—1375），浙江青田（今文成）人，元末明初著名文学家、政治家、军事家，明朝开国功臣，封诚意伯。天文星相之学与刘基一生的立身处世、建功立业关联密切，是他的学术大厦、思想体系的重要组成部分，学术界已经有所关注。周群发现，刘基的宇宙观多有矛盾之处，"天"不仅具有认识客体的含义，并且具有实践对象的含义，人能对天地有所作为。[①] 吕立汉注意到刘基的天道观是在不断变化的，天人感应观念是基础，人对天可有所作为，认为刘基的象纬之学有家学渊源和师承关系，在明朝建立过程中起了很大作用，但刘基本人并不服膺。[②] 高寿仙指出，刘

---

① 周群.刘基评传［M］.南京：南京大学出版社，1995：181-189，194-199.
② 吕立汉.千古人豪：刘基传［M］.杭州：浙江人民出版社，2005：334-337，354-356.

基相信天人感应之说。① 夏咸淳认为刘基悲天悯人、仁人爱物、敬天贵生的生态理念是其民本思想的根基。② 陈立骧指出,刘基的天道论自成系统。③ 余同元、何伟认为刘伯温精通建筑堪舆等术数,以天理易理义理为指向,显示出诸多的近代科学技术性质和功能特征。④ 俞美玉梳理象纬史料,认为刘基对易学术数采取的灵活态度具有启发性。⑤ 目前,学术界在刘基对天文星相的认知与运用等方面,一定程度上复原了刘基天文星相之学的部分表现与特点,但缺乏成体系的陈述,仍有补充讨论的必要。

一

对天人关系的认知是刘基天文星相学中的一个重要方面。作为古代沟通天人的介质,天文星相学无疑是根基。刘基对天文星相之学的深厚素养与应用,是其令人惊叹,且为后人所津津乐道的传奇之一。这一点有多种史料体现:"刘基自幼聪明绝人,凡天文、兵法、性理,一过目,洞识其要"⑥,"刘基自幼聪明绝人,凡天文、兵法、性理诸书,过目洞识其要"⑦,"傍通天官、阴符家言""其于天文,尤悬断不爽若鬼神"⑧,"基博通经史,于书无不窥,尤精象纬之学"⑨,"凡天官、阴符家言,无不精析其奥"⑩。甚至在当时,刘基的这种学问,已经折服了世人。朱元璋与李善长论及同代人的学问时就说道:"以孤所闻,知象纬者,无如青田刘基。"⑪

刘基的天文星相之学,由上引史料来看,主要源自日积月累的研磨学

① 高寿仙.刘基与术数[J].浙江工贸职业技术学院学报,2006(3).

② 夏咸淳.刘基的生命哲学和生态思想[M]//何向荣.刘基与刘基文化研究.北京:人民出版社,2008:138-139.

③ 陈立骧.刘基"天道论"初探[M]//何向荣.刘基与刘基文化研究.北京:人民出版社,2008:171-175.

④ 余同元,何伟.刘伯温堪舆思想的景观生态学诠释[M]//明史研究(第十二辑).合肥:黄山书社,2012:99-105.

⑤ 俞美玉.论刘伯温对象纬术数态度取向及其启示[J].今日中国论坛,2013(8).

⑥ 陈建.皇明通纪集要(卷二)[M].江旭奇,订.明崇祯刻本.

⑦ 陈建.皇明通纪法传全录(卷二)[M].高汝栻,订.明崇祯刻本.

⑧ 王世贞.浙三大功臣传[M]//弇州续稿卷八五.影印文渊阁四库全书本.

⑨ 张廷玉,等.刘基传[M]//明史(卷一二八).北京:中华书局,1974:3777.

⑩ 徐乾学.资治通鉴后编(卷一七五)[M].影印文渊阁四库全书本.

⑪ 项笃寿.今献备遗(卷二)[M].影印文渊阁四库全书本.

习；此外，也有颇具传奇性的记载。有说是其于山中奇遇收获，与兵书同时："基未遇时，知青田山有灵异，日手一编，面山而坐，目不暂释。经岁，忽厓上豁开二扉，基亟掷书趋入。闻有呵之者曰：'此中恶毒，不可入。'基不顾，极力排而进。其中日色明朗，有石室方丈，壁上见七大字云：'此石为刘基所破。'公喜，引巨石推之，应手折裂，得一石函，中有古抄兵书四卷，怀之出，才展足而壁合如故。归阅之，甚习，然犹未得其肯綮。乃多游深山崇刹，以访异人。久之，入一寺，见老道士凭几读书，知其隐者，拜之请教。道士不顾，力恳，而后举书授之曰：'读此，旬日能背诵则可，不则姑去。'书厚二寸，一夕记其半，道士惊叹曰：'子天才也。'遂传其书中之诀。兵法大进。是以见异云而知天子气，又未见云而预定兵符，渊微神妙，知天合天也。"①

有说是其偶于市肆所得："尝游燕京，间阅书肆天文书，翊日背诵如流。其人大惊，欲以书授公。公曰：'此吾已腹储之矣。'"②这表明刘基有惊人的记忆力和理解能力。也有说其学来自高人传授："基为高安县佐，有进贤郭祥甫者，精于天文术数，见基聪明绝人，乃以其学授之。呜呼！留侯受书于圯桥之老而兴汉，伯温受书于高安之老而兴明，就谓天果无意乎？"③且以之与兴汉的张良子房比拟，有神异宿命化倾向。清代有折中二说者曰："初，基在元时，得天文书于燕市，一夕而诵其言。已为高安丞，进贤邓祥甫精象纬学，尽以其术授之，愈洞其要。"④该说法指出刘基先已有奇遇，打下根基，后得专业训练，遂臻于成。这种说法尽管带有很强的史料裁剪加工的主观性，但笔者认为，还是颇为符合学习专业知识的顺序，较为合理。

刘基之所以具有如此高深的星相学造诣，除自小即表现出的聪颖天赋外，应该既是有专门师承，受到过精良学习训练的结果，也是他静观深思，深切把握时局动态，期盼有用于世，广博涉猎的自我选择。

---

① 陈建.皇明通纪法传全录(卷四)[M].高汝栻，订.明崇祯刻本.
② 张时彻.明开国翊运守正文臣资善大夫赠太师谥文成护军诚意伯刘公神道碑铭[M]//芝园集(卷四〇).明嘉靖刻本.
③ 陈建.皇明通纪法传全录(卷二)[M].高汝栻，订.明崇祯刻本.
④ 傅恒，等.御批历代通鉴辑览(卷一〇〇)[M].影印文渊阁四库全书本.

二

刘基对天文星相之学的深思博取,终究是为了实用。在动荡的元末明初,星相之学一定程度上帮助了他。刘基信奉天命观,天命观是其天文星相之学的核心。通过一系列天文观测与神秘主义色彩极浓的推断后,刘基认可命由天定:"尝游西湖,有异云起西北,光映湖水中。时鲁道原、宇文公谅诸同游者,皆以为庆云,将分韵赋诗。公独徒饮不顾,乃大言曰:'此天子气也,应在金陵。十年后,有王者起其下,我当辅之。'时杭城犹全盛,诸老大骇,以为狂,且曰:'欲累我族灭乎?'悉去之。公独呼门人沈与京置酒亭上,放歌极醉而罢。"①也就是说,刘基较早已经认识到天下即将大乱,会有真命天子出世,而他对自己的定位就是做帝师,辅佐其成就王业。这种自我定位应该是比较准确的,也得到了时人的认可:"时无能识基者,西蜀赵天泽独奇之,谓曰:'公乃受魏玄成目耶!非诸葛孔明莫能当也。'为文以王佐期基。"②

庆云之说,在明代流传甚广,"撰明史者无不取以为美谈"③,然王世贞对此已有所怀疑,并加以辨正:

《翦胜野闻》谓:刘基尝携客泛西湖,抵暮,仰天而言曰:"天子气在吴头楚尾,后十年当兴,我其辅之。"及过苏,见张士诚,曰:"贵不及封侯,何可久也?"夜登虎丘山,曰:"天子气尚在吴头楚尾。"闻郭子兴据濠上,就见之,遇太祖,曰:"吾主翁也。"深自结纳,曰:"后十年君为天子,我当辅之。"按,公游西湖,见异云起西北,谓:"天子气在金陵,后十年我将辅之。"然是谢江浙儒学副提举时语。其后张士诚据吴郡之日,郭子兴据濠上之时,公方再起,官在处、绍间,足迹未尝至濠与吴郡也。后至太祖下金华,始遣人聘基,非素相识也。何不经若此?④

---

① 黄纪善.诚意伯刘公行状[M]//徐纮.明名臣琬琰录(卷七).影印文渊阁四库全书本.
② 王世贞.浙三大功臣传[M]//弇州续稿(卷八五).影印文渊阁四库全书本.
③ 徐乾学.资治通鉴后编(卷一七九)[M].影印文渊阁四库全书本.
④ 王世贞.弇山堂别集(卷二一)[M].魏连科,点校.北京:中华书局,1985:275.

　　明末,钱谦益对此也提出了疑问:"《行状》载西湖见庆云,谓'金陵有天子气,我当辅之',及上取金华,'指乾象示人'云云,吾以为皆佐命之后,其门人子弟从而为之词,非公之本心也。"①钱氏的疑问,得到了清代徐乾学的响应并加以采用,为长篇《考异》,辩其非是,云:"今削去《行状》西湖占云之说,及明初野史附会云预知为金陵佐命者,一概不录。"②

　　的确,庆云说具有民间口耳相传的神奇神秘、未卜先知的特色,或许不足采信,但并非空穴来风。以庆云说作为一个特例,剥去其故作神秘的外衣,笔者认为,刘基以星相之学所得的天命观为依据,在当时能够审时度势,认清时局,相时而动,则是没有疑问的。基于这种自我定位,使刘基能够冷静地看待自身,理清所处的周围环境,沉着对待,不妄自尊大,以求在乱世中保存自我,并力所能及地用自己所学造福乡梓。

　　刘基最初是抱着读书济世之心出仕奉元的。他在地方上多有善政,及平定山寇,助守处州,在军事上已初露峥嵘,显示才华,"行省复以都事起公,招安山寇吴成七等,使自募义兵,贼拒命不服者,辄擒诛之,略定其地。复以为行枢密院经历,与行院判舒穆噜宜孙守处州,安集本郡"。所获功绩,虽得上奏朝廷,却遭到贬低压制,"置公军功不录,由儒学副提举格授公处州路总管府判",致同僚寒心,"诸将闻是命下,率皆解体"。屡次打击,让刘基自己清醒地认识到腐朽的元廷已不是他能建功立业之所,等朝廷处州路总管府判命下时,说:"臣不敢负世祖皇帝。今朝廷以此见授,无以宣力矣。"于是,"乃弃官归田里。"③仕元遇挫,刘基心灰意冷,于是隐居著述,成《郁离子》一书,以抒发胸臆。

　　刘基退返故里,"时义从者俱畏方氏残虐,遂从公居青田山中""时避方氏者争依基,基稍为部署,寇不敢犯"④,说明他是拥有武装力量的,至少是有保境自存的实力的。正是在此状况下,有人游说他:"今天下扰扰,以公才略,据括苍,并金华,则越可折简而定,方氏将浮海避公矣。因画江

---

①　钱谦益.太祖实录辨正二[M]//牧斋初学集(卷一○二).明崇祯瞿耜刻本.
②　徐乾学.资治通鉴后编(卷一七九)[M].影印文渊阁四库全书本.
③　黄纪善.诚意伯刘公行状[M]//徐纮.明名臣琬琰录(卷七).影印文渊阁四库全书本.
④　张廷玉,等.刘基传[M]//明史(卷一二八).北京:中华书局,1974:3778.

守之,此勾践之业也。舍此不为,欲悠悠安之乎?"说客希望刘基凭借个人能力及影响力,奋起争雄,割据一方,成就霸业。刘基在此时显示出了其静观时局、把握大势的超凡能力,推出冷静思考的结论,笑着对说客说:"平生忿方谷珍、张士诚辈所为。今用子计,与彼何殊耶?天命将有归,予姑待之。"①首先他表现出对割据的不屑,这应当是他博览群书得出的历史教训所致。其次是他表现出对天命观的认可,至少借助天命观,刘基顶住了权力的诱惑。笔者认为,刘基总体是认可并服膺天命观的,不仅仅将其当作一种乱世中的权谋手段。在天命观认知的基础上,对元廷断绝念想后,事实上他又为自己开辟了一条更为光明的大道,并能够充分估量自己,冷眼旁观,绝不盲动,等待时机,并暗暗观察,寻觅所谓的真命天子。

三

机会很快到来了。就在刘基安守家园时,朱元璋的军队占领金华,攻破处州,底定括苍。刘基在天命观念指引下,于此时决计归吴,"因见太祖,陈天命所在"②。刘基加入朱元璋集团的具体过程,史料记载有三种说法。一是朱元璋积极礼聘招罗,"及克处州,又有荐基及溢、琛者,上素闻其名,即遣使以书币征之。时总制孙炎先以上命请基。至是,四人同赴建康入见,上甚喜"③。清修《明史》,刘基本传亦持此说:"及太祖下金华,定括苍,闻基及宋濂等名,以币聘,基未应。总制孙炎再致书,固邀之,基始出。既至,陈时务十八策,太祖大喜,筑礼贤馆以处基等,宠礼甚至。"④负责具体征招事务的孙炎本传,印证了这个说法:"克处州,授总制。太祖命招刘基、章溢、叶琛等,基不出。炎使再往,基遗以宝剑。炎作诗,以为剑当献天子,斩不顺命者,人臣不敢私,封还之,遗基书数千言,基始就见,送之建康。"⑤这是说刘基前往建康,虽是礼聘,但带有一定强制性,在一定程度上刘基是迫不得已做出的选择。

① 黄纪善.诚意伯刘公行状[M]//徐纮.明名臣琬琰录(卷七).影印文渊阁四库全书本.
② 台湾"中研院"历史语言研究所,校印.太祖实录(卷八)[M].上海:上海书店,1984.
③ 张廷玉,等.刘基传[M]//明史(卷一二八).北京:中华书局,1974:3778.
④ 张廷玉,等.刘基传[M]//明史(卷一二八).北京:中华书局,1974:3778.
⑤ 张廷玉,等.孙炎传[M]//明史(卷二八九).北京:中华书局,1974:7411.

二是当时机降临时,刘基主动选择。"会上下金华,定括苍,公乃大置酒,指乾象谓所亲曰:'此天命也,岂人力能之耶?'客闻之,遂亡去。公决计趋金陵,众疑未决。母夫人富氏曰:'自古衰乱之世,不辅真主,讵能获万全计哉。'众乃定。或请以兵从,公曰:'天下之事,在吾之所辅者尔,奚以众为。'乃悉以众付其弟陆,陴家人叶性、朱佑等参掌之,且曰:'善守境土,毋为方氏所得也,勿忧我。'适总制官孙炎以上命遣使来聘公,遂由间道诣金陵,陈时务策一十八款,上从之。"①这是说刘基主动做出前往金陵谒见朱元璋的抉择,南田集团经过激烈争论,最终达成一致意见,天文星相之学在决断中起到了特殊作用。孙炎的礼聘发生在刘基做出决定之后。王世贞认可这种说法:"会高帝以下金华,定括苍,基置酒延客,指乾象示之曰:'此乃岂人力也耶。'"②项笃寿加以采用:"及高皇帝下金华,定括苍,基指乾象谓所亲曰:'此天命也。'遂决计趋金陵。"③

三是折中二说,刘基主观认可,但自抬身价,待朱元璋主动礼聘后顺势加入。"会上下金华,定括苍,即处州府。基乃指乾象谓所亲曰:'此天命也,岂人力所能耶!'适总制官孙炎以上命遣使来聘,基遂决计趋金陵。"④徐乾学认可这种说法,一方面"及克处,又有荐基及溢、琛者,即遣使以书币征之。时总制孙炎先奉命聘基,使者再往反,不起。炎为书数千言陈天命以谕基,基乃与三人者同至",认可《明实录》的说法;另一方面"及婺、处已定,基置酒延客,指乾象示曰:'此岂人力也耶!'会孙炎使数至,乃来谒。既见,退谓人曰:'天星数验,真可附也,愿委身事之'"。说明刘基在朱元璋集团礼聘前,已经依据天命观做出了选择,孙炎前来招募,给了刘基有尊严地加入这个集团的一个好机会。笔者认为这种折中的说法,应该是比较切合实际的。至于朱元璋先后对刘基下发的诰辞:"朕亲临浙右之初,尔基慕义。及朕归京师,即亲来赴""朕提师江左,兵至括苍,

---

① 黄纪善.诚意伯刘公行状[M]//徐纮.明名臣琬琰录(卷七).影印文渊阁四库全书本.
② 王世贞.浙三大功臣传[M]//弇州续稿(卷八五).影印文渊阁四库全书本.
③ 项笃寿.今献备遗(卷二)[M].影印文渊阁四库全书本.
④ 陈建.皇明通纪法传全录(卷二)[M].高汝栻,订.明崇祯刻本;陈建,辑.皇明通纪法传全录(卷二)[M].高汝栻,订.明崇祯刻本.

尔基挺身来谒于金陵"①,是帝王诏旨,语意含混,枝节不明,不能完全参照此作为刘基单方面决定积极主动投靠的证据。

刘基为何选择了朱元璋集团,现有资料并没有给出明确答案。笔者推测,这应该是刘基依据天文星相之学,尊奉天命观念,并较为长时间地冷眼旁观了朱氏的作为,在比对元廷、陈友谅、张士诚等力量后,做出的理智选择。朱氏集团的力量发展到刘基身边,则为选择提供了便利。

四

刘基加入朱元璋集团后,才华得到了朱元璋的认可。他到金陵献策不久,朱元璋曾问陶安其才怎样,陶安说:"臣谋略不及刘基。"以故,"基留帷幄,预机密谋议"②,即深受重用,成为军国大事的主要决策参与者。在之后的岁月里,刘基在关键时刻的重要谋议,证明了朱元璋对刘基的判断和信任获得了丰厚的回报。刘基的天文星相之学在朱元璋集团战时和明朝立国初期,起到了重要作用,有时甚至直接决定了历史的走向。

在朱元璋仍然装模作样尊奉韩林儿时,"中书省设御座,将奉小明王,以正月朔旦行庆贺礼",是刘基戳破了这层窗户纸,"公大怒,骂曰:'彼牧竖尔!奉之何为?'遂不拜。适上召公,公遂陈天命所在,上大感悟,乃定征讨之计"③,以天命所归为号召,使朱氏彻底走向台前,光明正大地开创事业。

朱元璋定鼎金陵后,最大的竞争对手就是陈友谅,与陈氏集团的几次关键性对抗,刘基都是最终获胜的有力保障之一。当陈友谅部进攻金陵时,朱部谋议者或主张以城降,或主张弃城奔逃所谓有王气的钟山,或欲冒险直接决战,败后再逃,独刘基说:"如臣之计,莫若倾府库,开至诚,以固士心。且天道后举者胜,宜伏兵伺隙击之。取威制敌,以成王业者,在此时也。"④刘基用"天道"相号召,以必胜信念,来促使朱元璋下定智取陈

---

① 刘基.弘文馆学士诰、诚意伯诰[M]//刘伯温集.杭州:浙江古籍出版社,2011:附录五.
② 陈建.皇明通纪集要(卷二)[M].江旭奇,订.明崇祯刻本.
③ 黄纪善.诚意伯刘公行状[M]//徐纮.明名臣琬琰录(卷七).影印文渊阁四库全书本.
④ 黄纪善.诚意伯刘公行状[M]//徐纮.明名臣琬琰录(卷七).影印文渊阁四库全书本.

友谅的决心。朱元璋采纳了刘基的建议,"乘东风发伏击之,斩获凡若干万",金陵转危为安。陈友谅攻陷安庆,在军事上取得了一次胜利,其内部虽有诸多问题,但仍然实力强大。在是否主动出击消灭陈友谅的关键时刻,刘基上言:"昨观天象,金星在前,火星在后,此师胜之兆,愿主公顺天应人,早行吊伐。"①此时,再没有比上天垂象、吊民伐罪、顺天应人更为有力的思想动员武器了。这个说辞,以天象作为符号,以民心作为呼应,师出有名,是极具说服力的。

鄱阳湖之战,激烈异常,朱元璋座舰被毁,幸赖刘基提前强烈要求更舟而免难。"时湖中相持,三日未决"②,当此时,胜负难料,历史走向未卜,"公密言于上,移军湖口,期以金木相犯日决胜"③,扼守鄱阳湖入长江的隘口,并以金星、木星冲撞之日作为决战日,再次把上天垂象眷顾当作鼓舞士气的武器。刘基的建议得到了朱元璋的采纳。朱部截断前线的陈友谅与湖口上游的联系,"敌舟不敢出,粮且尽",最终取得大胜,"追奔数十里,自辰至酉,友谅中流矢,贯睛及颅而死,擒其太子善儿,其平章陈荣等,悉以军马来降"④。经此一战,朱氏政权得以稳固,为随后明朝的建立奠定了根基。

这几次重要的军事活动,刘基利用熟知的天文星相之学,对朱元璋获胜,起到了重要作用,所谓"屡从征伐,观天察象,设策运筹,知无不言,言无不验"⑤,这个评价虽有溢美,大体还是客观的。

"上使都督冯胜将兵攻某城,命公授方略。公书纸授之,使夜半出兵,云至某所,见某方青云起,即伏兵。顷有黑云起者,是贼伏也,慎勿妄动。日中后,黑云渐薄,回与青云接者,此贼归也,即衔枚蹑其后击之,可尽擒也。众初莫肯信,至夜半,诣所指地,果有云起,如公言,众以为神,莫能违,竟拔城擒贼而还",这是利用气象指挥作战。"一日,公见日中有黑子,

---

① 徐乾学.资治通鉴后编(卷一八〇)[M].影印文渊阁四库全书本.
② 张廷玉,等.刘基传[M]//明史(卷一二八).北京:中华书局,1974:3779.
③ 黄纪善.诚意伯刘公行状[M]//徐纮.明名臣琬琰录(卷七).影印文渊阁四库全书本.
④ 陈建.皇明通纪集要(卷二)[M].江旭奇,订.明崇祯刻本.
⑤ 张时彻.明开国翊运守正文臣资善大夫赠太师谥文成护军诚意伯刘公神道碑铭(卷四〇)[M]//芝园集.明嘉靖刻本.

奏曰：'东南当失一大将。'时护军胡深伐福建，果败"，同样是看天象预测人事。"后他日，公见上，上方欲刑人。公曰：'何为？'上语公以所梦。公曰：'是众子头上有血，以土傅之，得土得众之象，应在得梦时，三日当有报至。'上遂留所欲刑之人以待之。三日后，海宁以城降，果如公言至，上大喜，悉以所留人俾公纵之"①，这样神奇的解梦预卜能力，都颇显神奇。我们今天对之真假难辨，直可视为传奇，莫测高深。

军事之外，刘基的天文星相之学在治理朝政时，也能起到意想不到的作用。吴元年，刘基为太史令，制定历法，"上《戊申大统历》"②，为新朝张目，寻找政治合法性。制定历法，可以视作刘基天文星相之学在实用性上的一次集中展现。荧惑守心的凶险天文现象出现，"群臣皆震惧"，是刘基利用禳灾之术，"密奏上，宜罪己以回天意"，朱元璋采纳，"次日，上临朝，即以公语谕群臣，众心始安"③。天大旱，因应天人感应之说，"请决滞狱"④，朱元璋命刘基处理，"凡平反出若干人，天应时雨"⑤。洪武四年正月，刘基归乡。八月，"上使剋期以书手问天象事，公悉条答"，凡天文之事，仍以刘基为顾问。刘基就询问事宜的回复，"大意以为霜雪之后，必有阳春。今国威已立，自宜少济以宽"，用气候比喻治国，得到朱元璋的赞赏，"书奏上，悉以付史馆"⑥。甚至临终遗言，刘基还在叮咛次子仲璟，"日后上必思我，待有问，当密为我奏。其略以为修德省刑，祈天永命，且为政宽猛如循环耳"。刘基借助天文星相之学进谏，得到朱元璋的采纳，对于明朝建立后国家角色的转变、治理模式的转型，起到了重要作用。

从以上具体事例，我们可以大体判断，刘基尽管信奉天命观，认为人应当顺应天命，但他也深切意识到天命的真正实现，是需要人抓住时机，并踏实努力经营的。因此，是天命观将刘基带到了朱元璋身边，并对他倾心辅佐。在随后的岁月里，每次在重要时刻，刘基总是用天文星相之学来

---

① 黄纪善.诚意伯刘公行状[M]//徐纮.明名臣琬琰录(卷七).影印文渊阁四库全书本.
② 张廷玉,等.刘基传[M]//明史(卷一二八).北京:中华书局,1974:3779.
③ 黄纪善.诚意伯刘公行状[M]//徐纮.明名臣琬琰录(卷七).影印文渊阁四库全书本.
④ 张廷玉,等.刘基传[M]//明史(卷一二八).北京:中华书局,1974:3779.
⑤ 黄纪善.诚意伯刘公行状[M]//徐纮.明名臣琬琰录(卷七).影印文渊阁四库全书本.
⑥ 黄纪善.诚意伯刘公行状[M]//徐纮.明名臣琬琰录(卷七).影印文渊阁四库全书本.

鼓舞或引导朱元璋做出准确的判断与选择,为明朝的建立和初期的稳定发展,做出了贡献。朱元璋先后赐予刘基的诰辞:"节次随朕征行,每于闲暇,数以孔子之言开导我心,故颇知古意。及将临敌境,尔乃昼夜仰观乾象,慎候风云,使三军避凶趋吉,数有贞利""基累从征伐,睹列曜垂象,每言有准,多效劳力。"[①]这正是对刘基在明代开国进程中所做巨大贡献的肯定,也是对刘基天文星相之学的充分认可。

刘基在家闲居时,表面上弈棋饮酒,不问世事,其实仍心系庙堂,心忧天下,并没有放弃对天象的观测,"每天象有大变,则累日不乐。凡公以天下苍生休戚为忧喜者,即此可知矣"[②]。

撰著是刘基掌握与研究天文星相之学的最具代表性的实践结晶。仅《明史·艺文志》所列,即有多种天文星相著述《天文秘略》一卷、《观象玩占》一卷、《玉洞金书》一部、《注灵棋经》二卷、《解皇极经世稽览图》十八卷、《三命奇谈滴天髓》一卷、《金弹子》三卷、《披肝露胆》一卷、《一粒粟》一卷、《地理漫兴》三卷。其中,署名刘基的《大明清类天文分野之书》二十四卷,注云:"洪武中编,以十二分野星次分配天下郡县,又于郡县之下详载古今沿革之由。"其成书在洪武十七年,刘基去世之后,至少非刘基定稿是没有问题的,然在洪武朝初期,对天文星相之学研究掌握之深,无出刘基之右者,且刘基时为皇帝倚重的朝廷贵臣之一,依据唐以来历代重臣提举、监修重要图书编修的惯例,此书的体例及编撰指导原则,当时应来自刘基,体现的是刘基的编撰思想,一定程度上可以视作刘基的作品。

五

天文星相之学是刘基的学术大厦、思想体系的重要组成部分,与他一生的立身处世、建功立业关联密切。刘基此类学问当来自师承传授、个人天赋,与后天的精研苦思,史料记载多有传奇成分。天命观是刘基天文星相之学的核心,在乱世中成为他冷静思考、自我保全、择机而动的思维动

---

① 刘基.弘文馆学士诰、诚意伯诰[M]//刘伯温集.林家骊,点校.杭州:浙江古籍出版社,2011:附录五.

② 黄纪善.诚意伯刘公行状[M]//徐纮.明名臣琬琰录(卷七).影印文渊阁四库全书本.

因，并指引他选择加入了朱元璋集团。

刘基无疑是信奉天文星相之学的，并在人生体验中加以实践。其在军事上的应用，成就最为卓著，影响也最大。面对强大的陈友谅集团，他注重智取，主动出击，并在鄱阳湖大战中决定性地击败陈部，稳定了朱元璋集团的根基，为后来明朝的建立奠定了基础。在关键时刻，刘基都是利用天文星相之学，或以天命观，或以上天垂象，来坚定朱元璋的必胜信念，果断决策，正确选择，鼓舞朱部士气，作用举足轻重。

笔者也注意到，刘基对天文星相之学的信奉，尤其是对天命观念的信奉，并非宿命式的，而是深切意识到只有注重现实人事，积极主动作为，才能体现天德意志，并获得成功。在军事上如此，在朝廷政事处理方面，更是如此。新朝朝廷甫一成立，初具规模，刘基即上《戊申大统历》，为新政权的合法性提供支持。在出现异常天象，人心不稳时，他采用禳灾之术予以化解。明朝确立全国统治后，他运用自己精通的坤舆之术，主持选址修建南京新城，用天时轮转规律，来劝谏朱元璋从战时国家治理模式向和平时期国家治理模式转型，并得到朱元璋的认可和采纳。这些对于稳定明朝初期的统治，是起到了重要作用的。

刘基的天文星象之学，在古代是研究天道与人事相关联的，具有沟通天人关系的学问，且需要专门训练，掌握专业知识，其本身就具有神秘性。这种神秘性，与刘基的传奇一生结合，加上刘基在宫廷决策过程中的秘密性，"上还京，定计取张士诚。因定中原，拓土西北。公密谋居多。上或时至公所，屏人语，移时乃去。虽至亲密，莫知其由"，凡涉及此类内容的文书，"其书藁并已前奏请诸藁，公皆焚之，莫能得其详也"①，更是笼上了层层迷雾，增添了诸多可供想象的空间。

或许出于自保，或许出于忠心，或许两者兼而有之，"公未薨前数日，乃以天文书授琏，使俟服阕进，且戒之曰：'勿令后人习也'"②。刘基在去世前，叮嘱长子将所习天文书上进朱元璋。从后来刘氏家族的遭际来看，刘基的目的无疑是达到了。但是，刘基上进的书再也没有在世间流传，刘

① 黄纪善.诚意伯刘公行状[M]//徐纮.明名臣琬琰录(卷七).影印文渊阁四库全书本.
② 黄纪善.诚意伯刘公行状[M]//徐纮.明名臣琬琰录(卷七).影印文渊阁四库全书本.

基的天文星相之学究竟是如何操作的,其操作规程和细节是什么,今人已不得而知。而坊间流传的诸多托名刘基的星相之学,徒令有心人增加感慨与怅惘。

当然,刘基的天文星相之学并不是所谓的神机妙算、百发百中的,也有出问题的时候。"会以旱求言,基奏:'士卒物故者,其妻悉处别营,凡数万人,阴气郁结。工匠死,胔骸暴露,吴将吏降者皆编军户,足干和气。'帝纳其言,旬日仍不雨。"①结果,朱元璋大怒,刘基遂以妻丧告归。即使为后世民间最为称道的卜算能力,在朱元璋军中,也并非独擅其美。"时张中亦在师中,所谓铁冠道人者,临川人。其于破友谅,策算尤神绝,他占验亦称是,愈于基。"②对于这一点,明代已有人认识到:"世以诚意伯多帏幄契,又善天官家言,相率为神鬼之说,传之往往过实。天官家言诚巧合命中矣,然不明其所由授。死而上之中秘,虽其家亦无习者,世所传皆谬,以故余尽绌之不录。大较诚意伯之为人,磊落慷慨,不爱其奇,以佐英主,男子哉!"③这既肯定了刘基星象之学的精妙,也力图剥去其神秘主义的外衣,主旨在于赞叹刘基正身立功的气概,同时表达对刘基之学绝响的遗憾。清人以朱元璋所说的刘基每以孔子言论劝谏为据,认为"予是知阴阳风角之术,基所重固不在此"④。这些评论,是在儒学作为官方统治思想的时代环境下做出的,固然有偏差,但不可否认,孔孟学说仍是刘基学术的主流。

[作者简介]

张保见,男,1973年生,历史学博士,河南大学历史文化学院副教授,主要从事中国历史文献学、中国历史地理学研究。

---

① 张廷玉,等.刘基传[M]//明史(卷一二八).北京:中华书局,1974:3780.
② 王世贞.浙三大功臣传[M]//弇州续稿(卷八五).影印文渊阁四库全书本.
③ 王世贞.浙三大功臣传[M]//弇州续稿(卷八五).影印文渊阁四库全书本.
④ 傅恒,等.御批历代通鉴辑览(卷一○○)[M].影印文渊阁四库全书本.

博弈论视域下的《郁离子·八骏》之政治隐喻阐微①

李振政

摘　要：本文用现代博弈论的方法，对《郁离子》中的《八骏》篇进行深入分析，力图为研究刘基的战略思想做出贡献。在这篇关于政治的寓言中，刘基通过自己的历史认识和洞察力，揭示了封建政权衰败的深层原因。分析表明，有些政治举措看似合理，但实际上适得其反；而有些政治举措看似不合理，却是无奈之举。与其他古典文献相比，本文更加注重多方利益的考虑和策略选择的动态性。刘基的思想也呈现出博弈论的特点，即各方都是"赛局"的参与者，通过竞争与合作，在一轮又一轮的非合作博弈中最终达到均衡。然而，与其他文献不同的是，刘基在文章中没有提供解决方案，而是描述了封建政权衰败的来龙去脉，并等待着新王朝的到来。

关键词：博弈论；刘基政治思想；郁离子；八骏；利益

一

《郁离子》作为寓言体散文著作，寓意深刻，成书之时正值刘伯温弃官归于青田山中隐居、发愤著述之时（47～50 岁），此书在反映了刘基深厚的文学功力及其渊博的学识的同时，也蕴含了其政治主张与战略思想。

---

①　基金资助：安徽省高校人文社会科学研究项目重点项目"对外汉语与海外汉学的链接与利用研究"（SK2021A0085）。

郁,一般解释为有文采的样子;离,为八卦之一,代表火;郁离,可以理解为文明的意思,"郁离子"伴有文明开化的称谓色彩,与"蛮勇"相对,刘伯温托称"郁离子",利用自己的超凡智慧,抒发了自己对天地、民生与政治的认知与思辨。

《郁离子·八骏》是《郁离子》中的第八篇(千里马第一下属),就全书而言,属于中长篇;就内容而言也是比较特别的,《八骏》比较完整而又隐晦地描述了一个政权从建立到衰败的整个走势,如以诸葛亮《隆中对》作比,《八骏》从历时的角度阐述了多数封建王朝从一个井然有序的政体,如何变得杂乱无章直至不可收拾的一般过程。《八骏》所描述的政治现象不仅发生在《八骏》之前,类似的现象同样发生在《八骏》创作后的明末、清末。

关于《郁离子》中所蕴含的刘基之政治思想的分析,容肇祖(1961)、胡岩林(1984)、许廷桂(1986)、邱树森(2002)、郭颂(2013)等从历史学、哲学的视角相对宏观地对《郁离子》的政治隐喻结构与特点进行了概括式的把握与分析;使用传统的研究方法,主要以君民、天下、仁政、王道等传统伦理、政治理念进行归类与升华,取得了较为丰硕的研究成果。与既往研究不同,本文仅试图以"博弈论"的现代方法,对《郁离子》的《八骏》篇进行专门的分析,希望可以对刘基战略思想方面的研究有所裨益、有所贡献。

二

博弈论(game theory),亦名"对策论""赛局理论",是一种探究合作与竞争问题的理论策略,在现代经济学及数学领域应用广泛。它主要研究"赛局"参加者为争取最大利益而做的最优决策,研究多决策主体之间行为的相互作用及其相互平衡,以及如何使收益或效用最大化。相对于传统理论方法,它的主要特点是:由静态变为动态,由单一变为多元。我们用博弈论来看《八骏》,发现《八骏》里面体现了博弈论的诸多特点,换言之,我们也可以说刘基的思想里存在博弈论的思维元素。

一般博弈论主要从四个视角出发来研究问题:

合作博弈(cooperative games):指参与者之间可以达成合作的协议,

合作得到的收益需要分配。这种博弈考虑了参与者之间的合作和协商，通常采用契约理论、协商理论等方法进行分析。

非合作博弈（non-cooperative games）：指参与者之间不能达成合作协议，他们在自己的利益考虑下进行决策，以最大化自己的收益。这种博弈通常采用博弈论基本概念和模型进行分析，例如纳什均衡、博弈树等。

完全/不完全信息博弈（complete/incomplete information games）：指参与者对其他参与者的策略空间及策略组合充分了解，称为完全信息；反之，则称为不完全信息。不完全信息博弈通常采用信息博弈理论进行分析。

静态/动态博弈（static/dynamic games）：指参与者采取的行动是否同时发生（静态）或有先后顺序（动态）。动态博弈通常需要考虑时间因素和信息不完全性，例如重复博弈和信任博弈等。

从政治学角度对以上四种博弈的阐释如表 2 所示。

表 2　四种博弈的阐释

视角	描述	示例
合作博弈	参与者合作协议下如何分配收益	多方为了解决某问题达成合作协议，分配任务和分享成果
非合作博弈	参与者各自决策，使自身收益最大化	多方在贸易中采取保护主义政策，通过博弈保护本方利益
完全/不完全信息博弈	参与者对其他参与者的策略空间充分了解为完全信息，不完全信息博弈采用信息博弈理论分析	面对国际核武器问题，不同国家对其他国家的核武器数量和部署情况有无充分了解
静态/动态博弈	参与者行动同时发生为静态，有先后顺序为动态，需要考虑时间和信息不完全性	在国际军备竞赛中，国家的武器更新和部署可以是静态的（同时更新和部署），也可以是动态的（在一段时间内调整更新和部署策略）

三

《八骏》中的"参与者"主要可分为：周王室（统治者）、马（及马官）、民、贼盗（叛乱者）。其中，官府饲养的马分为四种：天闲、内厩、外厩、散马。

在王朝建立之初,参与者各方合作的理想格局、利益分配方案及参与者对利益分配的满意程度。

> 穆天子得八骏,以造王母,归而伐徐偃王,灭之。乃立天闲、内、外之厩。八骏居天闲,食粟日石;其次乘居内厩,食粟日八斗;又次居外厩,食粟日六斗;其不企是选者,为散马,散马日食粟五斗;又下者为民马,弗齿于官牧。以造父为司马,故天下之马无遗良,而上下其食者,莫不甘心焉。

周穆王得到八匹名马,驾着它们去拜访西王母;回来后,又驾着八匹骏马去讨伐徐偃王,并灭掉了他,于是就设立了天闲、内厩和外厩三种马厩。八匹骏马放在天闲里喂养,每天喂料一石;次一等的马放在内厩,每天喂料八斗;再次等的马放在外厩,每天喂料六斗;那些达不到以上三等标准的马称为散马,每天喂料五斗;在散马之下的是民马,不属于官府饲养之列。周穆王任造父掌管马政,天下没有一匹好马落在民间;并按马的上下等级对待各类养马的人,他们对自己的待遇,也没有一个是不甘心的。

在文章的开头,刘基先交代了分配制度建立的历史和依据。统治者周穆王得到了八匹骏马,并且八匹骏马立有功劳,所以以按功分配的原则,给予八骏最高等的待遇。然后周穆王任用了一个非常懂得马的专业人士造父做管理人,让他按照按能力分配的原则,把剩余的马匹分为三种,不同的马匹施行不同的待遇。这种利益分配方案,理据充足,参与者各方均满意并认同,因此各方都建立了良好的合作关系。由于利益分配是按照马的好坏能力来分,对于马来说,各方的竞争关系处于一个良好的游戏规则下,如果想提高自己的收益,那就要自己努力争取,这样博弈就处于"正和博弈"和"零和博弈"状态,竞争与合作都对政权健康运转有利,各方都很满意。

但是事情后来起了变化:

> 穆王崩,造父卒,八骏死,马之良驽莫能差,然后以产区焉。故冀之北土纯色者为上乘,居天闲,以驾王之乘舆;其厖为中乘,居内厩,

以备乘舆之阙,戎事用之;冀及济河以北居外厩,诸侯及王之公卿大夫及使于四方者用之;江淮以南为散马,以递传服百役,大事弗任也。其士食亦视马高下,如造父之旧。

后来,穆王死了,造父死了,八匹骏马也死了,马的好坏没有人能分辨出,此后就按马的产地来区分了。因此把冀地北部产的纯色马作为上等,放在天闲喂养,用来驾驭君王的车辆;那些杂色的马作为中等,放在内厩喂养,用来做驾车空缺的备用马和打仗用;冀地南部和济河以北产的马放在外厩喂养,供诸侯和君王的公卿大夫及出使到四方去的使臣们乘用;江淮以南产的马称为散马,用来传送信息和干各种杂活时使用,不承担重大事情。那些喂养它们的马官待遇,也按所管马的等级不同而不同,按造父先前的规定办。

后来政权一代统治者死了,懂行的经理人也死了,有功劳者也死了。这样就没有人可以去甄别马匹的能力,只有之前运行的按等级分配利益的制度还在那里。二代统治者们继续按照等级来分配利益,但是之前分配的活性测评却无法重复。这里面有很多原因,也许在太平年代,并没有军事和战争上的考验,就像军队的战斗力的测评一样,很多通过实战才能测出的素质与能力无法验证;又或许既得利益者总是想方设法维持或者扩大自己的权力,总之先前的分配方案无奈但"合理地"无法复制。所以二代的统治者,只能在原有"合理"的利益分配框架下,采取新的分配方案。这也是大部分的封建王朝二代统治者们的常规操作。《八骏》中,统治者采取了按地域分配的利益分配方案,很显然,这是一种"一刀切"的分配方案。这种分配方案的效果,文中并没有反馈。它的反馈在遇到危机时才得以显现出来:

> 及夷王之季年,盗起。内厩之马当服戎事,则皆饱而骄,闻钲鼓而辟易,望旆而走,乃参以外厩。二厩之士不相能。内厩曰:"我乘舆之骖服也。"外厩曰:"尔食多而用寡,其奚以先我?"争而闻于王,王及大臣皆右内厩。既而与盗遇,外厩先,盗北,内厩又先,上以为功,于是外厩之士马俱懈。盗乘而攻之,内厩先奔,外厩视而弗救,亦奔。马之高足骧首者尽没。

　　周夷王末年盗贼四起,内厩的马应当担负起作战任务,但它们都饱食终日且骄横自大,一听到钲鼓声便吓得往后退,一看见旌旗飘就四处逃跑,于是就改用外厩的马参战。

　　内外两厩的马官相互争吵了起来,管内厩的人说:"我们的马是驾乘舆用的。"管外厩的人则说:"你们的马吃得多而用处少,那为什么还比我们高一等?"双方争论不休,就被夷王知道了。夷王和大臣都对内厩的马有偏心,便让外厩的马参战。出战不久,便与盗贼相遇了,外厩的马冲在前面,盗贼败逃。内厩马还是凭着高一等充功,于是外厩的人马都因此而懈怠了。盗贼乘机便攻击它们,内厩的人马首先逃奔,外厩的人马看着也不救援,也四处逃奔,结果那些高头大马全军覆没。

　　当发生危机时,周王室(统治者)让内、外两厩的马参战,内、外两厩的马形成了一对博弈,而同时宏观上盗贼和周王室又组成了一对博弈。这是一种交错博弈状态。无疑,各参与者都希望付出最少、回报最高。内、外两厩的马既是合作者也是竞争者,战胜对两者均有好处(正和博弈),内厩马吃得多而用处少,因此外厩马希望此次战功可以改变自己的待遇,这也是它们尽力(投资)的动力,但是这一投资并没有带来相应的回报。外厩马做了内厩马该做的事情,领功的却是内厩马,这样来看,外厩马亏了,内厩马赚了,形成一个零和博弈。因此当危机再次发生的时候(盗贼乘机攻击),外厩马不再继续救援(投资),因为结果是可预见的(完全信息博弈),自己出力对方领功,外厩马很自然地选择止损,这样最终导致了一个负和博弈,即内、外两厩的马都有亏损。《八骏》的这一部分,看起来是由于统治者的偏袒不公(王及大臣皆右内厩),导致了自己的失败,但是在现实封建统治中,却是一种常见现象,因为本来即实行按地域封赏的等级分配制度,本身就无法确定内厩马的战力一定不如外厩马,结果只有按照亲疏远近的"差序格局"来进行安排。从王室思考的角度出发,就信任度和了解程度来讲,当然支持内厩马是最优选择,这样往往不可避免地产生"任人唯亲"的状况。

　　这样,在周王室与盗贼的博弈中,周王室先胜后败,危机并没有解除,于是进入下一轮博弈:

王大惧,乃命出天闲之马。天闲之马实素习吉行,乃言于王,而召散马。散马之士曰:"戎士尚力,食充则力强。今食之倍者且不克荷,吾侪力少而恒劳,惧弗肩也。"王内省而惭,慰而遣之,且命与天闲同其食,而廪粟不继,虚名而已。

夷王非常恐惧,就下令放出天闲里的马。天闲里的马习惯在平安的环境里驾车,不习征战。天闲的马官就把这个情况告诉了夷王,夷王又改令散马去迎敌。管散马的人说:"打仗要靠力气,吃得饱就力量强。现在那些比我们的马吃得多的马尚且不能承担,我们这些力气小而又常服重役的马,恐怕更不能胜任了。"夷王听了后,自我反省并深感惭愧,就安慰了养散马的人,派遣散马去迎敌,并且下令让他们享受上等人马的待遇,但粮仓里的粮食已不够吃了,命令只是一句空话罢了。

周王室为了调动起参与者的积极性,及时调整了策略。这种策略看起来也十分合理。周王室为了让待遇最差的散马参战,"命与天闲同其食",即让其享受与天闲马相同的待遇。这时对于散马来说,参战无疑是一个最优选择。表面上来看,周王室选择了一个好的解决方案。但是,现实反馈却是"粮仓里的粮食已不够吃了"。为什么粮食不够吃,也很明显,因为增加了散马的口粮,而没有减少天闲马的口粮,相当于总体上增加了粮食的消耗需求,这样实际上加重了人民的负担。那么为什么不减少天闲马的口粮,令其养尊处优却百无一用?综观封建政权的历史可知,要削减一个既得利益的贵族集团的待遇谈何容易。因此封建王朝末期只能不停地增税来缓解危机,但这无疑又是一种饮鸩止渴的策略,带来了加重危机的后果:

于是四马之足交于野,望粟而取。农不得植,其老羸皆殍,而其壮皆逸入于盗,马如之。王无马,不能师,天下萧然。

于是四种马在田野里乱跑,看见庄稼便吃,闹得农民不能种庄稼,老弱病夫就饿死了。而那些壮年人投奔盗贼了,那些马也像这些人一样逃跑了。夷王没有马,不能组织起军队,天下一片萧条冷落的景象。

因为粮食不够,造成了四种马都缺少饲料,这样马就到田野里自己觅食,干扰了正常的农作,这样农民也没有粮食吃。对于农民来说,这时的最优策略便成了投靠王室的博弈对手,否则就会饿死,这样在周王室与盗贼的博弈中,周王室最终失去了控制权,国家机器失灵,盗贼日益壮大。

故事表面上到这里就结束了,但是我们反过头来再看《八骏》的开头,似乎可以接着预想到,盗贼得了"八骏",然后建立了一个新的政权,起初按照较为开明的等级划分来分配利益,慢慢地这一制度变得僵化,继而产生危机,统治者调整策略意图解决危机,也许化解掉了最先的几次危机,但后来危机引发新的危机,最终政权崩溃,被新的政权取代。而新的政权起初也是按照较为开明的等级划分来分配利益……

在这一过程中,会反复出现博弈论中我们所熟知的纳什均衡(Nash equilibrium)和最优反应(best response)。①实际上,封建统治制度也可以看作一个博弈模型。在封建制度中,封建君主和臣民之间存在着互动和利益冲突,纳什均衡和最优反应理论可以用来解释这些互动和冲突。

在封建统治制度中,纳什均衡可以理解为君主和臣民在某个状态下的最优策略组合,使各自的利益得到最大化,同时没有任何一方有动力改变自己的策略。例如,如果君主保持着稳定的政策,臣民也保持忠诚,那么这种状态就可能成为一个纳什均衡。最优反应理论则可以用来分析在不同的情况下,君主和臣民采取的最优策略。如果君主采取的策略能够让臣民得到更多的利益,那么臣民会采取最优反应,支持君主的策略。反之,如果臣民采取的策略能够让自己得到更多的利益,那么君主也会采取最优反应,支持臣民的策略。

---

① 纳什均衡是博弈论中最为重要的理论之一,它是指在一个博弈中,每个参与者都采取最优策略时,所有参与者的策略达成的一种均衡状态。也就是说,在纳什均衡状态下,任何一个参与者都不会改变自己的策略,因为这样做对他没有好处。举个例子来说,如果有两个人参与一个博弈,每个人都有两个选择:A 和 B,其中 A 的收益为 1,B 的收益为 0。如果两个人都选择 A,那么他们的收益都是 1。如果其中一个人选择 B,另一个人选择 A,那么选择 B 的人的收益为 0,选择 A 的人的收益为 1。因此,两个人都选择 A 是一个纳什均衡状态,因为如果其中一个人改变策略,他的收益会变得更差。最优反应是指在一个博弈中,每个参与者根据其他参与者的策略来选择自己的最优策略。也就是说,每个参与者会根据其他人的行动来调整自己的策略,以获得最大的收益。继续举上面的例子,如果其中一个人选择 B,那么另一个人会根据这个选择来选择自己的策略。如果他也选择 B,那么他的收益为 0,如果他选择 A,那么他的收益为 1。因此,他会选择 A 作为自己的最优策略。

四

《八骏》是没有"郁离子"评论的一篇寓言,它反映的是刘基对于历史格局的一种认知和把握,揭示了封建政权衰败的深层原因。在《八骏》里,我们看到的更多是:看似合理,实际上作用却适得其反;看似不合理,实际上却是无奈之举的诸多政治举措。在诸多古典文献中,我们看到大量的正义与非正义、明君良相、忠孝节义方面的批评,但在《郁离子》里,我们看到更多的是利益,而且不是单方面的,是多方的、动态的利益考量与策略选择。如《郁离子·吴王吝赏》中有这样一段内容:

> 姑苏之城围,吴王使太宰伯嚭发民以战。民诟曰:"王日饮而不虞寇,使我至于此,乃弗自省,而驱予战。战而死,父母妻子皆无所托;幸而胜敌,又不云予功,其奚以战?"太宰嚭以告王,请行赏,王吝不发;请许以大夫之秩,王顾有难色。王孙雄曰:"姑许之,寇退,与不与在我。"王乃使太宰嚭令。或曰:"王好诈,必诳我。"国人亦曰:"姑许之,寇至,战不战在我。"于是王筑城。鸱夷子皮虎跃而鼓之,薄诸阊阖之门。吴人不战,太宰嚭帅左右扶王以登台,请成,弗许。王伏剑,泰伯之国遂亡。

吴国国都被围,吴王派太宰伯嚭发动民众抵抗,民众不满吴王平日所为,不为所动;伯嚭请求颁发奖赏以利用国人,吴王吝啬不肯发放;这时候,王孙雄说:"姑许之,寇退,与不与在我。"吴王才让太宰伯嚭发布命令。有人就说了:"王好诈,必诳我。"国人亦曰:"姑许之,寇至,战不战在我。"结果,敌人攻势甚猛,国人不愿送死,最后吴国被攻灭。

吴王希望国人抵抗敌人,但不愿意给予足够的奖赏,而国人则希望得到奖赏,但不愿意冒着生命危险去抵抗敌人。王孙雄的话为双方提供了一种妥协的方案,使双方都可以在某种程度上得到利益,但最终仍然无法避免吴国被攻灭的结果。它与博弈论中的"囚徒困境"有一定程度的相似性,即各方都想在博弈中取得最大的利益,但如果各方都只考虑自己的利益,那么很可能会导致双方都失去最大的利益。

与以往"君贵民轻"或"民贵君轻"的思维惯性不同,《郁离子》呈现出更多的政治现实①,就是各方都是"赛局"的参与者,都遵守着以最小付出取得最大回报,使己方利益最大化的本能愿望。博弈论讲,"赛局"的参与者通过竞争与合作,最终达到一轮又一轮的非合作博弈均衡——纳什均衡。在以往历史政治的进程中,群雄逐鹿与王朝更迭无疑也是这种博弈均衡的体现,它是封建统治社会发展的自然规律。《八骏》里并没有"郁离子"开出的解决方案,也许在刘基看来,它是一个规律,是自然现象的一部分,就像预言者可以预知未来,却不加干预现实一样,刘基对王朝走向末路、病入膏肓的政治现实已经有了清晰的认知;换言之,刘基对于彼时元朝倾颓的态势已没有要力挽狂澜的意念,他只是把造成衰败的来龙去脉写下来,继而等待新王朝的到来。

参考文献

[1]孙绍振.从比喻到寓言——读刘基《郁离子》三则[J].语文建设,2018(28):48-51.

[2]王达.论《郁离子》商业文化中的政治寓义[J].湖湘论坛,2008(2):50-52.

[3]杨召,杨天宇.一部寓义深刻的政治寓言——简评刘伯温的《郁离子》[J].商丘职业技术学院学报,2005(6):63-64.

[4]吴积兴.从《郁离子》看刘基的思维特点[J].浙江工贸职业技术学院学报,2003(3):54-59.

[5]申淑丽.《郁离子》中的管理心理学思想[J].史学月刊,2002(9):121-123.

[6]吕立汉.论《郁离子》的渊源关系和创新意识[J].淮北煤师院学报(哲学社会科学版),2001(6):11-13.

[7]何良昊.从《郁离子》看刘基的士绅倾向[J].古典文学知识,1999(3):124-127.

[8]许廷桂.刘基杂文的思想内容和艺术特色[J].重庆师院学报(哲

---

① 这在《献马》《赵人患鼠》《许金不酬》《道士救虎》等篇目均有体现。

学社会科学版),1986(4):54-64.

[9]胡岩林.从《郁离子》看刘基的社会政治思想[J].浙江学刊,1984(5):91,98-100.

[10]容肇祖.刘基的哲学思想及其社会政治观点[J].哲学研究,1961(3):27-43.

[11]郭颂.刘伯温的为政之道及其当代价值[D].西安:陕西师范大学,2013.

[12]林淑君.元末明初寓言研究[D].青岛:青岛大学,2012.

[13]文豪.刘基道家思想研究[D].重庆:西南政法大学,2011.

[14]邱树森.从《郁离子》看刘基的民本思想[J].江苏社会科学,2002(5):156-160.

[15]陈进玉.刘伯温的政治韬略与人生智慧[J].学习月刊,2012(19):51-52.

[16]成中英.如何理解及评价刘伯温的历史与学术地位、政治、思想、文学与传说——兼论明初与明末的儒学的时用与出处问题[C]//浙江工贸职业技术学院刘基文化研究所.刘基与刘基文化研究,2006:12-14.

[作者简介]

李振政,文学博士,中国明史学会刘基分会会员,安徽省高层次引进人才,安徽师范大学教师,主要从事国际汉学、文化人类学方面的研究。

论《郁离子》中马的寓言如何
适用于现代人才管理

张琼霙

摘　要:《郁离子》是刘基的寓言作品集,其以政治学为核心,其中有九篇体现出人与马的相应之道,在这种关系中,人是主动的,马是被动的,人要如何选马、驭马、养马,看似论马,意在喻人,其中暗含寄托着刘基的人才管理策略。本文从这九篇寓言出发,归纳出四种错误的人才策略,包括:以出身评官阶、听信谗言、舍本逐末、偏私与预设立场。在这些错误的人才策略的操作下,形成劣币驱逐良币的官场潜规则,久之将导致官场风气的崩坏,究其源头,是自废贤才所致。若从贤才的角度,刘基并不主张贤才以杀身成仁取义,而是点出贤才的自保之道,这种在以杀功臣闻名的朱元璋统治下的明朝官场中所彰显出的人道主义,弥足珍贵。然时至今日,现代管理学的发展臻至成熟,若将治国以管理公司为喻,则人才是公司最重要的软实力,管理者任人应适才适所,若下属只求稳健、自保时,管理者又当如何激活他们的热情?

关键词:郁离子;寓言;千里马;人才策略

一、前言

在《郁离子》中有很多关于人才策略的寓言,包含如何培养人才、选贤与人、识才之法、驭才之道等,相关研究可见于臧守刚的《论郁离子的人才思想》、张秉政的《用贤无敌是长城——从郁离子看刘基的人才观》、毕英

春的《德政　人才——郁离子中刘基治国思想之二》及李向荣的《郁离子
人才观对温州民营企业用人管理的启迪》等文章,它们都研究了刘基的人
才思想与政策。这些研究显示,刘基并不是一个传统的儒者,相对于儒家
选贤与能,以为用对人才就可以解决官场问题的浅碟与理想化观点,刘基
更注重任人的实证价值,尤其表现出他对人性与世情的洞测。人性是复
杂的,世间很多时候是善与善的对决,而领导者为政之道在于拉近"善"与
"利"的距离,让善人善行得到鼓励,以达到扬善的目的;对于"恶"也要依
照个案,采取弹性的措施,须落实人尽其才的方针,可见其著述立意近于
韩非子的帝王学。

　　中国自古就有以马比喻人才的名篇,比如《战国策·燕策一》之《千金
买骨》、韩愈的《马说》、岳飞的《良马对》等,皆将良马比喻成人才,国君若
能如伯乐识马,则明君贤臣,携手共创盛世。在《郁离子》中有数篇与马有
关的寓言,包括《千里马》《献马》《八骏》《好禽谏》《祛蔽》《燕文公求马》《梦
骑》《晚成》《井田可复》等九篇,这些寓言以马为喻,意在讨论人才治理。
马因其秉性不同,姿态各异,要因质而驯养,所以人亦要依其才性而有不
同的对待。本篇以人才策略为题,研究刘基展现在《郁离子》中的人才思
想,并从中归纳出四种常见的错误人才策略。盖伯乐相千里马、刘备得诸
葛亮的千古佳话可遇不可求,一般领导的驭才之道应先求无过再求有功,
若在用人上革除四弊,则能广开人才晋用之门,故除弊在前。考虑古人智
慧于当下社会的适用性,本篇在围绕九篇寓言做深度的诠释之余,更着重
在提升现代管理者——尤其是企业领导的人才策略,以让人才能在职场
上发挥自身最大的能力。有别于古代举贤、任贤等传统人才观,一个组织
不是选对人就好,更要有良好的人才管理规则,让员工能安心工作,不至
于为了过时的企业文化而精神内耗、人事倾轧,以致拖累企业前进的脚
步,而这也是一个优秀领导必须具备的人才管理智慧。

二、错误人才策略于现代的警示意义

　　在《郁离子》跟马有关的九篇寓言中,有许多错误的用人策略,以下加
以归纳分析,并从现代公司的管理角度,探讨这些策略对公司领导的警示

意义。

（一）以出身评官阶

魏晋时期实施九品官人法,促成了平民与士族间的阶层流动,但这种政策并没有落实人才流动的公平性,尤其是不能撼动士族的既得利益。到了隋唐,虽有科举取士,但在门阀士族的把持下,科举虽带来了一定的公平性,但其衍生的弊端也不少,造成很多有才之士不能效力于朝廷。门阀制度虽在宋朝以后崩盘,但这种论背景、讲关系的官场文化,其实在君主专制时期一直没消停过。《千里马》就是一篇这样的寓言,郁离子向皇帝献千里马的初衷,是希望将马养在内厩,但因马的出身"非冀产也",是以被养在外厩,太仆非不识骏马骁骥,理应知千里马之可贵,但太仆仍有这么高的门户之见,以致良马不得入内厩,正如贤人不得其位。

《八骏》更深化了错误的人才政策所造成的灾祸,第一代的八骏马与善驱车的周穆王相得益彰,并得善养马的造父照料。当时造父管理马政,以马的良驽分配马厩、饮食和圉人,个中含有"因任而授官,循名而责实"(《韩非子·定法》)的用人智慧,而众马都能服从安排,各安其位。然随着时间的推移,当第一代的人与马相继故世之后,"马之良驽莫能差,然后以产区焉"。再也没有人能断出马的良驽,便干脆以出身定品级,否定后天的努力,这种不公平制度导致马怨四起,四种马都觉得吃亏。后来战事兴起,内厩的马不能驾车作战,外厩的马不愿驾车作战,这时夷王才想到拉拢外厩的马、民间散养的马,但由于双方的信任基础不够,国库又空虚,拉拢的形式大于实质。

从《八骏》这则寓言可看出,夷王至少犯了四种错误:其一,刚愎自用,不能识马又不能任用专家。其二,以出身定品级看似简单易行,但资源有限,居天闲者少而居外厩者多,换言之,吃亏的马一定比受宠的马多,不能服众。其三,只照顾上等马而忽略下等马,忘了王的责任是要养天下之马,何况存在即合理,世无无用之马,端赖人的智慧。其四,下等马不等于劣马,应以马的能力分品级,促进阶级流动,这样马才有积极性。以上四种错误,犯了一种都很严重,四种都犯为祸更甚,夷王之错可作现代领导者之戒。

（二）听信谗言

古代君主手握生杀大权，是一个王朝体系的最高执行者与决策者，其中昏君与明君的差别，在于昏君听谗言亲小人，而明君听忠言亲君子。然而要辨别谗言忠言难度极大，贤明如王母也不免听信鸳鸟挑拨而逐出绀羽鹊，更何况利欲熏天的周厉王。其和荣夷公可谓联手垄断林业、渔业，可谓志趣相投，芮伯就算献出所有也填不了两人的欲壑。人言可畏，谗言为甚，从《诗经》就有"君子信谗，如或酬之"（《秦风·小弁》），指出谗言让人无法抗拒，连君子都听信；以及"无罪无辜，谗口嚣嚣"（《小雅·十月之交》），更表现出无过错却被诽谤的无辜。尤其是屈原更是深受谗言所害，在《楚辞》中他不止一次表达过，如"众谗人之嫉妒兮，被以不慈之伪名"（《哀郢》），"荃不查余之中情兮，反信谗而齌怒"（《离骚》），"虽有西施之美容兮，谗妒入以自代"（《惜往日》），然屈原之苦，非在一人，那些听信谗言的君王往往是昏君，昏君治国往往会祸国殃民。

然而忠言与谗言往往只有一线之隔，后世读史当然能辨忠奸，但当局者该如何分辨？且广开言路也是古代明君的标配之一，如范晔"朝廷广开言事之路，故且一切假贷"（《后汉书·来历传》），鼓励众臣多发表意见，说错话也能获得宽容，何况谗言也是广开言路中必然夹带的，难以筛汰。古之谗言正如管理学上的"打小报告"，"打小报告"这词含有贬义，然报告无小大，领导者皆可参考，并借以洞彻公司台面下的人事。往坏了说，打小报告会破坏公司内部的和谐，产生内耗；往好了说，打小报告对公司内部有监视作用，是领导者管理权的延伸。领导任何一个组织都不容易，地位越高越易受蒙蔽，故领导者培植自己的耳目无可厚非，何况这些人既可当领导耳目，能在上司与下属之中做个缓颊，还可在必要时帮领导背锅。所以若把打小报告者喻为小人，小人亦有小人之用，这些人在现代管理学中也是必要的存在。当然，领导者也要有足够的智慧判断信息的真伪，以及下属提供信息的潜在目的，不能反受其愚弄，被拿来当枪使。

（三）舍本逐末

《好禽谏》中说明了国君之道"邦君为天牧民，设官分职，以任其事，废事失职，厥有常刑"。物有常态，凡违背常态的，刘基认为"是妖也，君不悟,国必亡"。究其原因,其实稀缺本不是坏事,只是君主所好让一切变了质。《左传》中有卫懿公好鹤失国的故事,在唐诗中有罗隐的"何如学取孙供奉,一笑君王便着绯"(《感弄猴人赐朱绂》),以及白居易的"不重生男重生女"(《长恨歌》)。这些均写出了迎合君王的喜好所造成的乱象。所以领导者喜怒不轻示于人,"不尚贤,使民不争;不贵难得之货,使民不为盗"(《老子·第三章》)是有必要的,如此可避免人民投其所好,荒废本职。此外,还要考虑当君主所好变多了,是否有利于众? 这就必须计算机会成本,即改变获得的利益是否大于失去本职的损失? 如《好禽谏》中"卫懿公好禽,见觗牛而悦之",以致大量的牧民放弃耕牛、培育斗牛,以及"邶有马,生驹不能走而善鸣,公又悦而纳诸厩"。在卫懿公的几番操作下,马夫大量培养善鸣却不能走的怪马,造成车舆无马可拉、人无马可骑……这些便是舍本逐末的操作。然而,首先从市场经济的角度,如果斗牛的收益大于耕地荒废的损失,如果怪马的收益大于马匹劳动的收入,那对牧民和马夫来说有何不可? 这是第一层。其次,站在明君的角度,明君应养天下之民,以天下之利为利,务必养天下之民,这是第二层,而这两个角度是有矛盾的。

固然治国之道首在养民,确保每一个百姓的基本民生需求得到满足,有时也会为了少数人而投入大量资金,比如偏乡教育、罕见疾病等。不能舍本逐末,不顾民生而追逐利益,但站在经济的角度则以利益为先。何况何谓本末? 当末的利益大于本的利益,那么对人民来说末才是本,比如《史记·循吏列传》中记载:"庄王以为币轻,更以小为大,百姓不便,皆去其业。市令言之相曰:'市乱,民莫安其处,次行不定。'"钱币本为交易之具(本),但钱币同时也有物质的价值(末),当钱币的物质价值大于交易价值时,百姓会熔化钱币来铸造器物;反之,百姓会熔化器物来铸币,逐利是人性之常,只要合法,逐利也是可以的。但对国家来说,本的收益来自刚需,末的收益来自风潮,搭上风潮能赚把热钱,但一旦风潮退去,产业就面临转型,而产业转型并不容易,且往往需要花上数年甚至数十年时间。所以明君须维护"本大于末"的状态,产业发展须先顾及民生刚需,这是《郁离子》的智慧。

刘基在明初天下初定的时代，正是养民之时，所以他重视物的本质，比如重视耕牛与跑马，而不重视斗牛与蹶马，故他的人才观有其历史背景。再往下探，耕牛与跑马的本质是由人定义的，并非牛马的本质，盖以人视之，物的本质为何并非重点，重点是其是否能提供符合人类需要的劳力。同理，何为人才？人才即是能提供符合公司所需能力的人，不可替代性越高，人才的价值越高。故优秀的领导者必须具有让人才归附的魅力，使员工以其能力为公司创造利润。当人才安于工作岗位，并相信自己的付出可以获得相等回报时，他们才能尽心尽力地工作，公司也才有美好的前景。易言之，公司之本在于创造公平友善的职场环境，以吸引人才加入公司团队，这是刘基的智慧。

（四）偏私与预设立场

在《韩非子》中有一则《邻人遗斧》的寓言，大意是有人遗失斧头，他怀疑是邻居的小儿偷的，于是他看那个小孩的言行举止，无一不像小偷。后来他找到斧头了，再看那个小孩，却怎么看都不像小偷了。这则寓言说明一个道理：当一个人对另一个人有成见时，他就会用尽各种恶意的角度去揣测他；同理，当一个人对另一个人有偏爱时，他也会用尽各种善意的角度去美化他，这种心态用现代的话来说就是"双标"（双重标准）。在《祛蔽》中，"日君之左服病兽，人曰得生马之血以饮之可起也。君之圉人使求仆之骖"，所讲的就是"双标"。人生而有贵贱，马也是一样，但杀百姓的骖马来救国君的左服马，这就超过了贵贱的极限，不合常理。所以国君是一国之君，心中虽有偏爱，但要照顾天下人，不能只照顾心中偏爱的人。现在来看这是基本的道理，但处在君主专政时期，刘基的思想算是很先进了。

在《燕文公求马》中，刘基提到预设立场的问题。燕文公的马在路上死了，他向卑耳氏买马遭拒，燕文公便派人强抢，结果卑耳氏带马逃跑了。这时苏代一带有人想把马卖给燕文公，但燕文公拒绝了。这番操作让巫闾大夫很疑惑：马是买来拉车的，何必一定要跟谁买？燕文公说："吾恶夫自炫者。"他不买苏代的马的原因，盖因他反感自我推荐的人。其实代州自古产良马，《史记》中有记载："四塞之国。秦南有巴蜀，北有代马。"（《苏秦列传》)足见代马之良,曹植也有诗写道:"愿聘代马,倏忽北徂。"(《朔风诗》)像李世民的名马拳毛骦就产于代州。可见代马的名气比卑耳氏的马大,却因为自荐而遭到燕文公的鄙薄,这说明领导者的器量不够。其实领导者只要把握用人的原则,用谁都不会错,就像巫闾大夫所言,没有许由逃走,怎来舜帝治国?没有录用饭牛的宁戚,怎会得到管仲忠心辅佐?离开的未必是最好的,自荐的未必是庸才,理想的领导能透过各种表象,辨别贤、平庸与不肖,但这也是最难的,因为人有往往不觉得自己带着预设立场,误以为自己公平公正。

一个组织或团体最怕内部分化,搞小团体,彼此恶斗内耗,但如果领导用人全凭个人好恶,那么公司里的小团体便是他自己搞的。小圈圈因利而聚,圈里人会自动屏蔽圈外人,貌似成了领导的耳目,实际上却朋比为奸、排除异己,造成组织分化,人才流失。久之,领导所接收的信息都是经过他们过滤加工的,届时他们欺上瞒下也有恃无恐了,这就是《韩非子·八奸》中的"养殃"。为什么会制造这样一圈的小人?回到最初,领导者用人本不该预设立场。在《梦骑》中,刘基用一个滑稽又悲伤的故事,来进一步说明这个道理。刍甿看到有人骑马招摇过市,威风凛凛,他就心生羡慕,后来还做梦梦到自己骑马,其乐无穷。尽管现实中的刍甿还没有骑过马,但他脑海里已经浮想联翩了,直到他朋友带他去骑马,发生"马见青而风,嘶而驰,骇然而骧,蹶然而若兔,刍甿抱鞍而号,旋于马腹之下,马跃而过之,头入于泥尺有咫"的惨况,他才领悟到梦想虽美,但都是浮云。如果把骑马比喻成用人,那么刍甿先前有多自信,之后就有多无能。人才不易驾驭,何况不世之才更需明君才能御之,就像非刘备不能降的卢,非关羽不能骑赤兔,所以一旦良马超过了自己的驾驭能力,就要"知命者有大戒,唯慎无乘马而已"。同理,如果人才超出自己的领导能力,那么,不管他再怎么优秀都不能用,这种想法虽然保守但也最稳健。回顾历史,朱元璋未必真心将刘基视为帝师,但有很多施政措施却贯彻了刘基的思想,比如他帮长子朱标剪除荆棘(杀功臣),就是深谙刍甿不能御马之理。

三、现代管理学如何因应人才的消极性

儒家是以致仕为目标的,透过当官来淑世天下,以"天下有道则见,无

道则隐"(《论语·泰伯》)、"穷则独善其身,达则兼善天下"(《孟子·尽心上》)为立身处世原则。然这些原则太理想化,低估了官场的风险。就历史经验来看,古代缺乏人权思想,为官获罪的在所多有,而这些人有的罪有应得,有的含冤莫白,有的则是政治斗争中的牺牲品,是以不能尽像儒家所说的全身而退。刘基深谙官场的黑暗,他并不支持做杀身成仁的殉道者,诚如哈耶克所言"生命只能以本身为目的"①。生命不能是手段,更不能是工具,所以在官场中如何全身而退也是一种智慧。再就管理阶层的立场,如果下属缺乏热忱,只想求稳,将精力用在诸如端茶倒水等细节上,放下是非学会人情世故,只想巩固自己的一亩三分地,遇事打太极……这些是很多现代职场人的通病,他们不想努力也拒绝创新,因为他们不相信努力会被看见,创新会得到回报,如此公司组织将会浸染官僚文化,效率低下。管理者若要改变这种风气,就要把绩效与利连在一起,让努力工作的人获利。

(一)创造良性竞争的工作环境

在《千里马》中,驳骓被安置在外厩,就能大概知道那是个怎样的朝廷,这时如果还想要大有作为是不合实际的。刘基以绀羽鹊为喻,鹊以凤凰为榜样,想要"思以凤之鸣鸣天下",奭鸠劝他"不以貌肖,而今反之矣,今子又以古反之"。想要对抗潮流是不合时宜的,恐怕还会因鸣叫而获罪,但绀羽鹊不听,果然一叫群树震动,百鸟惊恐,惹得鸷鸟不安,生怕绀羽鹊将取代自己,于是在王母面前参它一本,王母便派鸷鸟将它驱走,几回合后绀羽鹊被逐海滨,这时它羽毛脱落形容狼狈,被鸥鸡叼箭射中,几乎死去……这则寓言意思很明确,绀羽鹊(千里马)是外来者,它的到来对组织成员造成威胁,它越有才能、越想表现自己,对鸷鸟、鸷鸟、鸥鸡等老臣的威胁就越大。这时它若在内厩或许还有发言权和表现机会,否则越与众不同、越想表现,越容易招祸。这种同僚斗争各朝都有,最有名的莫过于被宫室排挤而被放逐在汉水的屈原,以及被老将排挤被贬到长沙的贾谊等。朝廷的错误用人策略让贤人失位,所以贤人要懂得韬光养晦,不

---

① 哈耶克.哈耶克全集[M].冯克利,胡晋华,译.北京:中国社会科学出版社,2000:153.

急着出头。

但一个健全的公司不该让人才闲置,这样会浪费人力资源,故管理学上有马太效应。举例来说,主人依据能力分给三个仆人一笔钱,经过一段时间后,仆人A赚了很多,仆人B微赚,仆人C没有理财,于是主人取回给仆人C的钱来奖励仆人A,以激励其他仆人向A学习。马太效应的重点是"引导人才适应市场经济的发展,树立竞争意识,积极参与竞争"①。回过头来,刘基说的自保,是对环境安全的不信任,只能保留实力。然而逐利是人的天性,若领导者能善用马太效应,夺劣等以奖励优秀,就能激发很多人的动力。只是马太效应毕竟要取回部分人的利益,挖东补西易生事端,所以马太效应要慎而用之。

(二)让人才抱团合作

芮伯得到良马,想献给周厉王,芮季劝他:"不如捐之。"也就是劝他打消这个念头,芮伯不听,还是献了良马。不久,荣夷公也来索马,由于良马只有一匹,芮伯当然给不了,于是荣夷公向厉王进谗言,厉王便将芮伯逐出国门。这件事刘基评价:"芮伯亦有罪焉。尔知王之渎货而启之,芮伯之罪也。"他直指芮伯诱导了厉王的贪欲,其祸自取。然站在芮伯的立场,私藏良马这个战利品,恐怕也是有罪的,他只能在权衡这两项罪名后做出选择。从芮伯的选择来看,他对周厉王还是有几分信赖的,但他低估了谗言的影响力和自己的危机。一个伐戎归来的主帅,其光芒可谓功高震主,他以献马保平安,却不能上下打点,终招来谗言,引起忌恨,落得"走狗烹,良弓藏"的下场。

其实这种嫉妒贤才的现象在管理学上叫作螃蟹效应,亦即将很多螃蟹放在竹篓中,即使竹篓不高且不加盖,仍不会有螃蟹爬得出来,因为只要有一只螃蟹往上爬,其他螃蟹会纷纷攀附在它身上,最后一齐坠下。在明朝开国初年,不止刘基,皇帝朱元璋也注意到官场中的螃蟹效应,所以他设计了一套制度:"其一,将一切权力往上收,最后集中到皇帝一人手

---

① 朱子辉.巧用五个心理效应管理人才[J].刊授党校,2008(10):28.

里；其二，对收不起来的臣下之极尽力拆解，实行异常繁复的制约与牵制。"①但朱元璋用杀戮来执行这一套制度，管理者过劳也无法杜绝螃蟹效应，这并不是一个好办法。笔者认为最好的办法莫过于让想爬出的螃蟹抱团一起往上爬，这样其他螃蟹想拉下它们也没那么容易，最终会有螃蟹爬出竹篓，这就是抱团效应。一个优秀的管理者不宜站在螃蟹的对立面，而是应以蟹制蟹，让有能力的螃蟹抱团爬出。抱团效应在现实中是有成效的，比如瑞金市的扶贫策略是"大力推动农户抱团发展现代农业"②，青岛市旧店果品专业合作社推出"强化服务意识：组织社员'抱团'闯市场"③，而2023年火爆出圈的淄博烧烤，当城市全力打造自我形象，每个烧烤店老板都成为淄博的代言人，就形成了空前强大的抱团效应，为淄博烧烤打造了一张"金名片"。

（三）引进竞争者激活员工，优胜劣汰

最初，穆王的八骏马文可以驾访西王母，武能驾伐徐偃王，所以居天闲大家都服，但后世以出身贵贱定居处，能居内厩的马既不会拉战车，还饱食终日、一身娇气，这是自取灭亡之道。在《战国策·赵策》中触詟谏赵太后让长安君到齐国当人质，因为他"位尊而无功，奉厚而无劳，而挟重器多也"。无功于赵，将来如何在赵国立足？八骏马也要德与位相配，居内厩的马也要有相衬的功劳，有功而骄尚令人眼红，何况无功而骄？看似风光，其实危如累卵，它们的存在往往也是为人主做错决策、民怨四起时，用来替人主背锅的，是要被清君侧的"侧"，所以无功而高位智者不为。在中国历史中，靠背景上位的人在所多有，这些无功之人居高官领厚禄，终究会引起众怒。唐朝诗人王维就有"朱绂谁家子，无乃金张孙。……问尔何功德，多承明主恩"（《寓言二首》）的严词批判，当王维见朝廷用人不当、事无可为就去隐居了，这就是一个劣币驱逐良币的例子。

对照现代，当公司以出身背景用人叙薪之后，谁还肯真心为公司出力？领导者要解决此类问题，首先要识才，对有能力的人要加以激励，给

---

① 胡丹.朱元璋治权秘术：螃蟹效应[J].领导文萃,2015(16):69.
② 毛建平.抱团发展催生共富效应[N].中国人事报,2017-01-19(31).
③ 李培强、张敏.发挥"娘家"集聚效应凝聚果农"抱团"闯市场[J].市场纵横,2011(5):58.

他奋斗的目标;对无能力者就让他"下课",空出位置给适合的人。然而这个办法看似简单,实则执行困难。因为要遏止领导者的私心错判,让庸才立功比让他居闲职为祸更大。在历史上,汉武帝为宠爱李夫人,派其兄李广利远征匈奴,本意是给他狂刷一番战绩好册封侯王,结果造成七万汉军阵亡。庸才能身居要职无非是后台有人,要让他们下台也非易事,如秦昭王利用范雎打击宫室"废穰侯,逐华阳,强公室,杜私门"(《谏逐客书》),但范雎也因此树立许多政敌,以致不得不采"日中则移"(《战国策·秦策》)之计,辞官以自保……这些历史故事都说明了,领导要让无功者立功或下台都不容易。在管理学上与此对应的有鲇鱼效应,在沙丁鱼的鱼槽中放入鲇鱼,沙丁鱼为求生存必须努力游动,是以能在渔船上岸之后活下来。[①] 所以公司领导不妨在员工"躺平"之际,招聘几个强大的竞争者,让老员工产生忧患意识,并强化公司奖惩制度,于是在竞争之下自会优胜劣汰,换言之,能留下来的都是优秀的沙丁鱼。

此外,在创业过程中难免遇到人才出走潮,在《晚成》中"屠龙子失马而治厩,人曰晚矣"。但屠龙子认为时犹未晚,究竟晚或不晚,时间会给出答案。失马治厩之意就像亡羊补牢,然而厩与牢对羊和马来说可遮风避雨,何况羊和马不是故意走失的,但人不一样,从历史经验来看,一旦关系被破坏了就难以弥补,出走的人才也很难回归。所以治厩补牢的政治意义大于实质意义。像燕军大败后,燕惠王悔用骑劫代替乐毅,主动写信给燕毅劝他回来,这是一个政治表态,燕惠王这么做,燕国人对他的责备就会轻很多。《晚成》将失马喻为人才的流动,这时管理层只要治理好公司(治厩),自然会有人才归附。放大来看,领导者为员工创造好的工作环境是有必要的,这样好的员工才能在良性竞争中脱颖而出,达到公司与自我的共赢。

四、结论

刘基以其官场经历和人生智慧,完成了《郁离子》这本以政治学为主

---

① 朱子辉.巧用五个心理效应管理人才[J].刊授党校,2008(10):28.

的寓言书,本篇仅就所其中以马为喻的寓言,做人才政策的论述,虽然《郁离子》中呈现的人才观不止于此,但若研究其人才管理策略,这九篇亦已足够。自古人们常以"马"喻人,尤以"千里马"喻人才,伯乐与千里马正如明君与贤才的组合,这是千古佳话。但《郁离子》中的马不只有骏马驶骥,还有散马、野马、蹶马、怪马……这些马是天下之马,即隐喻天下之人。善骑者要能驾驭天下之马,善治国者要能治理天下之人,故统治者眼里不能只有千里马和近臣,这才是世界的真相。相对于其他以马分良庸、别善恶,喻君子小人的古文,《郁离子》写出了更大的格局。

有别于其他研究《郁离子》人才观的论文所着眼的知人善任、亲君子远小人等角度,本文从错误的用人政策着手,包含:以出身评官阶、听信谗言、舍本逐末、偏私与预设立场。这些标目看似老生常谈,孔子、老子、屈原、诸葛亮等都曾做过论述,也有君主针对这些问题支持变法,但这几个错误的人才政策能从先秦贯透到明初,显示出这些错误是古代君主专政所夹带的沉疴,解决办法都寄托在明君身上。但人有极限,无法超越自身极限去解决问题,故只要君主专政存在,这些错误就难以根除。

但从对立的角度切入,这些用人政策全是错的吗?其一,以出身评官阶是一种政治权力的分赃,可以用来笼络对手或维持派系间的平衡。其二,谗言能反映出某些真实,扩展了管理者的耳目,对员工也有一定的监视作用。其三,刘基站在民生立场看待供需,以多数人所需为本、少数人所需为末,然而进步是由少数人带动的,不贵少数人,他们怎肯努力研发创新?其四,人性最难克服的大概就是偏私与偏见,其存在会破坏公平,造成政策无法尽信于民。可世上本无绝对的公平,要笼络非常人才就要用非常手段,连儒家的仁爱都区别亲疏远近,所以公平是大原则,在大原则下还需要有容许例外的弹性。

刘基身处元明交际的黑暗高压时代,元朝的当官经历,使他深谙官场自保之道,并着手写成《郁离子》,其大意是不标新立异、不当出头鸟、不居高位等,这些哲学处处透露着小心翼翼,而他本身也言行如一。他帮助朱元璋打天下,厥功至伟,但官阶只到诚意伯,俸禄也是伯爵中最低的,饶是他如此谨小慎微,几次告老还乡,最终还是不免遭人毒死,不能善终,这既是他个人的悲剧,也是大明王朝的悲剧。然而这并不能否定《郁离子》的智慧,正如不能以韩非的遭遇否定《韩非子》,因为这两本书都阐述了高度的政治哲学,悲剧只因作者不是帝王。

前事之不忘,后事之师,《郁离子》的政治寓言对现代的人才管理亦具参考价值,尤其是不知从何时起,当今职场弥漫一股不想努力的风潮,很多像是"躺平""内耗""被迫营业""反内卷"之类的网络词汇蓬勃而生,这些词汇背后指向的是努力无用论。盖逐利是人之常情,若"努力"不能与"利益"联结,则员工便会消极怠职,故一个领导者必须维护努力与利益的关联性。至于做法,首先,必须创造良性竞争的工作环境,谨慎地运用马太效应,夺不足以馈有余,集中奖掖人才。其次,组织小组,让人才抱团合作,减少人才因孤军奋战被嫉妒者拖死的风险。最后,适时放入鲇鱼(竞争者)激活员工,并加大奖惩力度,一段时间过后自会优胜劣汰。总之,人才是一个公司最重要的软实力,读懂《郁离子》中马的寓言,并佐以现代人才管理策略,将会缔造人才与公司共利的双赢之局。

参考文献

[1]范晔.后汉书[M].北京:中华书局,1965.

[2]刘基.郁离子[M].魏建猷,萧善芗,点校.上海:上海古籍出版社,1981.

[3]陈启天.增订韩非子校释[M].台北:台湾商务印书馆,1992.

[4]余培林.诗经正诂[M].台北:三民书局,1993.

[5]詹杭伦,张向荣.楚辞解读[M].北京:中国人民大学出版社,2008.

[6]李立朴.唐才子传[M].台北:台湾古籍出版社,1997.

[7]赵昌平.唐诗三百首全解[M].上海:复旦大学出版,2006.

[8]陈鼓应.老子今注今译[M].台北:台湾商务印书馆,2002.

[9]杨家骆.新校本史记[M].台北:鼎文书局,1992.

[10]黄节.曹子健诗注[M].北京:人民文学出版社,1957.

［11］杨伯峻.论语译注［M］.北京：中华书局,1980.

［12］万丽华,蓝旭.孟子［M］.北京：中华书局,2012.

［13］李国章.古文观止译注［M］.上海：上海古籍出版社,2006.

［作者简介］

张琼霓,肇庆学院副教授,曾出版学术专著《侠观——游侠的历史身影与文化底蕴》,发表过学术论文若干篇。

以动物之事凸显"文明"之意

——试论刘基《郁离子》中的动物寓言

金梦雪

摘　要:寓言是世界文学史上较早形成的文学形式之一,是带有劝谕或讽刺意义的故事,通常结构简单,灵活多样。元末明初刘基的《郁离子》作为一部寓言集,其中的动物寓言是不可忽视的一大重要内容。在动物寓言中,刘基以动物为主角,以隐喻为方式,通过描写动物之行为,来隐喻彼时人之行为,进而批评奸邪、讽刺时政,有针对性地给出治理乱世的政策建议,表达希冀达到"开启文明之治"的愿景。

关键词:《郁离子》;刘基;动物寓言;隐喻;文明

一、引言

陈蒲清在《中国古代寓言史》中曾把寓言定义为"寄托了劝谕或讽刺意义的各种故事"①。由此可以得出的是,寓言这一文学样式,正是通过鲜明突出的形象(故事)和犀利简洁的说理(点明寓意),来达到劝谕或讽刺目的的。

中国古代寓言历史悠久,源远流长,作家辈出,寓意深远。据陈蒲清《中国古代寓言史》,可将中国古代寓言的发展划分为五个时期,分别是先秦、两汉、魏晋南北朝、唐宋、元明清。当中,元明清作为中国古代寓言发

---

① 陈蒲清.中国古代寓言史[M].长沙:湖南教育出版社,1983:5.

展的最后一个阶段,其寓言风格已渐趋成熟,而在元明清诸多的寓言代表作家中,元末明初的刘基是不可忽视的一人。刘基的寓言作品主要集中在他的寓言集《郁离子》和说、问答语两类文体的部分篇章中。在本文中,笔者将主要依托《郁离子》这一文本,紧扣当中具有鲜明特色的动物寓言,分析刘基寓言写作的特点,进而探究他希冀传达的文意。

二、刘基与《郁离子》的产生

刘基,字伯温,浙江青田(今浙江文成)人,生于元武宗至大四年(1311),卒于明太祖洪武八年(1375),是元末明初的政治家、文学家,明朝开国元勋,曾被明武宗誉为"渡江策士无双,开国文臣第一"。

在《明史》第一百二十八卷《刘基传》中曾言,刘基"所为文章,气昌而奇,与宋濂并为一代之宗"。毫无疑问,在文学领域,刘基是一位成就卓著的文学家。论及刘基在写作过程中最具特色的文学样式,当属他的散文,而当中的寓言体散文更是传达刘基政治思想的重要组成部分。在明人所辑的《诚意伯文集》中,有散文 323 篇,其中便有 2/3 属于寓言体散文,主要收录在《郁离子》中。

一般认为,刘基写作《郁离子》的时间,大致在元末①,其写作内容及思想也与刘基当时的仕途经历密切相关。刘基于元至顺四年(1333)中进士,除高安丞,后罢去,继而起为江浙儒学副提举,又弃官归。不久,复辟为元帅府都事,遭方国珍构陷羁管绍兴,从石末宜孙平寇有功,为当政者抑,仅授总管府判,复弃官。经历了仕途波折后,刘基对元王朝失去了希望,如司马光在《资治通鉴》中所言,"隐非君子之所欲也。人莫已知而道不得行,群邪共处,而害将及身,故深藏以避之",所以刘基选择了暂时归隐。通过寓言写作,刘基揭示出了元王朝的腐败、昏庸,并在当中向读者传达了他对政治、经济、人才等方面的想法建议,以期将来能够有能人、圣人之辈出现,以此成就文明盛世,《郁离子》寓言集正是在这样的背景下产生的。

---

① 徐一夔在洪武十九年(1386)所作的《郁离子·序》中曾指出:"《郁离子》者,诚意伯刘公在元季时所著之书也。"这当中点明了《郁离子》的创作时间为元季。钱谦益在《列朝诗集小传》当中同样认为《郁离子》为刘基元季之作,后世也大抵沿袭此说。

三、《郁离子》中的动物寓言

《郁离子》作为寓言集,共有寓言 195 则,内容涉及哲学、军事、刑法、天文、医药等,系统反映了刘基的哲学观、政治观、经济观、道德观、人才观等观念。在《郁离子》中,既有以人物形象作为主角的,也有以动物形象作为主角的,另外还有小部分以植物(例如梓、棘、菌等)或非生物(例如沙、云、木、石等)为主角的篇章。需要注意的是,在中国古代寓言写作中,因受到中华文化及民族性格等的深远影响,中国古代寓言中的人物形象比例往往大于动物形象比例。然而,在刘基的寓言写作中,虽大体沿袭着以人物形象为主的写作传统,但相比于元明清同期的其他寓言,《郁离子》中动物形象的出现频率明显较高,当中有较多篇文章属于动物寓言之列,例如《鹊集噪虎》《蟾蜍与蚵蚾》《群蚁萃木》《九头鸟》等。

在《郁离子》动物寓言的写作中,一方面,刘基根据某类动物在社会普遍认知中的印象,赋予其相符的属性,如《直言谀言》中的喜鹊属于正面,而乌鸦属于负面。不同的属性有着不同的隐喻功能,其皆暗指当时社会中、官场朝堂上各式各样的人。另一方面,在刘基的笔下,不同寓言故事中的某类动物属性也并非固定的,如在《噪虎》中老虎是正面形象的代表,而在《智力》中老虎却走向了反面。刘基甚至也会有意赋予某类动物与社会普遍认知相反的属性,如《蟾蜍》中的主角蟾蜍是正面形象的代表。刘基在动物寓言的写作中对动物属性的自如运用,也在一定程度上揭示出动物本身为"寓"服务的现实,体现了他高超的寓言写作技巧。经过文本整理,笔者将刘基《郁离子》中的动物寓言篇章梳理如表 3 所示。

表 3　刘基《郁离子》动物寓言篇章梳理

书	序号	寓言	动物形象	动物属性 (正面/中性/负面)	围绕主题
《郁离子》 卷上	1	《千里马》	千里马	正面	人才任用
	2	《养枭》	枭鸟	负面	人才任用
	3	《燕王好乌》	乌鸦、鹘鹰	负面、正面	人才任用
	4	《八骏》	马	中性	人才任用

书	序号	寓言	动物形象	动物属性 （正面/中性/负面）	围绕主题
《郁离子》卷上	5	《噪虎》	老虎、喜鹊、八哥鸟	正面、中性、负面	人才任用；朝堂风气
	6	《九尾狐》	九尾狐	负面	人才任用；朝堂风气
	7	《萤与烛》	萤火虫、狐狸、狗、豹、虎、狮子（动物群像）	中性	人才任用；"人上有人，山外有山"的哲学观
	8	《象虎》	假老虎、狐狸、猪、骇（像马一样的怪兽）	负面、中性、中性、中性	"虚假事物虽可蒙蔽一时，但终将败露"的道理
	9	《蟾蜍》	蟾蜍、蚵蚾	正面、负面	"凡事需要因人而异"的哲学观
	10	《豽智》	豽、老虎	中性、中性	军事观；"学以致用"的道理
	11	《玄豹》	玄豹	正面	"于乱世中归隐"的哲学观
	12	《蚁垤》	蚂蚁	负面	讽刺那些昏庸的统治阶层；"害人终害己"的道理
	13	《贿亡》	麝	正面	讽刺那些贪图财物至死的人
	14	《惜鹲智》	鹲	负面	讽刺那些虽有小聪明却目光短浅的人
	15	《救虎》	老虎	负面	"对恶人不要怜悯"的道理
	16	《灵邱丈人》	蜜蜂、蛄蟖、蝼蚁、鹩	中性、负面、负面、负面	"创业不易，守成更难"的道理；安定百姓之道
	17	《好禽谏》	牛、马	中性	人才任用：用其所长，避其所短
	18	《晋灵公好狗》	狗	负面	讽刺那些朝廷中的小人
	19	《弥子瑕》	狗	负面	讽刺朝廷中那些没有立场的小人

续表

书	序号	寓言	动物形象	动物属性 (正面/中性/负面)	围绕主题
《郁离子》卷上	20	《祛蔽》	左服马、骖马	中性	治国之道应讲究均衡、周全,不应顾此失彼
	21	《越王》	夔(古代传说中,状如牛而无角,一足)、海鳌	中性、负面	"切勿以五十步笑百步"的道理
	22	《即且》	蜈蚣、蚕、蛞蝓、蚂蚁	负面、中性、中性、中性	"骄兵必败"的道理
	23	《术使》	狙猴	中性	安民之道
	24	《豢龙》	鲮鲤(穿山甲,被误认为龙)	中性	"是非不分必将自作自受,自食恶果"的道理
	25	《蛇雾》	蛇	负面	勿轻易听信小人之言
	26	《燕文公求马》	马	中性	人才任用;"事变则通,不变则塞"的道理
	27	《养鸟兽》	鸟兽	中性	安民之道
	28	《噬狗》	噬狗(会咬人的狗)	负面	招引人才之道;讽刺那些朝廷中的小人
	29	《却恶奔秦》	乌蜂、黄蜂	负面、正面	为官之道;人才任用
	30	《捕鼠》	老鼠、猫、鸡	负面、正面、中性	"分清轻重缓急,不因小失大"的道理
	31	《蟋蟀》	蟋蟀、蝼蛄	中性、中性	"危在旦夕,计无所出,不自量力者终于事无补"的道理;军事观
	32	《大人不为不情》	野鸟、老鼠	中性、中性	安民之道

书	序号	寓言	动物形象	动物属性 （正面/中性/负面）	围绕主题
《郁离子》卷下	33	《智力》	老虎	负面	讽刺那些有力却无智谋的人
	34	《九头鸟》	九头鸟（古代传说中的不祥怪鸟）	负面	讽刺那些不识大局、自相残杀的人
	35	《射道》	鹿、麋、天鹅	中性、中性、中性	"专心致志，而非贪大求多"的道理；讽刺了当时腐败的朝廷
	36	《虎貙》	虎、貙	中性、中性	"要时刻保持警惕"的道理；军事观；政治观
	37	《山居夜狸》	狸（狸猫）	负面	批评那些为财而死的钱奴
	38	《诟食》	狗	负面	人际观；"人必自侮，而后人侮之"的道理
	39	《句章野人》	山鸡、毒蛇	正面、负面	"切勿被小利迷惑"的道理
	40	《世农易业》	猿猴	中性	"废弃本业，终会一事无成"的道理
	41	《茧丝》	蚕	中性	"君子取之有道"的道理
	42	《牧豭》	豭（公猪）	中性	政治观
	43	《直言谀言》	乌鸦、喜鹊	负面、正面	"良药苦利于病，忠言逆耳利于行"的道理；讽刺朝廷中那些阿谀奉承的小人
	44	《食鲐》	鲐（河豚）	负面	批判那些明知不可为而为之、见利忘义之人
	45	《梦骑》	马	中性	指出"一朝被蛇咬，十年怕井绳"之荒唐

续表

书	序号	寓言	动物形象	动物属性 (正面/中性/负面)	围绕主题
《郁离子》卷下	46	《獉人养猴》	猴	负面	批评那些以财物引诱人效力的行为;军事观
	47	《鹰化为鸠》	鹰、鸠	正面、负面	"当昔日荣耀已逝,切勿自取其辱"的道理
	48	《城莒》	蚂蚁	正面	"根据国家自身情况,切勿劳民伤财"的道理;安民之道
	49	《晚成》	马	中性	"在一定情况下,把握机会亡羊补牢,犹未为晚"的道理
	50	《待士》	狐狸、猿猴、鱼、鳖、鸿雁、虎、豹等动物群像	负面	告诫统治者放弃腐朽堕落的生活方式;人才任用;礼贤下士;勤政爱民
	51	《蛇蝎》	蛇蝎	负面	对恶人不应心慈手软;讽刺那些假仁假义的小人
	52	《鹝鶜好音》	鹝鶜鸟	负面	告诫统治者"兼听则明,偏听则暗";讽刺那些恭维虚假之人
	53	《麋虎》	麋鹿、老虎	正面、负面	批评那些贪婪残暴的人
	54	《井田可复》	马	中性	安民之道

注:该表为笔者自制,主要梳理了刘基《郁离子》中以动物形象及故事为主体的寓言篇章,仍待补充修正。

四、以动物之事凸显"文明"之意

受中国古代政治和文化传统的影响,中国古代寓言的写作主题大多与政治伦理联系密切,刘基的《郁离子》也不例外。在《诚意伯文集·郁离子序》中,徐一夔说道:"郁离者何? 离为火,文明之象,用之其文郁郁然,为盛世文明之治,故曰《郁离子》。"结合刘基在元末的仕途经历和个人抱负,此处徐一夔已然向读者揭示了刘基寓言写作的主题思想——"开启文明之治"。在《诚意伯文集·郁离子序》中,还有这样一段话:

> 郁离子曰:"治天下者,其犹医乎。医切脉以知证,审证以为方。证有阴阳虚实,脉有浮沉细大,而方有汗下、补泻、针灼、汤齐之法,参苓、姜桂、麻黄、芒硝之药,随其人之病而施焉。当则生,不当则死矣。是故知证知脉而不善为方,非医也,虽有扁鹊之识,徒哓哓而无用。不知证不知脉,道听途说以为方,而语人曰:'我能医。'是贼天下者也。故治乱,证也;纪纲,脉也;道德、政刑,方与法也;人才,药也。夏之政尚忠,殷承其敝,而救之以质。殷之政尚质,周承其敝,而救之以文。秦用酷刑苛法,以钳天下,天下苦之,而汉承之以宽大,守之以宁壹。其方与证对,其用药也无舛,天下之病有不瘳者,鲜矣。"

在这段话中,作为主人公的郁离子点明了治理乱世就像是治病,抓纪纲就像是诊脉,道德、政刑就像是药方和疗法,人才就像是良药,他以比喻的方式较为全面地描绘了治理乱世的各项手段。

容易理解的是,相对于地球上的其他生物,人类自身对"文明"有着独占性。"文明"是人类历史积累下来的有利于认识和适应客观世界、符合人类精神追求、能被绝大多数人认可和接受的人文精神、发明创造的总和。因此,"文明"在概念上便首先对动物这一主体有所排斥。在《郁离子》文本中,刘基也不乏试图将人与动物划分开来的想法。在刘基看来,人不可与禽兽同论,例如《良心》文末所发出的"不然,名虽曰人,与禽兽何别焉"[1]的疑问。然而,刘基在书写寓言时,却频频把动物作为寓言篇章中的主角,通过捕捉并放大人与动物之间的相似性特征,将人与动物的形象拉近,将人之行为与动物之行为拉近。在《猱人养猴》末尾说道:"今之

---

① 刘基.郁离子(卷下)[M].魏建献,萧善乡,点校.上海:上海古籍出版社,1981:78.

以不制之师战者,蠢然而蚁集,见物则争趋之,其何异于猴哉!"①他直接指出,那些在打仗时不受控制的军队,已然与鄋人所养的猴子没有区别。在这一语境下,人与动物之间不再被割裂开来,而是在更高的划分维度上实现了同属于"动物"的统一。

由此可见,在《郁离子》中,刘基通过以动物为主角,频频撰写动物寓言来提出治理乱世的政策建议,批评讽刺当时昏庸无能的统治阶级,将本没有"文明"的动物与人类社会的"文明"建立起了联系。动物形象及其行为的背后,隐喻的是人类的形象及其行为,由此强化了寓言的讽刺性,并带有一些幽默意味。

结合刘基《郁离子》的具体文本可以发现,其动物寓言的隐喻基础,是建立在一定情况和条件之上的,人与动物行为相似、情感共鸣。而通过动物这一载体,隐喻也发挥了较强的延展效果,既可以一一映照,又可以以小喻大、以反喻正等。笔者将通过以下具有代表性的寓言篇章进行深入分析。

千里马(节选)②

郁离子之马孳,得駃騠焉。人曰是千里马也,必致诸内厩。郁离子悦,从之。至京师,天子使太仆阅方贡,曰:"马则良矣,然非冀产也。"置之于外牧。

在这则寓言中,统治者明知这匹千里马为良马,却因"非冀产"的原因,将其空置于外牧而不用。这里千里马遭到冷落,与包括作者在内的汉族知识分子遭到统治者冷落具有较高的相似性,因而能够借动物之事引发人的情感共鸣。通过情感共鸣,打通了千里马和汉族知识分子、动物与人之间的壁垒,因而完成了隐喻的传达。千里马正是隐喻着包含作者刘基本人在内的汉族知识分子,因元朝统治者民族偏见、民族歧视等政策,处于无法施展报国之志的现实处境。

---

① 刘基.郁离子(卷下)[M].魏建猷,萧善乡,点校.上海:上海古籍出版社,1981:78.
② 刘基.郁离子(卷下)[M].魏建猷,萧善乡,点校.上海:上海古籍出版社,1981:1.

养枭①

楚太子以梧桐之实养枭,而冀其凤鸣焉。春申君曰:"是枭也,生而殊性,不可易也,食何与焉?"朱英闻之,谓春申君曰:"君知枭之不可以食易其性而为凤矣,而君之门下无非狗偷鼠窃亡赖之人也,而君宠荣之,食之以玉食,荐之以珠履,将望之以国士之报。以臣观之,亦何异乎以梧桐之实养枭而冀其凤鸣也?"春申君不寤,卒为李园所杀,而门下之士,无一人能报者。

在这则寓言中,"枭鸟"是"狗偷鼠窃亡赖之人"的隐喻,楚太子用梧桐种子喂养枭鸟,对应着春申君"宠荣"门下。然而,枭鸟并非凤凰,并不会因为得到梧桐种子的喂养而像凤凰一样鸣叫,门下狗偷鼠窃亡赖之人也并非国士,自然不会因为得到春申君的"宠荣"而像国士一般加以报答。最后春申君的下场便是从反面传达了统治者任用贤才的重要性。

燕王好乌②

燕王好乌,庭有木皆巢乌,人无敢触之者,为其能知吉凶而司祸福也。故凡国有事,惟乌鸣之听。乌得宠而矜,客至则群呀之,百鸟皆不敢集也。于是大夫、国人咸事乌。乌攫腐以食腥于庭,王厌之。左右曰:"先王之所好也。"一夕,有鸥止焉,乌群睨而附之如其类。鸥入,呼于宫,王使射之,鸥死,乌乃呀而啄之。人皆丑之。

在这则寓言中,乌鸦借着燕王的喜爱而骄纵放肆,对于被射死的鸥,"呀而啄之"。真正的乌鸦本不会做出以上行为,该篇寓言中的"乌鸦"实则对应着元朝统治阶级中的小人,而"鸥"则对应着贤良之人。通过"乌鸦"和"鸥"这两个动物形象,真实地描绘了当时小人受到统治者庇护,贤良之人却遭到驱逐的元末政坛现状。

---

① 刘基.郁离子(卷下)[M].魏建猷,萧善芗,点校.上海:上海古籍出版社,1981:5.
② 刘基.郁离子(卷下)[M].魏建猷,萧善芗,点校.上海:上海古籍出版社,1981:5-6.

九尾狐①

　　青邱之山,九尾之狐居焉。将作妖,求髑髅而戴之,以拜北斗,而侥福于上帝。遂往造共之台,以临九丘。九丘十薮之狐毕集,登羽山而人舞焉。有老狸见而谓之曰:"若之所戴者,死人之髑髅也。人死,肉腐而为泥,枯骨存焉,是为髑髅。髑髅之无知,与瓦砾无异,而其腥秽,瓦砾之所不有,不可戴也。吾闻鬼神好馨香而悦明德,腥臊秽恶,不可闻也,而况敢以渎上帝? 帝怒不可犯也,弗悔,若必受烈祸。"行未至阏伯之墟,猎人邀而伐之,攒弩以射其戴髑髅者。九尾之狐死,聚群狐而焚之,沮三百仞,三年而虺乃熄。

在这则寓言中,九尾狐不满足于居住在神仙之地,竟戴上死人的头骨,堂而皇之地来到天神台,跪拜上帝。这里对九尾狐丑态的刻画实则是元朝末年朝廷中奸佞小人的真实写照,以九尾狐戴髑髅而作人舞,隐喻那些欲充好人的坏人,而最后九尾狐之死则隐喻着奸佞小人的下场。

蚁垤②

　　南山之隈有大木,群蚁萃焉。穿其中而积土其外,于是木朽而蚁日蕃,则分处其南北之柯,蚁之垤瘀如也。一日,野火至,其处南者走而北,处北者走而南,不能走者,渐而迁于火所未至,已而,俱爇无遗者。

在这则寓言中,刘基将元朝的统治阶层比作蚂蚁,以"野火至……已而俱爇无遗者"揭示了当民间的起义之火被纷纷点燃时,统治阶层终将无处可逃,皆为王朝"陪葬"的事实。

贿亡③

　　东南之美,有荆山之麝脐焉,荆人有逐麝者,麝急,则抉其脐,投诸莽,逐者趋焉,麝因得以逸。令尹子文闻之曰:"是兽也,而人有弗

---

① 刘基.郁离子(卷下)[M].魏建猷,萧善乡,点校.上海:上海古籍出版社,1981:12.
② 刘基.郁离子(卷下)[M].魏建猷,萧善乡,点校.上海:上海古籍出版社,1981:17.
③ 刘基.郁离子(卷下)[M].魏建猷,萧善乡,点校.上海:上海古籍出版社,1981:17.

如之者,以贿亡其身以及其家,何其知之不如麝耶!"

在这则寓言中,麝在遇到危险时,能够果决地将麝脐扔到丛林里,从而逃脱获得生存的机会。通过对麝加以生动的心理活动描写,使读者将麝的形象及其行为转移到人身上,并思考人在类似处境下会做何反应。讽刺的是,当时许多人在遇到危险时,并没有作为动物的麝那般明智,他们往往因贪图财物致死并牵连家人。

晋灵公好狗①

晋灵公好狗,筑狗圈于曲沃,衣之绣。嬖人屠岸贾因公之好也,则夸狗以悦公,公益尚狗。一夕,狐入于绛宫,惊襄夫人,囊夫人怒,公使狗搏狐,弗胜。屠岸贾命虞人取他狐以献,曰:"狗实获狐。"公大喜,食狗以大夫之俎,下令国人曰:"有犯吾狗者刖之。"于是国人皆畏狗。狗入市取羊豕以食,饱则曳以归屠岸贾氏,屠岸贾大获。大夫有欲言事者,不因屠岸贾,则狗群嗞之。赵宣子将谏,狗逆而拒诸门,弗克入。他日,狗入苑食公羊,屠岸贾欺曰:"赵盾之狗也。"公怒使杀赵盾,国人救之,宣子出奔秦。赵穿因众怒攻屠岸贾,杀之,遂弑灵公于桃园。狗散走国中,国人悉擒而烹之。君子曰:"甚矣,屠岸贾之为小人也,绳狗以蛊君,卒亡其身,以及其君,宠安足恃哉!"人之言曰:"蠹虫食木,木尽则虫死",其如晋灵公之狗矣。"

在这则寓言中,描绘了晋灵公好狗并宠信别有用心赞美狗的屠岸贾,群狗跟随屠岸贾作恶多端,最终被捕获烹煮。这里刘基对同一篇章内的屠岸贾和群狗的形象及行为,赋予了一定的相似性特征,将人与动物的行为相互映照,在映照中打通了读者在人和动物之间设下的界限,从而能够将群狗与那些爪牙小人联系起来,点明主题,严厉地讽刺了玩物丧志的统治者及其身边的奸邪之人,表达了对奸邪头目跟前诸多爪牙小人的批判与痛恨。

---

① 刘基.郁离子(卷下)[M].魏建猷,萧善乡,点校.上海:上海古籍出版社,1981:26.

术使①

楚有养狙以为生者,楚人谓之狙公。旦日必部分众狙于庭,使老狙率以之山中,求草木之实,赋什一以自奉,或不给,则加鞭焉。群狙皆畏苦之,弗敢违也。一日有小狙谓众狙曰:"山之果,公所树与?"曰:"否也,天生也。"曰:"非公不得而取与?"曰:"否也,皆得而取也。"曰:"然则吾何假于彼而为之役乎?"言未既,众狙皆悟。其夕相与伺狙公之寝,破栅毁柙,取其积,相携而入于林中,不复归。狙公卒馁而死。郁离子曰:"世有以术使民而无道揆者,其如狙公乎?惟其昏而未觉也,一旦有开之,其术穷矣。"

在这则寓言中,统治者如同"狙公",民众则如"狙",即猕猴。当被压迫的民众像这篇寓言中的猕猴一般得到启发而觉醒后,那么统治者的统治必定无法维系下去,这直接指向了当时统治者的横征暴敛终会失去民心的社会现实,并且在客观上肯定了元末农民起义的正义性和必然性,强调了人民力量的伟大,敲响了元朝灭亡的丧钟。

噬狗②

楚王问于陈轸曰:"寡人之待士也尽心矣,而四方之贤者不贶寡人,何也?"陈子曰:"臣少尝游燕,假馆于燕市,左右皆列肆,惟东家甲焉。帐卧起居,饮食器用,无不备有,而客之者日不过一二,或终日无一焉。问其故,则家有猛狗,闻人声而出噬,非有左右之先容,则莫敢蹑其庭。今王之门,无亦有噬狗乎?此士所以艰其来也。"

在这则寓言中,"噬狗"即咬人的恶狗,隐喻了楚王朝中的权贵大臣。通过描写噬狗"闻人声而出噬",表现了朝中权贵大臣倾轧贤能的现状。在这样的情况下,人们如果没有被左右的人事先介绍,便会被噬狗吓得不敢迈入门庭,而现实中的贤能之才也会因为没有攀附勾结朝廷权贵,而无法迈入朝堂。

---

① 刘基.郁离子(卷下)[M].魏建献,萧善乡,点校.上海:上海古籍出版社,1981:31.
② 刘基.郁离子(卷下)[M].魏建献,萧善乡,点校.上海:上海古籍出版社,1981:41.

猱人养猴①

猱人养猴,衣之衣而教之舞,规旋矩折,应律合节。巴童观而妒之,耻己之不如也,思所以败之,乃袖茅栗以往。筵张而猴出,众宾凝眝,左右皆蹈节,巴童怡然挥袖而出其茅栗掷之地,猴褫衣而争之,翻壶而倒案,猱人呵之不能禁,大沮。郁离子曰:"今之以不制之师战者,蠢然而蚁集,见物则争趋之,其何异于猴哉!"

在这则寓言中,"猱人"对应着军队的领导者,"猴子"则隐喻着军队士兵。猱人驯养猴子,教它们舞蹈,对应着军队领导者指挥士兵。当作者描写猴子看到"茅栗"竞相争夺,导致"猱人呵之不能禁"时,实则是讽刺那些因贪图眼前利益而在阵前乱了秩序的元朝军队士兵。

文学是什么?文学是"人学",是"依靠'语言'和'文字',借助'想象力'来'表现'人体验过的'思想'和'感情'的'艺术作品'"②。动物寓言通过对动物形象的想象和塑造,表达了人类所体验过的"思想"和"情感"。动物寓言在表层含义上虽然写的是动物,但是其深层内涵却直指人类自身,借助隐喻,它把动物的生存经验转化、整合为人类社会的"文明"。

首先,以动物而非人作为主角的寓言形式,好似是通过动物这一载体拉远了读者与文章主角之间的距离,实则消弭了读者在阅读过程中,因主人公身份的贴切或针对性而无形或有意铸造起的阅读壁垒、理解壁垒。其次,动物寓言带来了阐释的多样性,在文本中,结合不同的故事情境,对于某一类动物的形象认定具有多样性,这就使动物寓言中的文义既可作为对当时元朝政治现实状况的描绘,又可在当中不时地解读出作者刘基本人暗藏的哲学观。最后,动物寓言通过赋予动物不同的属性意义,来隐喻当时社会上各式各样的人,进而讽刺或直接揭露当时社会上存在的诸多问题,并对当时的政治、军事、人才任用等方面提出了有益的建议。

五、结语

有着远大政治抱负的刘基,在仕途受挫的情况下,选择了弃官归隐,

---

① 刘基.郁离子(卷下)[M].魏建猷,萧善乡,点校.上海:上海古籍出版社,1981:78.
② 浜田正秀.文艺学概论[M].陈秋峰,杨国华,译.北京:中国戏剧出版社,1985:9.

并撰写出了《郁离子》这部寓言集。在《郁离子》中,刘基将笔触指向了元末衰乱的社会现实,通过动物这一载体,以故事加议论的形式,讽刺时风、抨击朝政,并从政治、军事、经济、外交、社会伦理等各方面,全面地阐述了他的治世之策。

通过动物寓言这一文学形式,刘基将本没有"文明"的动物与人类社会的"文明"建立起了联系。通过比喻、拟人、夸张等手法,刘基塑造起了一个个独特的动物形象,描写出了一系列与人之行为具有相似性的动物行为,引发了人们的情感共鸣,打通了读者的理解界限,从而完成了隐喻的意义传达,在对动物之事的描绘中真正地凸显了"文明"之意。

［作者简介］

金梦雪,浙江大学汉语言文学专业 2020 级本科生,曾获 2023 刘基文化学术研讨会征文三等奖。